Walter Conrad

Christliche Stätten in der Türkei

Walter Conrad

Christliche Stätten in der Türkei

Von Istanbul bis Antakya

kbw bibelwerk

ISBN 10: 3-460-32798-7
ISBN 13: 978-3-460-32798-6

www.bibelwerk.de

Umschlag: Finken & Bumiller, Stuttgart
Satz und Repro: Rund ums Buch – Rudi Kern, Kirchheim/Teck
Druck und Bindung: Ludwig Auer GmbH, Donauwörth

Inhalt

Vorwort

Die Türkei ist zu einem beliebten Reiseland geworden. Die herrlichen Küsten, die abwechslungsreiche Landschaft und nicht zuletzt die vielfältigen Erinnerungen an die Geschichte Anatoliens machen den besonderen Reiz des Landes aus.

Viele historische Stätten der Türkei sind aber mehr als nur Zeugnisse alter Kulturen. Die Städte Kleinasiens standen in der Entwicklung und Ausbreitung des frühen Christentums im Mittelpunkt. In Antiochia am Orontes, der heutigen Großstadt Antakya, wurden die Anhänger des Evangeliums erstmals Christen genannt. Ephesus, im Westen Kleinasiens, war ein Zentrum der Wirksamkeit des Apostels Paulus. In Troas, bei Çanakkale an den Dardanellen, erreichte den Völkerapostel der Ruf nach Griechenland. Die drei Missionsreisen führten Paulus und seine Begleiter durch Inneranatolien, der Galaterbrief ist ein lebendiges Zeugnis der Verbundenheit des Apostels mit den Gemeinden dieser Region.

Auch die Empfänger der sieben Sendschreiben in der Offenbarung des Johannes waren Gemeinden im Westen Kleinasiens.

Über die Lehre der Kirche und das Leben der Christen berieten Konzile in der frühen Christenheit. Die sieben ökumenischen Konzile fanden in Kleinasien statt.

Dieses Buch informiert über die christlichen Stätten der Türkei von İstanbul bis Antakya. Beschrieben werden die Städte, deren Namen durch das Neue Testament vertraut sind, gleichzeitig werden die Orte der Kirchengeschichte erläutert. Ausgehend von den Berichten im Neuen Testament und den Aufzeichnungen der Kirchengeschichte sind die Stätten erklärt und in ihrem heutigen Umfeld dargestellt. Besonders die Besucher der Türkei werden die landeskundlichen Informationen als Bereicherung erleben, weil sich die Ausführungen nicht auf die Geschichte beschränken, sondern bis zur Gegenwart reichen. Der geschichtliche Bogen führt die Leser von einer Begegnung mit der frühen Kirchengeschichte zum Leben in der heutigen Türkei.

Neben den bekannten Orten, die die Touristen besuchen, sind auch die Stätten der frühen Christenheit, die abseits der Rundreisen liegen und die etwas in Vergessenheit geraten sind, ausführlich beschrieben.

Die Gliederung des Buches orientiert sich an den Regionen der Türkei, auf den dazu abgedruckten Karten sind die bekannten Städte und Stätten auf die Landkarte der Türkei übertragen. Dennoch wird die Geschichte der Orte in den historischen Zusammenhängen dargelegt. Verschiedene Orientierungspläne ermöglichen es den Besuchern, das Buch auch bei der Besichtigung ausgedehnter Orte und Stätten als Führer zu verwenden.

Die Gegenüberstellung der historischen und heutigen Namen macht die Geschichte lebendig, die Nennung will auch eine Hilfe sein bei Vorbereitung einer Türkeireise. Aber auch bei einer Nachbetrachtung einer Reise durch Anatolien kann das Buch wertvolle Dienste leisten.

Das Buch will die reiche christliche Geschichte des Landes vermitteln, Türkeireisenden die christlichen Stätten in ihrem heutigen Umfeld erschließen und als Nachschlagewerk für die Verkündigung und Gemeindearbeit dienen.

Ilsfeld, im Oktober 2006 *Walter Conrad*

Uzun yıllardan beri Alman grupları için Türkiye'ye seyahatler organize ediyorum. Bu arada Türkiyedeki resmî makamların, seyahat acentalarının ve rehberlerin, her türlü yardımlarını gördüm.

Türkiyedeki bu güzelliklerin görülmesinde bana ve Alman ziyaretçilere refakat eden ve destekleyen Türk halkına kalpten teşekkürü bir borç bilirim. Rehberlerin de ortaya attığı teşvik edeci fikirler sayesinde meydana gelen bu kitapla, onlara burada teşekkürlerimi sunmak istiyorum.

Walter Conrad

Die Geschichte Anatoliens – ein Überblick

„Anatolien", türkisch „Anadolu", geht zurück auf die griechische Bezeichnung „Anatolikon – Land des Sonnenaufgangs". Damit meinte man ein Land, das östlich der Griechen lag. Als „Kleinasien" bezeichnete man das Land, das durch das Schwarze Meer, das Mittelmeer und die Ägäis begrenzt wird.

In Çatal Höyük, südlich von Konya, wurde eine bedeutende *jungsteinzeitliche Siedlung* aus der Zeit zwischen 6500-5500 v. Chr. gefunden. Ein rekonstruierter Wohnraum steht im Museum für Anatolische Kulturen in Ankara. Die Entzifferung der hethitischen Hieroglyphen ermöglichte fundierte Aussagen über das *Reich der Hethiter*, das vom 18.-12. Jahrhundert weite Teile des Landes einnahm. Vom 12. Jh. an besiedelten *griechische Volksstämme*, die Dorer, Äoler und Ionier das Ägäis- und Mittelmeergebiet Kleinasiens. Milet entwickelte sich zur größten griechischen Stadt. In Inner- und Westanatolien bestand vom 9.-6. Jh. das Reich der *Phrygier.* Um 685 begann die Herrschaft der *Lyder,* ihre Hauptstadt war Sardes. 546 besiegte Kyros II., der König der Perser, den Lyderkönig Krösus in Kappadozien. Die *Perser* bestimmten danach über 200 Jahre die Geschichte Anatoliens, die griechischen Stadtstaaten verloren ihre Selbständigkeit.

Mit dem Siegeszug von *Alexander dem Großen* 334 begann die Zeit des *Hellenismus* in Kleinasien. Nach seinem Tod 323 bildeten sich zwei Herrschaftsgebiete: Lysimachos regierte im Westen, Seleukos war der Herrscher im Osten. Gleichzeitig konnten sich mehrere unabhängige Fürstentümer entwickeln, zu denen auch Pergamon zählte. Mit Eumenes I. von Pergamon begann Mitte des 3. Jh. die Herrschaft des *Pergamenischen Reiches.* 190 v. Chr. schlugen die Römer Antiochos, den Herrscher der Seleukiden, bei Manisa, 40 Kilometer nordöstlich von İzmir, weil dieser Griechenland von den Römern befreien wollte. Das pergamenische Reich hielt sich zu den Römern und profitierte von deren Sieg. Es entwickelte sich zum politischen Zentrum Kleinasiens. 133 v. Chr. vererbte Attalos III. das pergamenische Reich den *Römern.* Die „Pax Romana", die Friedensordnung im Römischen Reich, führte zu einer Blütezeit in Kleinasien. Als römischer Bürger konnte der Apostel Paulus auf seinen Missionsreisen, etwa in den Jahren 47-55/56, in den römischen Provinzen Kleinasiens wirken.

Mit Konstantin dem Großen begann die *byzantinische Periode* der Geschichte Anatoliens. Er verlegte den Sitz der Regierung nach Byzanz, baute die Stadt zur Hauptstadt aus und weihte sie 330 n. Chr. feierlich ein, sie erhielt den Namen Konstantinopel. Schon 313 erkannte Konstantin das Christentum als gleichberechtigte Religion an, unter Kaiser Theodosius wurde 380 der christliche Glaube zur Staatsreligion erklärt. Im 7. und 8. Jahrhundert belagerten die Araber die byzantinischen Städte und kamen bis an die Mauern von Konstantinopel.

Im Jahr 1071 besiegten die türkischen *Selçuken* das byzantinische Heer in Malazgirt beim Vansee in der Osttürkei und drangen nach Anatolien vor. Die Eroberung Anatoliens durch die Selçuken sowie die Bedrohung von Konstantinopel förderten in Europa die Bereitschaft zu den Kreuzzügen, zumal die Selçuken auch Palästina zusetzten. Zwischen 1096 und 1204 zogen die Heere der Kreuzzüge durch Anatolien nach Palästina. Besonders Konstantinopel wurde 1204 von den christlichen Soldaten zerstört. Die *Mongolen* beendeten durch ihren Einfall in Anatolien ab 1243 die Herrschaft der Selçuken. Unter ihrer Herrschaft bildeten sich unabhängige Fürstentümer. Zu ihnen gehörten das der türkischen Osmanen, die sich bald die Vorherrschaft in Anatolien sichern konnten, obwohl sie 1402 bei einem erneuten Einfall der Mongolen unter Timur Lenk einen Rückschlag erlitten. Am 29. Mai 1453 eroberten die Osmanen Konstantinopel, sie nannten die Stadt İstanbul. Das *Osmanische Reich* entwickelte sich in den folgenden Jahrhunderten zu einer politischen Großmacht. An der Seite der Mittelmächte beteiligte es sich am Ersten Weltkrieg und verlor endgültig seine Macht. Nach Beendigung des Krieges wollten die Siegermächte Anatolien weitgehend unter sich aufteilen. Atatürk organisierte die nationale Widerstandsbewegung und wurde 1923 erster Präsident der *Republik Türkei.*

Die Region Marmara: Mysien und Bithynien

Abb. 1 Die Region Marmara

❶ *İstanbul* – Konstantinopel; ❷ *İznik* – Nicäa; ❸ *Kocaeli* – Nikomedia: ❸a *Gebze*; ❹ *Bursa* – Prusa; ❺ *Edremit* – Adramyttium; ❻ *Behramkale* – Assos; ❼ Troas; ❽ *Troja*

Die Region Marmara umfasst das Gebiet um das einzige türkische Binnenmeer, das Marmarameer. Dieses ist begrenzt durch die beiden Meerengen, den Bosporus und die Dardanellen. Der Bosporus verbindet das Marmarameer mit dem Schwarzen Meer und teilt İstanbul in einen asiatischen und europäischen Teil. Die Dardanellen verbinden das Marmarameer bei Çanakkale mit der Ägäis. Diese Meerenge ist rund 60 km lang und zwischen 1,5 und 6 Kilometer breit.

Während nördlich des Marmarameeres in der Landschaft Thrazien keine neutestamentlichen Stätten bekannt sind, befinden sich auf der südlichen Seite des Marmarameers die Orte, die für den Übergang des Evangeliums von Kleinasien nach Europa stehen.

Dabei ist an erster Stelle Troas zu nennen. Eine Verwechslung mit Troja ist nicht selten. Troas liegt aber rund 20 Kilometer südlich von Troja und war eine bedeutende Stadt, als Troja seine

Blütezeit schon hinter sich hatte. Nur wenige Touristen verirren sich nach Troas, obwohl dort die Entscheidungen für die Ausbreitung des Christentums nach Europa fielen.

Mehr am Rande wird in der Apostelgeschichte Assos erwähnt. Die Ruinen dieser Stadt sind sehenswert und liegen in herrlicher Lage hoch über dem Meer bei Behramkale rund 60 Kilometer westlich des Golfes von Edremit.

Im Osten wird das Marmarameer durch die Großstadt İstanbul begrenzt. Man kann davon ausgehen, dass Paulus die damalige Stadt Byzanz mit der Stadt Nikomedia im Vorland aufsuchen wollte. Dieses Gebiet ist heute zum wichtigsten Industriezentrum der Türkei geworden. Etwas abseits davon lagen Nicäa und Prusa. Allein bei Bursa findet sich der historische Name Prusa wieder. Nicäa heißt heute İznik, Nikomedia trägt den Namen Kocaeli und Byzanz wurde zunächst Konstantinopel und nach der Eroberung durch die osmanischen Türken im Jahre 1453 zu İstanbul.

Die historischen Landschaften Bithynien und Mysien auf der asiatischen Seite des Marmarameers sind aber nicht identisch mit den Grenzen der heutigen Region Marmara. Bithynien dehnte sich aus bis in die Gegend von Zonguldak und Bartın am Schwarzen Meer. Als Grenze zum heutigen Inneranatolien kann eine Linie von Bursa über Eskişehir bis nach Polatlı, beim phrygischen Gordion, gezogen werden.

Mysien lag im Norden der römischen Provinz Asien. Die berühmte Stadt Pergamon befand sich im Gebiet der Landschaft Mysien. Heute wird die Stadt Bergama mit den Badeorten Ayvalık, Akçay und Ören am Golf von Edremit Westanatolien zugerechnet.

1. **İstanbul** – Konstantinopel

Die Besucher der kosmopolitischen Stadt erleben İstanbul als ein Chaos. Rund 15 Millionen Menschen leben in İstanbul und im engsten Einzugsbereich. Schon ihre Versorgung stellt eine hohe Anforderung an die Infrastruktur der Stadt auf zwei Kontinenten dar. Hinzu kommt, dass İstanbul bis heute das Zentrum der Industrie und des Handels der Türkei ist. Obwohl Ankara seit einem dreiviertel Jahrhundert die Hauptstadt der Republik ist, blieb doch İstanbul die erste Stadt der Türkei. Auch das Angebot an kulturellen Veranstaltungen ist in İstanbul weitaus attraktiver. So wird verständlich, wenn immer wieder spöttisch zu hören ist, das schönste an Ankara sei die Autobahn nach İstanbul.

Seit den sechziger Jahren verlassen die Menschen ihre alte Heimat in Anatolien und bauen sich in İstanbul eine neue Existenz auf. Die Landflucht, auf türkisch heißt es treffender „die Flucht in die Städte", hat zu einer Entwicklung geführt, deren Folgen heute große Probleme bereiten. In den Gecekondu, den über Nacht errichteten Häusern, schufen sich die Anatolier zunächst eine Bleibe. Sobald eine Ansiedlung entstanden war, musste die Stadtverwaltung die Infrastruktur schaffen. Straßen wurden gebaut und für Trinkwasser gesorgt, ebenso wurden Schulen eröffnet. Die zunächst errichteten Häuser wurden Jahre danach abgerissen. An ihrer Stelle entstanden stattlichere Gebäude. Viele Stadtteile sind heute nicht mehr als ehemalige Gecekondu-Siedlungen zu erkennen. Immer weiter außerhalb vom früheren Zentrum der Stadt suchen und finden die Zuwanderer neue Gebiete zum Bau der Gecekondu. Die Politiker sind nicht in der Lage, die Entwicklung zu stoppen. Die Industrie investiert in İstanbul, und die Menschen suchen dort Arbeit und hoffen auf einen besseren Lebensstandard. Heute wird eine Trendwende sichtbar. Viele mittelanatolische Städte, aber auch Zentren im Südosten, wie Adana, erleben eine dynamische Entwicklung.

Schließlich erhofft man auch mit der Fertigstellung des GAP-Projektes zur Bewässerung und Energiegewinnung in Südostanatolien, die Abwanderung in den Westen der Türkei zu stoppen. Nachdem das Hauptstück des Projektes, der Atatürk-Staudamm mit dem dazugehörenden Kraftwerk und den Bewässerungsanlagen fertiggestellt ist, zeigt die Entwicklung, dass diese Hoffnung nicht unbegründet ist.

Selbst diese – für die türkische Politik positive – Entwicklung wird aber das heutige Bild von İstanbul nicht mehr ändern können. İstanbul ist ein Spiegelbild der ganzen Türkei. Das Kulturmosaik Anatoliens mit den ethnischen Gruppen, den religiösen Prägungen und der Vielfalt von Sitten und Gebräuchen ist in İstanbul lebendig. Alteingesessene Familien beklagen den Verlust einer İstanbuler Identität.

Die Silhouette der Altstadt wird bestimmt durch die Moscheen mit den spitzen Minaretten. Wenn der Müezzin über Lautsprecher zum Gebet ruft, scheint es so, als gäbe es in İstanbul kein christliches Leben. Doch werden Besucher der Stadt, die am Sonntagvormittag auf der İstiklâl-Caddesi im Stadtteil Beyoğlu unterwegs sind, erstaunt sein, das Läuten der Glocken von den Kirchtürmen zu hören.

Das christliche Leben der Stadt zu entdecken, bleibt leider nur wenigen Urlaubern vorbehalten. Dabei findet man in İstanbul Gemeinden, die für die Vielfältigkeit der christlichen Kirchen in der Gegenwart stehen. Nicht wenige der İstanbuler Kirchengemeinden haben ihre Wurzeln in den Beschlüssen der ökumenischen Konzile.

Geschichte der Stadt

Als Konstantin der Große beschloss, an der strategisch wichtigen Stelle am Übergang des Bosporus in das Marmarameer und dem Goldenen Horn als Naturhafen die zweite Hauptstadt seines Reiches zu errichten, konnte die Stadt schon auf eine fast 1000jährige Geschichte zurückblicken. Die Gründung der Stadt Byzanz geht zurück auf Byzas aus Megera in Südgriechenland, der nach dem Befragen des Orakels von Delphi auf der Landspitze beim heutigen Sultanspalast 658 oder 657 v. Chr. eine griechische Siedlung gründete. Auf der Gotensäule, die unterhalb des Sultanpalastes am äußersten Ende des Gülhane-Parkes steht, soll eine Statue des Stadtgründers gestanden haben.

Am 11. Mai 330 wurde das Neue Rom, später als Constantinopolis bezeichnet, im Hippodrom von Konstantin feierlich eingeweiht. Wie die alte Hauptstadt Rom, wurde auch Konstantinopel auf sieben Hügeln erbaut. Die zweite Hauptstadt lag nun weiter im Osten, wohin sich das Schwergewicht des Reiches verlagert hatte. Mit der Teilung des Römischen Reiches 395 wurde Konstantinopel Hauptstadt des Oströmischen Reiches. Das Weströmische Reich ging 476 durch die Einfälle der Germanenstämme unter. In Konstantinopel hatte zu der Zeit bereits die Blütezeit eingesetzt und eine eigenständige Kunst sich entwickelt, die unter Kaiser Justinian (527-565) mit dem Bau der Hagia Sophia einen Höhepunkt erreichte.

Am 29. Mai 1453 eroberten die osmanischen Türken Konstantinopel. Die Stadt erhielt den Namen İstanbul und wurde Hauptstadt des osmanischen Reiches. İstanbul erlebte im 15. und 16. Jahrhundert nochmals eine Blütezeit. Viele der prächtigen Moscheen, die das Stadtbild heute prägen, entstanden in dieser Periode. Inspiriert vom Zentralkuppelbau der Hagia Sophia entwickelten die osmanischen Baumeister den eigenständigen Baustil der großen İstanbuler Sultansmoscheen.

1923 rief Atatürk die Türkische Republik aus. Ankara wurde die Hauptstadt des neuen türkischen Staates. Die Stadt am Bosporus blieb die faszinierende Metropole der Türkei.

Die Stadt in der Kirchengeschichte

Entscheidende Ereignisse der Kirchengeschichte sind mit dem Namen der Stadt verbunden. 381 fand in Konstantinopel das zweite ökumenische Konzil statt, das vierte ökumenische Konzil wurde 451 nach Chalcedon einberufen. Chalcedon ist identisch mit dem heutigen Stadtteil Kadiköy im asiatischen Teil der Stadt. Als in der Hagia Sophia 1054 die Trennung zwischen der Orthodoxen und der Katholischen Kirche vollzogen wurde, stand Konstantinopel noch einmal im Mittelpunkt der Kirchengeschichte.

Das zweite ökumenische Konzil 381

Als Tagungsort des zweiten ökumenischen Konzils wird die Irenenkirche, Aya Irene, die dem heiligen Frieden geweihte Kirche, angegeben. Diese wurde wahrscheinlich um 300 an der Stelle eines der Aphrodite geweihten Tempels erbaut, sie gehörte zu den ersten christlichen Gotteshäusern von Byzanz. Die heute zu sehende Kirche liegt im großen Gartengelände vor dem Eingang zum Sultanspalast und geht zurück auf den Wiederaufbau nach der Zerstörung durch ein Erdbeben im 8. Jahrhundert.

Auf Einladung von Kaiser Theodosius I. versammelten sich rund 150 Bischöfe in der Basilika. Das Hauptthema der Beratungen war die Klärung der Trinitätslehre. Die Synode bestätigte das Nicänum und verurteilte damit verschiedene Irrlehren und deren Anhänger. Zu diesen gehörten auch die Arianer, die mit dem Beschluss des vorangegangen Konzils von Nicäa nicht einig waren. Die Weiterschreibung des Nicänums beinhaltete auch eine Ausformulierung des Glaubens an den Heiligen Geist. Es entstand das „Nicaeno-Constantinopolitanum", das zum gemeinsamen Band zwischen Christen aller Konfessionen wurde. Ohne die theologische Vorarbeit der drei berühmten Bischöfe aus Kappadozien, Basilius der Große, Gregor von Nyssa und Gregor von Nazianz ist das Nizänische Glaubensbekenntnis nicht zu denken. Sie fanden eine Auslegung des Beschlusses von Nicäa „der Sohn ist wesensgleich mit dem Vater", dem die Bischöfe zustimmen konnten. Mit der Aussage über die göttliche Herrlichkeit des Heiligen Geistes formulierten sie den Glauben an die Dreieinigkeit zu einem Bekenntnis, mit dem die ganze Christenheit auf Erden ihren Glauben bekennen kann.

Die Zeit um 380 war eine hochreligiöse Zeit in Konstantinopel. Über die leidenschaftliche Erörterung theologischer Fragen berichtet Gregor von Nazianz, der 380-381 das Bischofsamt in Konstantinopel ausübte: „Diese Stadt steckt voller Handwerker und Sklaven, von denen jeder ein tiefer Philosoph ist und in der Werkstatt oder auf der Straße predigt. Willst du jemanden ein Silberstück wechseln, so macht er dir klar, worin sich der Vater vom Sohn unterscheidet; fragst du nach dem Preis eines Brotlaibs, so bekommst du zu hören, dass der Sohn geringer als der Vater sei; und wenn du dich erkundigst, ob dein Bad bereit sei, erhältst du zur Antwort, der Sohn ist aus dem Nichts geworden" (*Dallmayr*, Die großen vier Konzilien).

Heute ist es für die Besucher der Stadt ein besonderes Erlebnis während der İstanbuler Kultur- und Festwochen ein Konzert in der Irenenkirche zu besuchen.

Abb. 2 Die Silhouette von İstanbul, links die Irenenkirche, in der Mitte die Hagia Sophia, rechts die Sultan-Ahmet-Moschee. Im Vordergrund das Goldene Horn, im Hintergrund das Marmara-Meer.

Das vierte ökumenische Konzil 451

Das vierte ökumenische Konzil fand wiederum auf dem heutigen Stadtgebiet İstanbuls statt. Chalcedon auf der asiatischen Seite der Stadt ist der alte Name des modernen Stadtteils Kadiköy. Das alte Wort Chalcedon kann mit „derjenige, der an der Anlegestelle war" übersetzt werden. Aus Chalcedon wurde im Türkischen Kadiköy, Dorf des Richters. Im 5. Jahrhundert entwickelte sich Chalcedon zum Villenvorort von Konstantinopel.

Einberufen wurde das Konzil von Kaiser Markian (450-457). Eigentlich sollte die Synode in Nicäa stattfinden; doch bestimmte der Kaiser dann Chalcedon alsTagungsort, damit er gleichzeitig seinen politischen Geschäften in Konstantinopel nachgehen konnte. An den Kaiser erinnert die Markionsäule bei der Fatih-Moschee, die ihm zu Ehren bereits während seiner Regierungszeit errichtet wurde. Die İstanbuler nennen die Säule Kıztaşı, Mädchensäule.

Die Synode war notwendig geworden, weil das dritte ökumenische Konzil 431 in Ephesus keine zufriedenstellende Klärung in Frage der Menschheit Christi erbracht hatte. Kaiser Markian und seine Gemahlin Pulcheria waren am 25. Oktober 451 anwesend, als die Bischöfe der Formel zustimmten: Jesus Christus ist wahrer Gott und wahrer Mensch, er hat also zwei Naturen, die nicht miteinander vermischt aber auch nicht voneinander getrennt sind. Der Beschluss der Synode führte zu Spaltungen. Die Bischöfe der Kirchen des Ostens konnten das Bekenntnis nicht mittragen. Für sie galt, dass Gott und Mensch eine Einheit sind. Die Monophysiten, wie sie bezeichnet werden, trennten sich von der Reichskirche. Die Syrisch-Orthodoxe Kirche in der Türkei geht auf die Beschlüsse des Konzils zurück. Die Armenische Apostolische Kirche bekennt sich ebenfalls zu dieser Glaubensrichtung.

Die Synode tagte in der Kirche der heiligen Euphemia. Die hochgebildete Euphemia, Tochter eines Senators, musste ihr Leben in der Zeit der Verfolgung (303-311) durch Kaiser Diokletian lassen. Ihr wurde die spätere Hauptkirche gewidmet. Eine Beschreibung der Kirche ist überliefert. „Das Heiligtum besteht aus drei übergroßen Räumen: der eine, ein ungedeckter, länglicher Hof mit Säulen auf allen Seiten (das Atrium); dahinter der zweite, nach Länge, Breite und Säulenreihe dem ersten fast gleich, nur dass er einen hölzernen Dachstuhl hat (die eigentliche Basilika); daran schließt sich auf der Nordseite, gegen Sonnenaufgang, ein runder Kuppelraum an mit sehr kunstreich gearbeiteten Säulen, gleich an Material wie Höhe, die innen ringsum laufen. Die Säulen tragen unter dem Dach eine Empore, so dass man von dort aus nach Belieben sowohl die Heilige verehren wie der Liturgie beiwohnen kann. Innerhalb des Kuppelraumes, gegen Osten, befindet sich ein umgrenzter Bezirk, dort liegen die hochheiligen Reliquien der Heiligen in einem langen Sarg, der von einigen Makra genannt wird; er ist aus Silber sehr verständig gearbeitet" (*Dallmayr*, Die großen vier Konzilien). Sechshundert Teilnehmer des Konzils fanden in der Basilika Platz.

Sucht man den Ort, an dem die mächtige Kirche stand, muss man von der Anlegestelle Haydarpaşa ❹ und dem Hauptbahnhof der anatolischen Bahnstrecken die von Üsküdar nach Kadiköy führende Hauptstraße überqueren und danach einige hundert Meter durch die Gassen des Stadtteiles Rasimpaşa gehen. Dann kommt man zur Yeldeğirmeni-Karakolhane-Straße. In diesem Viertel befand sich „die liebliche, sanft ansteigende Stelle", wie der Geschichtsschreiber die Lage der Basilika der Märtyrerin beschreibt. Der Name soll an die Windmühlen erinnern, die einst auf dem Hügel standen. Heute ist das Gebiet dicht bebaut, deshalb ist die Anhöhe, von der die Konzilsväter einen herrlichen Blick auf Konstantinopel hatten, nicht mehr genau zu lokalisieren. Doch das unvergessliche Panorama kann man ebenfalls genießen: Bei einer Schiffsfahrt von der Galatabrücke nach Haydarpaşa hat man einen wunderbaren Blick auf die einzigartige Silhouette von İstanbul.

Wer viel Zeit mitbringt, sollte sich in Haydarpaşa den 1903 mit deutscher Hilfe erbauten Hauptbahnhof ansehen. Dieser war damals Endstadion der Bagdadbahn. Ein Bummel auf der Bağdat-Caddesi in Kadiköy, der wohl schönsten Einkaufsstraße İstanbuls, die durch sehr vornehme Wohnviertel führt, erweitert die Eindrücke von der Stadt. Hier ist man an die Zeit des vierten Konzils erinnert, als Kadiköy ein Villenvorort von Konstantinopel war.

Das fünfte und sechste ökumenische Konzil

Noch zweimal war Konstantinopel Tagungsort der ökumenischen Konzile. Das fünfte ökumenische Konzil fand 553 in der Hagia Sophia statt. Die Anhänger des monophysitischen Glaubens hatten nicht aufgegeben. Das fünfte Konzil verwarf Kompromissformeln; die monophysitischen Kirchen gingen der Reichskirche endgültig verloren.

Das sechste ökumenische Konzil wurde 680 in den kaiserlichen Palast nach Konstantinopel einberufen. Dieses beendete die christologischen Auseinandersetzungen der frühen Kirche, indem verkündigt wurde, dass in Christus zwei Energien, die göttliche und die menschliche sind. Die Monophysiten, die eine gottmenschliche Wirkungsweise und einen gottmenschlichen Willen in Christus vertraten, konnten sich auch bei diesem – vorletzten – ökumenischen Konzil nicht durchsetzen.

Die Trennung zwischen der Westkirche und der Ostkirche
Am 16. Juli 1054 wurde in Konstantinopel die endgültige Trennung zwischen der Westkirche und der Ostkirche vollzogen. Die Gesandten des Papstes legten die päpstliche Bannbulle gegen Michael Kerullarios, den Patriarchen von Konstantinopel, auf dem Hauptaltar der Hagia Sophia nieder. Der endgültige Bruch zwischen der lateinischen und der griechischen Kirche war damit definitiv vollzogen. Die Byzantiner belegten ihrerseits die Lateiner mit dem Bann. Das Schisma war längst abzusehen. Die Sprache der Kirche im Westen war Latein, im Osten wurde Griechisch gesprochen. Der politische Aufschwung, der mit Konstantin begann, führte auch zu einer Aufwertung der Kirche, so dass der Bischof von Konstantinopel eine Sonderstellung unmittelbar nach dem Bischof von Rom erhielt. Die Frage nach der Vormachtstellung in der Kirche und des Machtbereiches in den Missionsgebieten führte 867 zum Bruch zwischen dem Patriarchen Photios von Konstantinopel und Papst Nikolaus I. Nach dem Sturz von Photios wurde zwar die Spaltung wieder aufgehoben, doch war es nur eine Frage der Zeit, bis neue Spannungen zu der endgültigen Trennung führen würden. 1050 verurteilte Papst Leo IX. griechische Bräuche in den lateinischen Bezirken der Kirche, der Patriarch von Konstantinopel antwortete mit der Schließung von lateinischen Klöstern in seiner Stadt. Vermittlungsversuche waren erfolglos. Die päpstlichen Beauftragten legten die Bannbulle auf den Hauptaltar der Hagia Sophia nieder. Dann verließen sie das mächtige Gotteshaus, dabei schüttelten sie sich demonstrativ den Staub von den Füßen.

Verstärkt wurde die Trennung durch die bitteren Erfahrungen des vierten Kreuzzuges. Während die Soldaten des 1. Kreuzzuges (1096/97) lediglich durch Konstantinopel zogen und der zweite und dritte Kreuzzug an der Stadt vorbeiführten, nahmen die Kreuzfahrer des dritten Kreuzzuges 1204 die Stadt ein. Der Hass der aufgeputschten Soldaten konnte sich drei Tage lang entladen. Rücksichtslos plünderten sie und legten Brände, nahezu die ganze Bevölkerung wurde grausam ausgerottet. Den Freveltaten fielen auch die Kunstschätze der Kirchen zum Opfer. Die Hagia Sophia war davon nicht ausgenommen. Ein Augenzeuge berich-

Abb. 3 İstanbul

Legende: ❶ Sultan-Ahmet-Platz; ❷ Kariye-Museum; ❸ Beyoğlu und Galata; ❹ Haydarpaşa und Kadiköy

tet, wie die Kreuzritter die wertvollen Stoffe, mit denen der Altar geschmückt war, zerstückelten und die heiligen, goldenen und silbernen Geräte und Gefäße fortschafften. Sie trieben Esel in die Kirche, luden sie voll und – als diese auf dem glatten Boden sich nicht mehr auf den Beinen halten konnten – erstachen sie die Tiere mit ihren Schwertern.

Die Lateiner errichteten ein Königreich in Konstantinopel, das bis 1261 bestand. Danach konnte die Stadt nie mehr ihre alte Pracht entfalten.

Sehenswürdigkeiten in İstanbul

Ausgangspunkt einer Besichtigung der Stadt ist der Sultan-Ahmet-Platz ❶ zwischen der Hagia Sophia und der Sultan-Ahmet-Moschee, auch als Blaue Moschee bezeichnet. Die Istanbuler nennen diesen Platz treffend „Müzeler“, die Museen. Von dort sind die bedeutendsten Sehenswürdigkeiten zu Fuß zu erreichen.

Wenn man unter der mächtigen Kuppel der *Hagia Sophia* verweilt, wird verständlich, warum Kaiser Justinian bei der Eröffnungszeremonie, nach nur sechsjähriger Bauzeit, am 27. Dezember 537 bekannt haben soll: „Preis und Ehre sei Gott dem Allerhöchsten, der mich für würdig hielt, ein solches Werk zu vollenden. Salomo, ich habe dich übertroffen."

Die Hagia Sophia, die Kirche der göttlichen Weisheit, gehört zu den berühmtesten Bauwerken der christlichen Welt. Über 900 Jahre war die Hagia Sophia die Hauptkirche der Stadt, symbolisierte als Palastkirche die Einheit von Kirche und Staat. Von 1453 bis 1935 diente die Hagia Sophia als Moschee, die Türken bauten die vier Minarette an. Atatürk ließ 1935 die mächtige Kuppelbasilika in ein Museum umwandeln. So konnte mit dem Freilegen der Fresken und Mosaiken begonnen werden und das einzigartige Bauwerk wurde zur Besichtigung freigegeben.

Im südlichen Vorraum erinnert ein Mosaik an die Geschichte der Kirche. Das Mosaik zeigt die Kaiser Konstantin und Justinian, die Maria ihre Gaben bringen. Konstantin trägt das Modell seiner Stadt; Kaiser Justinian huldigt mit einem Modell der Hagia Sophia.

Vom Hauptraum aus sieht man in der Apsis die thronende Maria mit dem Kind. Zu ihr gingen die Blicke der Gläubigen, die in Richtung zum Altar beteten.

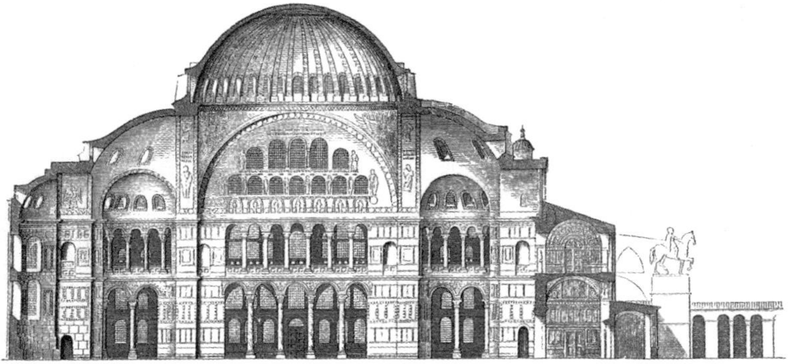

Abb. 4 Hagia Sophia, Längsschnitt durch die frühe Kirche

Abb. 5 Christus zwischen Konstantin IX. und Kaiserin Zoe. Mosaik in der Hagia Sophia

Die Besucher sollten nicht versäumen, über die Rampe zu den Galerien hochzugehen, dort war einst der Platz der Kaiserfamilie und der Frauen. Nun sieht man das Marienmosaik in der Apsis am besten, gleichzeitig findet man weitere beeindruckende Zeugnisse byzantinischer Kunst. In der südlichen Empore befindet sich das Mosaik mit dem segnenden Christus, an seiner Seite sind Maria und Johannes der Täufer als Fürbitter für die Menschen dargestellt. Das Mosaik wirkt durch seine Nähe und Überzeugungskraft, weil die Augen Christi jedem Betrachter nachzugehen scheinen, unabhängig von dessen Standpunkt. Die Darstellung Christi gehört zu den bekanntesten byzantinischen Motiven der Stadt. Ebenfalls auf der südlichen Galerie beeindruckt das sehr gut erhaltene Mosaik, das Christus zwischen Konstantin IX. und Kaiserin Zoe zeigt. Auf der nördlichen Galerie hat sich der trunksüchtige Kaiser Alexander während seiner kurzen Regierungszeit (912-913) mit einem Mosaik selbst eine Erinnerung schaffen lassen. Der Kaiser trägt einen juwelenbesetzten Überwurf. In den vier Medaillons um die Figur steht:

„Gott helfe deinem Diener und rechtgläubigen Kaiser Alexander".

An die Nutzung der Hagia Sophia als Moschee erinnern die Gebetsnische in der Apsis der ehemaligen Kirche, die Tribüne des Vorbeters, die Kanzel für die Freitagspredigt und die mächtigen Schilder mit den Namen der ersten vier Kalifen.

Der *Sultanspalast*, von den Türken „Topkapı Sarayı – Kanonentor-Palast" – bezeichnet, ist eine Palaststadt auf dem weiträumigen Gelände der Halbinsel zwischen dem Goldenen Horn und dem Bosporus. Dort war über Jahrhunderte das Zentrum der osmanischen Macht. Der Palast bildete innerhalb der Hauptstadt eine Stadt für sich selbst.

Durch das enge Palasttor hinter der Hagia Sophia kommt man in den ersten Innenhof. In diesem Bereich, der auch früher frei zugänglich war, befanden sich die Wirtschaftsgebäude. Heute wird der weiträumige Hof als Parkplatz genutzt. Erst nach dem zweiten Tor mit den Eintrittskassen beginnt der eigentliche Palastbereich. Um drei parkähnliche Höfe gliedert sich nun der Palast, dessen Anlage nicht an Burgen und Schlösser erinnert, wie sie den Besuchern aus Mitteleuropa vertraut sind. Eine große Zahl eingeschossiger Gebäude ist in einer Zeitspanne von etwa 400 Jahren nach der Eroberung İstanbuls 1453 bis zur Mitte des 19. Jahrhunderts entstanden. Ein einheitlicher Baustil ist nicht zu erkennen, gemeinsam ist die prächtige Ausstattung der Palastgebäude und die herrliche Lage mit Blick zum Marmarameer und Bosporus sowie zum Goldenen Horn. Im Jahr 1855 bezog dann Sultan Abdülmescit am Bosporusufer den im Stil europäischer Schlösser neu gebauten Dolmabahçe-Palast.

Mehr als 100.000 Exponate werden in den Räumen des Topkapı-Palastes gezeigt. Sie reichen vom chinesischen Porzellan in den ehemaligen Palastküchen bis zur Schatzkammer, mit den prächtigen Geschenken ausländischer Staatsbesucher für den Hof des Sultans. Bei den religiösen Reliquien finden die Gegenstände, die dem Propheten Mohammed zugeschrieben werden, die meiste Beachtung. Der Harem mit den aufwendig gestalteten Gemächern bildete im Palast einen eigenen Bereich, in dem der Sultan mit seinen Frauen, der mächtigen Sultansmutter, den

Thronfolgern, den Sklavinnen und den Eunuchen vom Leben im Palast abgeschirmt waren.

Im ersten Hof des Palastes ist der Eingang zur Irenenkirche, von dort kommt man ebenfalls zum Archäologischen Museum mit dem angeschlossenen Museum für Altorientalische Kulturen.

Die *Irenenkirche*, Aya Irene, die Kirche des heiligen Friedens ist derzeit nur für Konzerte geöffnet. Deshalb kann man lediglich vom Park aus einen Eindruck der Ausmaße der ältesten Kirche der Stadt gewinnen, die als Patriarchatskirche diente bis 360 die Vorläuferkirche der Hagia Sophia eingeweiht wurde. Die heutige Basilika geht auf den Wiederaufbau nach dem Erdbeben von 740 zurück. Da sie nicht in eine Moschee umgewandelt wurde, erkennt man im Innenraum noch deutlich die byzantinische Basilika.

Geht man durch das ehemalige Kız Bekçiler Kapısı, das Tor der Wächter der Mädchen, zum Gülhane-Park, erreicht man auf der rechten Seite den Komplex des Museums für Altorientalische Kulturen und des Archäologischen Museums.

Im *Museum für Altorientalische Kulturen*, Eski Şark Eserler Müzesi, werden zahlreiche Exponate der Völker und Kulturen gezeigt, die im Alten Testament im Umfeld Israels eine wichtige Rolle spielten. Dazu gehören die Funde aus dem Reich der Assyrer und Babylonier, der Ägypter, Hethiter und einige Gegenstände aus der Geschichte Israels. Besonders die Türkeireisenden, die keine Gelegenheit haben, das Museum für Anatolische Kulturen, meist Hethitermuseum genannt, in Ankara zu sehen, vermittelt der Besuch einen guten Eindruck der orientalischen Frühgeschichte.

Auf der anderen Seite des Hofes ist der Eingang zum *Archäologischen Museum,* Arkeoloji Müzesi. Obwohl das Museum nur von wenigen Touristen besucht wird, zählt es zu den interessantesten Sehenswürdigkeiten der Stadt.

In mehr als 30 Sälen bietet das Museum eine reichhaltige Sammlung griechischer, römischer und byzantinischer Exponate und gehört damit zu den größten und sehenswertesten archäologischen Museen weltweit. Bekannt ist der als Sarkophag Alexan-

Abb. 6 Der gute Hirte, Archäologisches Museum İstanbul

der des Großen bezeichnete prächtige Steinsarg, der seinen Namen von den Kriegs- und Jagdszenen hat, die Alexander den Großen zeigen. Das Meisterwerk griechischer Kunst war der Sarg eines hellenistischen Herrschers aus Phönizien, er wurde 310 v. Chr. gefertigt und 1887 in Sidon, heute Saida, südlich von Beirut im Libanon gefunden.

Zahlreiche Statuetten im Museum zeigen biblische Motive. Dazu gehören die Darstellung Abrahams, der bereit ist, Isaak zu opfern und die Statue, die Jona zeigt, wie er von den Seeleuten ins Meer geworfen wird. Von den Statuetten mit Motiven aus dem Neuen Testament beeindrucken die Darstellungen des guten Hirten.

Das Museum wird seit Jahren modernisiert, deshalb sind meist einige Säle geschlossen. Die Besucher nehmen das kaum wahr, weil die Ausstellungsbereiche gleichzeitig erweitert werden. Die Ausstellung „İstanbul im Wandel der Zeiten", die Präsentation von Funden aus Troja sowie eine Nachbildung der Grabkammer von Gordion (siehe auch Seite 166) zeigen weitere Themen der Entwicklung der Stadt und der Geschichte Anatoliens.

Nach der Besichtigung geht man die Gasse vor den Museen abwärts und durch ein Tor in der Mauer des Topkapı-Palastes durch bis zur Alemdarstraße. Dann folgt man der Straßenbahn aufwärts und erreicht nach wenigen Minuten auf der linken Seite die Hagia Sophia. Dieser gegenüber ist der Eingang zur *Zisterne Yerebatan Sarayı*.

Der türkische Name der Zisterne, versunkenes Schloss, wird verständlich, wenn man über die Holzstege unter den alten Gewölben geht, die von 336 antiken Säulen in 12 Reihen mit je 28 Säulen getragen werden. Die im 6. Jahrhundert erbaute Zisterne fasste 80.000 Kubikmeter Wasser.

Nun geht man durch den kleinen Park von der Hagia Sophia zur *Sultan-Ahmet-Moschee*. Die osmanischen Moscheen Istanbuls sind baugeschichtlich eine Weiterentwicklung der Hagia Sophia. Wirft man vom Park aus einen Blick auf die Hagia Sophia, fällt der wuchtige Bau mit der Zentralkuppel auf. Auf der anderen Seite des Parks wirkt der mächtige Komplex der Sultan-Ahmet-Moschee trotz der Hauptkuppel und den zahlreichen Halbkuppeln dennoch nicht schwer. Die Moschee wird meist als die blaue Moschee bezeichnet, weil die blaugrünen Fayencen, der blaue Dekor und die in blau gehaltenen Glasfenster das Innere bestimmen. Als einzige Moschee der Stadt hat sie sechs Minarette, dadurch weist sie sich als die Hauptmoschee İstanbuls aus. Sultan Ahmet I. ließ die Moschee von 1609-1616 errichten.

Wer jedoch einen Eindruck erhalten will vom Gebetsleben in einer Moschee ist von der Sultan-Ahmet-Moschee enttäuscht, weil doch viele Touristen die bekannteste Moschee der Stadt besuchen. Die Glaubenspraxis der Muslime erlebt man besser in einer der zahlreichen kleinen Moscheen der Stadt. Der Besuch ist für Frauen und Männer jederzeit möglich. Lediglich zu den Gebetszeiten sollte man sich etwas im Hintergrund aufhalten.

In den Sommermonaten wird abends auf dem Platz zwischen der Hagia Sophia und Sultan-Ahmet-Moschee zu einer Licht- und Tonschau über die Geschichte İstanbuls eingeladen. Auch in deutscher Sprache werden wichtige Ereignisse in der Entwicklung der Stadt und besonders die Geschichte der Hagia Sophia sowie der Sultan-Ahmet-Moschee vorgestellt.

Verlässt man die Sultan-Ahmet-Moschee über den Hof mit dem Reinigungsbrunnen, gelangt man zum *Hippodrom*, dem Pferderennplatz. In Erinnerung an die Pferderennen in der Antike nennen die Türken den Hippodrom At Meydanı, Pferdeplatz.

Bei einem Rundgang über den Hippodrom beginnt man am besten im Südwesten beim gemauerten Obelisken.

Der gemauerte Obelisk, Örmetaş, wurde wohl im 4. Jahrhundert n. Chr. errichtet. Im 9. Jh. ließ Konstantin VII. vergoldete Bronzeplatten anbringen, auf denen die Taten seines Großvaters, Kaiser Basileios I. (867-886), dargestellt waren. Die wertvolle Verkleidung wurde von den Kreuzfahrern 1204 zerstört oder mitgenommen. Zurückgeblieben ist das Mauerwerk des Obelisken mit den Dübellöchern.

Das nächste Denkmal auf dem Hippodrom ist die aus Bronze hergestellte Schlangensäule, Burmalı Sütun, die aus drei ineinander verschlungenen Schlangenleibern besteht, auf denen einst ein Dreifuß aus Gold angebracht war. Dieser trug eine goldene Vase mit etwa drei Meter Durchmesser. Sie wurde im 5 Jh. v. Chr. von 31 griechischen Städten, deren Namen auf den Schlangenleibern eingraviert sind, für den Apollontempel in Delphi gestiftet, nachdem den Griechen ein Sieg über die Perser gelungen war. Konstantin ließ dann das Weihgeschenk nach Konstantinopel bringen. Die Schale aus Gold ist bereits in der Antike verloren gegangen, die Schlangenköpfe wurden im 17. Jahrhundert abgeschlagen. Das Stück eines wieder gefundenen Kopfes ist heute im Archäologischen Museum in İstanbul zu sehen.

Der 20 Meter hohe Ägyptische Obelisk, Dikilitaş, ist ein Monolith, der etwa 1500 v. Chr. vor dem Tempel in Karnak in Ägypten aufgestellt war. Kaiser Theodosius I. ließ ihn 390 n. Chr. – also etwa 1900 Jahre später – im Hippodrom aufstellen. Er ruht auf einem 6 Meter hohen Marmorsockel, dessen Reliefs den Kaiser und seinen Hof in hierarchischer Ordnung zeigen.

Weil beim Bau der Sultan-Ahmet-Moschee (1609-1616) der Bereich des Hippodroms aufgefüllt wurde, stehen die Denkmäler heute deutlich tiefer als das Niveau des umgebenden Geländes. Dennoch blieben der Obelisk des Theodosius, der gemauerte Obelisk und die Schlangensäule unverändert stehen und kennzeichnen bis heute die Mittelachse des Rennplatzes in der Antike.

Im Jahr 1898 stiftete Kaiser Wilhelm II. bei seinem Besuch des Osmanischen Reiches den Deutschen Brunnen, Alman Çeşmesi.

Sultan Abdülhamit II. ließ den Brunnen an historischer Stelle am Nordostrand des Hippodroms aufstellen.

Seit wenigen Jahren hat das Gebiet um den Sultan-Ahmet-Platz eine weitere Sehenswürdigkeit erhalten. Das Mosaik des ehemaligen byzantinischen Kaiserpalastes wurde freigelegt und restauriert. Es gilt als schönstes, kostbarstes und gleichzeitig größtes Mosaik der Antike. Im Kaiserpalast fand das sechste ökumenische Konzil statt.

Sehr sehenswert sind auch die ehemaligen Kirchen der Stadt, die heute als Moscheen dienen. Nur geringe Einbauten oder Veränderungen wurden vorgenommen, lediglich die Fresken oder Mosaiken sind übertüncht, um dem Bilderverbot im Islam gerecht zu werden. Besonders sehenswert ist die Kleine Hagia Sophia, *Küçük Ayasofya*, die ehemalige Sergios- oder Bakchos-Kirche zwischen dem Marmarameer und dem Sultan-Ahmet-Platz.

Ein Höhepunkt ist der Besuch der früheren Chora-Klosterkirche, die unter dem Namen *Kariye-Museum* ❷ bekannt ist. Sie befindet sich in der Nähe der mächtigen Stadtmauer beim Edirnekapı, Edirnetor. Wegen der einzigartigen Mosaiken gehört die Klosterkirche zu den schönsten byzantinischen Sehenswürdigkeiten der Stadt. Die Bilder der Kirche sind ein Kleinod, das man in dieser Schönheit in İstanbul nicht erwartet. Mehr als 50 Mosaiken zeigen das Leben von Maria, die Kindheitsgeschichte Jesu sowie Jesu Wirken, seine Wunder und Christus Pantokrator. Die Darstellungen von Maria und der Kindheitsgeschichte Jesu enthalten neben den neutestamentlichen Berichten auch außerbiblische Traditionen. So beginnt der Marienzyklus mit den Eltern Marias, Anna und Joachim. Das Zentralthema der Fresken im Parekklesion, der Grabkapelle der Kirche, ist die Wiederkunft Christi.

Nicht weit entfernt vom Kloster Chora liegt am Goldenen Horn die Residenz des griechisch-orthodoxen Patriarchen. Auf dem Gelände ist die Kirche Hagios Georgios sehenswert.

Knapp 60 griechisch-orthodoxe Kirchen in İstanbul unterstehen dem Ökumenischen Patriarchat. In Erinnerung an die Geschichte der Stadt hat sich für die Griechen in İstanbul die

Abb. 7 Paulus, Mosaik in der Klosterkirche Chora

Bezeichnung „Rum", Römer, erhalten, die Griechen in ihrem Mutterland nennt man „Yunan" Ionier.

Im christlichen Leben der Stadt İstanbul nimmt außerdem die armenisch-apostolische Kirche einen wichtigen Platz ein.

Im Stadtteil Kumkapı am Marmarameer befindet sich das Patriarchat der armenisch-apostolischen Kirche und die Patriarchatskirche. Der Komplex wurde durch das Erdbeben 1999 stark beschädigt; er konnte nach umfangreichen Renovierungsarbeiten 2004 wieder eingeweiht werden. Zur armenisch-apostolischen Kirche gehören neben der Patriarchatskirche weitere 38 Kirchen.

Zahlreiche griechisch-orthodoxe und armenische Kirchen findet man in Alt-İstanbul, den Stadtteilen zwischen dem Marmarameer und dem Goldenen Horn.

Wer jedoch einen Einblick vom christlichen – und jüdischen – Leben in İstanbul gewinnen möchte, sollte einen Aufenthalt in den Stadtteilen *Galata und Beyoğlu* ❸ auf der anderen Seite des Goldenen Horns einplanen.

In der Nähe des Galataturms – 1348 von den Genuesen erbaut, die dort eine weitgehend eigenständige Handelskolonie gründen konnten – findet man die bekanntesten Synagogen der Stadt. Entlang der etwa einen Kilometer langen İstiklal-Caddesi, der Straße der Unabhängigkeit, kann man einige Kirchen aufsuchen, die sehenswerteste ist die Kirche St. Antonius. Durch die Fußgängerzone mit den eleganten Geschäften fährt eine historische Straßenbahn.

In den Stadtteilen Galata und Beyoğlu befinden sich zahlreiche ehemalige repräsentative Gebäude in keinem guten Zustand, doch zeigen nun die Bemühungen der Stadtverwaltung, die Stadtteile wieder attraktiv zu machen, gute Erfolge.

Christliches Leben in İstanbul

In İstanbul, dem Zentrum des christlichen Lebens in der Türkei, findet man das ganze Mosaik christlicher Konfessionen. In etwa 150 Kirchen treffen sich die einheimischen und ausländischen Christen in İstanbul zu Gottesdiensten.

Abb. 8 Die Auferstehung Jesu, Fresko in der Klosterkirche Chora

Die zahlenmäßig größte Gemeinde ist die armenisch-apostolische Kirche mit etwa 60.000 Gläubigen. Etwa 3.000 Gläubige hat die armenisch-katholische Kirche, auch eine kleine armenisch-evangelische Gemeinde besteht in der Stadt.

Die kirchengeschichtlich bedeutsamste Kirche ist die griechisch-orthodoxe Kirche. Das Ökumenische Patriarchat ist der Mittelpunkt der weltweiten orthodoxen Kirche. Etwa 2500 Gläubige sind in İstanbul geblieben.

Das Zentrum der syrisch-orthodoxen Kirche hat sich von der traditionellen Heimat im Tur Abdin, dem Berg der Knechte Gottes, zwischen den Städten Mardin und Midyat im Südosten der Türkei, nach İstanbul verlagert. Etwa 12.000 Gläubige bekennen sich zu den syrisch–orthodoxen Kirchen. Weil noch nicht genügend eigene Kirchen oder Gemeindehäuser zur Verfügung stehen, trifft sich die Gemeinde auch in den Kirchen anderer Konfessionen.

Rund 10.000 Gläubige bekennen sich zur römisch-katholischen Kirche, zu der in İstanbul 23 – meist von Ausländern getragene – Kirchen gehören. Die deutschsprachige katholische

Gemeinde St. Paul unterhält ein Gemeindehaus im Stadtteil Nişantaşı. Die österreichische Gemeinde St. Georg hat in der Nähe des Galataturms eine Kirche mit Gemeindezentrum und unterhält auf der Insel Burgaz, eine der sieben Prinzeninseln im Marmarameer bei İstanbul, eine Kapelle.

Die Christen der evangelischen Gemeinde deutscher Sprache treffen sich im Stadtteil Beyoğlu in der Kreuzkirche zu Gottesdiensten und Gemeindeveranstaltungen. In den Sommermonaten feiert die Gemeinde auch Gottesdienste in der Kapelle der Sommerresidenz des deutschen Botschafters in Tarabya, die in einem ausgedehnten Park am Bosporusufer liegt. Dort befindet sich auch ein deutscher Soldatenfriedhof.

Zahlreiche kleinere Gemeinden wie die bulgarisch-orthodoxe, die russisch-orthodoxe, die syrisch-evangelische und die griechisch-katholische Kirche gehören traditionell zu den İstanbuler Gemeinden. Auch unterschiedliche türkische evangelikale Gruppierungen haben sich in İstanbul registrieren lassen.

Neben den Kirchen der Ausländer unterhalten die armenisch-apostolische, die armenisch-katholische sowie die griechisch-orthodoxe Kirche öffentliche Einrichtungen. Etwa 20 Privatschulen gehören zu den armenischen Kirchen. Kinder und Jugendliche können von der Grundschule bis zum Abitur eine armenische Privatschule besuchen. Gleichzeitig unterhält die armenisch-apostolische Kirche ein Krankenhaus und zwei Waisenhäuser, für Veröffentlichungen stehen der Kirche 12 eigene Presseorgane zur Verfügung. Die griechisch-orthodoxe Kirche unterhält ebenfalls knapp 20 Schulen und ein Krankenhaus. Derzeit bemüht sie sich um eine Genehmigung zur Wiedereröffnung ihrer theologischen Hochschule auf Heybeli Ada, einer der Prinzeninseln bei İstanbul.

Die österreichische Kirche St. Georg unterhält ein Krankenhaus, ein allgemeinbildendes Gymnasium und ein Wirtschaftsgymnasium.

Zu den bestehenden christlichen Presseorganen sind neue – eher evangelikal ausgerichtete – Verlage hinzugekommen. Zwei Verlage haben im Jahr 2001 eine neue Bibelübersetzung in zeitgemäßer türkischer Sprache herausgegeben.

Abb. 9 Die Zehn Gebote, Portal eines jüdischen Kulturzentrums

Im Stadtteil Şişli findet man auf lateinischen, armenischen, orthodoxen und protestantischen Friedhöfen christliche Ruhestätten vom einfachen Grab bis zu eindrucksvollen Grabmälern.

Nach etwa 900 Jahren der Trennung zwischen der römisch-katholischen und griechisch-orthodoxen Kirche sind nun Schritte zur Annäherung zu beobachten. Im Jahr 1964 trafen der ökumenische Patriarch Athenagora und Papst Paul VI. in Jerusalem zusammen. Schon drei Jahre nach diesem historischen Ereignis besuchte der Patriarch das Oberhaupt der katholischen Kirche im Vatikan. Im Jahr 1979 suchte dann Papst Johannes Paul II. den orthodoxen Patriarchen in İstanbul auf. Der Dialog und die Begegnungen zwischen der römisch-katholischen Kirche und dem Ökumenischen Patriarchat werden seither fortgesetzt, um die leidvolle Geschichte zu überwinden.

Die Stadtverwaltung İstanbul unterstützt auf ihre Weise die ökumenischen Kontakte. Sie nannte eine Straße im Stadtteil Harbiye „Papa Roncalli Sokağı, Papst-Roncalli-Straße“. Damit wird an Papst Johannes XXIII. (1881-1963) erinnert, der unter dem bürgerlichen Namen Angelo Giuseppe Roncalli von 1935 bis 1944 als Priester in İstanbul wirkte.

Die etwa 20.000 Juden unterhalten in İstanbul rund 30 Synagogen. Bei der jüdischen Bevölkerung der Stadt überwiegen die Sepharadim, die 1492 aus Spanien vertrieben wurden und sich in İstanbul ansiedeln konnten. Nur etwa 1.000 Juden zählen zu den Aschkenasim, deren Vorfahren aus den mittel- und osteuropäischen Ländern stammen. Die bekannteste Synagoge, Neve Shalom, liegt beim Galataturm. Das Gebetshaus der Sepharadim wurde schon zweimal durch terroristische Anschläge schwer getroffen. Geht man vom Galataturm durch die steilen Gassen abwärts, kommt man zur österreichischen St. Georgskirche mit der Schule und dem Krankenhaus.

Unterhalb des Krankenhauses befindet sich in der Felekstraße, Felek Sokağı, in den Räumen einer früheren aschkenasischen Synagoge ein jüdisches Kulturzentrum. Über dem Portal steht in hebräischer Schrift ein Wort aus dem Propheten Jesaja: „Mein Haus wird ein Haus des Gebets für alle Völker genannt“ (Jes 56,7).

Ebenfalls über dem Portal befindet sich eine Steinmetzarbeit, die auf die 10 Gebote verweist. Über die restaurierte Camondo-Treppe gelangt man zur Bankalarstraße, Bankalar Caddesi, dieser folgt man Richtung Galatabrücke bis zum Karaköy-Platz, Karaköy Meydanı. Dort steht die Zülfaris-Synagoge, die seit 2002 das Jüdische Museum der Türkei beherbergt. Der Schwerpunkt der Ausstellung liegt auf dem Zusammenleben zwischen Juden und Muslimen vom 15. Jahrhundert bis zur Gegenwart.

Ein besonderes Erlebnis ist die Fahrt mit einem Dampfer von der Galatabrücke zur Büyük Ada, der größten der Prinzeninseln im Marmarameer. Von einem der höchsten Hügel bei der griechisch-orthodoxen Kirche hat man einen schönen Blick über das Meer zu den benachbarten Inseln.

2. İznik – Nicäa

Die türkische Kreisstadt İznik, zwischen İstanbul und Bursa am Westufer des verträumten İznik-Sees gelegen, ist nur wenigen Besuchern ein Abstecher wert. Der See hat eine Größe von 300 km^2, er hieß in der Antike „Askanischer See."

Die Touristen bevorzugen meist den kurzen Weg von İstanbul nach Bursa. Dabei sind die mächtigen Stadttore, die Stadtmauern sowie die Ruinen der Hagia Sophia durchaus sehenswert.

Die Bedeutung von İznik, dem ehemaligen Nicäa, für die Geschichte des Christentums ist kaum bekannt, obwohl dort wichtige Entscheidungen getroffen wurden, die bis heute die Christen über alle Konfessionen hinweg verbinden.

Beim ersten ökumenischen Konzil im Jahr 325 wurde eine christologische Kontroverse um die Gottheit Jesu ausgetragen. Der Beschluss des Konzils, das nizänische Glaubensbekenntnis, es wurde 381 beim zweiten ökumenischen Konzil in Konstantinopel weitergeschrieben, ist das „einzige ökumenische Glaubensbekenntnis, das die östliche und die westliche, die römisch-katholische und die reformatorische Christenheit durch alle Trennungen hindurch verbindet". Diese Feststellung enthält die gemeinsame Erklärung der Bischöfe und Vorsitzenden der Kirchen in Deutschland zur 1600-Jahr-Feier des Glaubensbekenntnisses von Nicäa-Konstantinopel aus dem Jahr 1981.

Kaiserin Irene (780-802) berief 787 nochmals ein Konzil nach Nicäa ein, das über den Bilderstreit zu entscheiden hatte, der die Kirche in zwei Lager spaltete.

İznik blickt auf eine wechselhafte Geschichte zurück. Einerseits stand die Stadt im Mittelpunkt des politischen und religiösen Lebens; dafür steht ihr alter Name Nicäa.

Die Einberufung von zwei Konzilen nach Nicäa und die Beschlüsse dieser ökumenischen Synoden geben der Stadt einen festen Platz in der Kirchengeschichte, aber auch im politischen Leben. Andererseits war die Stadt über Jahrhunderte vergessen wie eine Provinzstadt.

Im 13. Jahrhundert wurde Nicäa nochmals gesellschaftliches und religiöses Zentrum. Nachdem die Kreuzritter Konstantinopel eingenommen hatten, floh der byzantinische Kaiser Theodor I. Laskaris nach Nicäa und verlegte den Sitz des Kaiserreiches in die Konzilstadt. Von 1204 bis 1261 war Nicäa Sitz der Exilregierung. In dieser Zeit wurden viele Kirchen und öffentliche Gebäude sowie ein Palast für den Patriarchen errichtet.

Nicäa stand immer in Konkurrenz mit der Nachbarstadt Nikomedia, die vorübergehend Hauptstadt eines Teils des Römischen Reiches war. Kaiser Diokletian residierte dort von 284-305 n. Chr. Nikomedia heißt heute amtlich Kocaeli. In der Umgangssprache wird die Stadt immer noch İzmit genannt. Im Vergleich der beiden Städte scheint sich die Geschichte zu wiederholen. Das Gebiet am Golf von İzmit zwischen Kocaeli und İstanbul hat sich zu einem Zentrum der türkischen Industrie entwickelt. Hinzu kommt, dass Kocaeli an der Autobahn von İstanbul nach Ankara liegt. Auch die – immer noch wenig bedeutende – Zugverbindung von İstanbul nach Ankara führt über Kocaeli. İznik dagegen liegt abseits dieser Verkehrsverbindungen und hat eine weniger stürmische Entwicklung hinter sich. Die Stadt ist heute das Zentrum der Gemeinden am İznik-See.

İznik in der Kirchengeschichte

Konstantinopel, die neue Hauptstadt Ostroms, wurde im Jahr 330 feierlich eingeweiht. In den Jahren davor herrschte dort eine Aufbaustimmung. Repräsentative Gebäude fehlten noch und das Stadtbild war von zahlreichen Einwanderern geprägt. Nicäa eignete sich eher für die erste große Versammlung der weltweiten Christenheit.

Dort stand am Ufer des askanischen Sees der Sommerpalast des Kaisers. Dieser konnte einen würdigen Rahmen für die Versammlung der Kirchenväter abgeben. Gleichzeitig war die Wahl des Ortes eine politische Entscheidung. Wohl deswegen hat Kaiser Konstantin den zunächst vorgesehenen Versammlungsort Ancyra, Ankara, verworfen. In der abgelegenen Stadt Ancyra wäre die Veranstaltung zu einer Sache der Bischöfe und die Teilnahme für den Kaiser mit einem großen Aufwand verbunden gewesen. In Nicäa, nahe der im Aufbau sich befindenden

Hauptstadt des Reiches und im idyllisch gelegenen Sommerpalast, wurde das Konzil zu einer Veranstaltung des Kaisers. Die Nachbarstadt Nikomedia sollte wegen der sich im Aufbau befindenden neuen Hauptstadt am Bosporus nicht weiter aufgewertet werden. Vielleicht hat bei der Nichtberücksichtigung von Nikomedia als Tagungsort der ersten Synode auch der Bischof Eusebius von Nikomedia ungewollt eine Rolle gespielt, da dieser auf der Seite des Arius stand. Das erste ökumenische Konzil in ein Zentrum der Arianer einzuberufen, schien dem Kaiser Konstantin unangebracht. Nikomedia als Tagungsort hätte als Aufwertung von Arius ausgelegt werden können, über dessen Auffassung der Gottheit Jesu das Konzil entscheiden sollte.

Im Juni 325 eröffnete Kaiser Konstantin im Kaiserpalast in Nicäa das erste ökumenische Konzil. Ungefähr 300 Bischöfe aus der ganzen alten Welt waren mit Gefolgschaft angereist. Viele von ihnen hatten noch die acht Jahre dauernde grausame Verfolgung von 303-311 erlebt, die vom Kaiser Diokletian ausging. Der zeitliche Abstand war noch zu gering, um die Nachstellungen vergessen zu können. Nur 22 Jahre später erschien nun der Kaiser persönlich, eröffnete das Konzil und bewirtete die Bischöfe mit ihrem Gefolge zwei Monate lang. Die Eröffnungszeremonie und die weiteren Verhandlungen fanden im Kaiserpalast statt, die Hauptkirche der Stadt diente für die religiösen Feierlichkeiten. Die Beteiligten waren bestimmt mehr als beeindruckt von der neuen Situation und der angenehmen Atmosphäre in den prunkvollen Gebäuden am Ufer des askanischen Sees. Die Bischöfe konnten nicht ahnen, dass die Kirche nun auch ihre Selbständigkeit aufgegeben hatte. Die Vorbereitung und Durchführung der Konzile oblagen der staatlichen Verwaltung. Deshalb galten die Beschlüsse der Konzile auch wie ein Reichsgesetz. Bei Meinungsverschiedenheiten der Bischöfe hatte der Kaiser das letzte Wort.

Die Geschichte der jungen Christenheit war geprägt von Bedrängung und Verfolgungen durch den römischen Staat. Auf dem Hintergrund dieser Erfahrungen wird verständlich, dass die Bischöfe das Konzil von Nicäa als eine Sternstunde der Christenheit erlebt haben.

Die sieben ökumenischen Konzile: Tagungsorte und Hauptthemen

Erstes Konzil: 325	
Nicäa – *İznik* Kaiserpalast	Gottheit Christi Wesensgleichheit des Sohnes mit dem Vater
Zweites Konzil: 381	
Konstantinopel – *İstanbul* Irenenkirche	Bestätigung des Beschlusses von Nicäa Klärung der Trinitätslehre und des Wesens des Heiligen Geistes Nizäno-Konstantinopolitanisches Glaubensbekenntnis
Drittes Konzil: 431	
Ephesus – *Selçuk* Marienkirche	Titel der Mutter Jesu Maria ist „Gottesgebärerin"
Viertes Konzil: 451	
Chalcedon – *İstanbul-Kadiköy* Kirche der heiligen Euphemia	Göttliche und menschliche Natur Christi: Ein Christus in zwei Naturen Wahrer Gott und wahrer Mensch
Fünftes Konzil: 553	
Konstantinopel – *İstanbul* Hagia Sophia	Einheit Christi Verurteilung der Lehre von den zwei Personen in Christi
Sechstes Konzil: 680	
Konstantinopel – *İstanbul* Kaiserpalast	Göttlicher und menschlicher Wille wirken in Christus
Siebtes Konzil: 787	
Nicäa – *İznik* Hagia Sophia	Zulassung der Bilderverehrung

Arius, der Bischof von Alexandria, hat das Konzil anders erlebt. Seine Lehre, dass Jesus nur „wesensähnlich“ mit Gott ist, wurde verworfen. Athanasius, dem späteren Metropoliten von Alexandria und seinen Anhängern, erschien diese Lehre als Zerrbild des christlichen Glaubens. Für ihn war Jesus Christus „wesensgleich“ mit dem Vater. Athanasius und dessen Parteigänger setzten sich durch. Arius und seine Anhänger wurden auf der Synode von Nicäa verdammt. Der arianische Streit war aber längst nicht entschieden. Die Auseinandersetzungen dauerten weiter an, so dass die Gefahr einer Kirchenspaltung nicht auszuschließen war. Auf der Synode von Konstantinopel 381 wurde das nizänische Bekenntnis weitergeschrieben und bestätigt. Mit dem „Nicaeno-Constantinopolitanum“ bekennt die weltweite Christenheit an den hohen Feiertagen ihren Glauben an den dreieinigen Gott.

Das siebte – und letzte – ökumenische Konzil fand 787 wieder in Nicäa statt und setzte dem Streit zwischen Bilderverehrern und Bilderstürmern mit der Zulassung der Bilderverehrung ein Ende. Allerdings gingen die Auseinandersetzungen darüber weiter, bis schließlich 843 der Mönch Methodios, der selbst ein Opfer des Bilderstreites war, zum Patriarchen von Konstantinopel gewählt wurde. Von der Kanzel der Hagia Sophia in Konstantinopel verkündete er die Restauration der Bildwerke.

Das Bild der Stadt heute

Lediglich das Hippodamische Stadtplanungssystem erinnert in İznik noch an die Zeit des ersten ökumenischen Konzils. Kaiser Hadrian ließ die von einem Erdbeben zerstörte Stadt 123 n. Chr. nach diesem System, das auf Hippodamos von Milet zurückgeht, wieder aufbauen. Dabei ist das Gebiet der Stadt in ungefähr gleich große Bauareale eingeteilt und durch ein streng rechtwinkliges Straßennetz gekennzeichnet. Öffentliche Gebäude und Plätze sind zweckmäßig eingebunden. Diese Gestaltung der Stadt hat sich bis heute erhalten.

Sehr deutlich sieht man dieses Prinzip bei den Ruinen der Hagia Sophia. Um die renovierten Reste und sorgfältig gepflegten

Abb. 10 Die Ruine der Hagia Sophia in İznik

Außenanlagen der Kirche ist die Anlage der rechtwinkeligen Straßen gut zu erkennen. In der Hagia Sophia fand 787 die Eröffnungssitzung des siebten ökumenischen Konzils statt.

Die Hagia Sophia wurde im 5. oder 6. Jahrhundert als dreischiffige Basilika erbaut. Nach einem verheerenden Erdbeben 1065 wurde die Kirche wieder aufgebaut und erneuert. Die Osmanen nahmen 1331 die Stadt ein und wandelten sie in eine Moschee um. Dazu waren einige bauliche Veränderungen notwendig und die Bilder wurden übertüncht. Gleichzeitig wurde ein Minarett errichtet. Im Laufe der Zeit wurde die Moschee aufgegeben. Berichten zufolge lag die Moschee 1830 in Trümmern. Seit 1912 finden Ausgrabungen statt. Die Ruinen zeigen heute im wesentlichen den Zustand, den die Kirche durch den Wiederaufbau nach der Zerstörung durch das Erdbeben 1065 hatte. 1985 wurde ein Anbau freigelegt. Er könnte als Sakristei, als Kapelle für Reliquien oder als Taufkapelle gedient haben.

Ein Fresko in der Kirche ist ziemlich gut erhalten. Es zeigt Christus mit dem perlenbesetzten Heiligenschein. In seiner linken Hand hält er alte Schriften, die rechte Hand ist zum Segensgruß ausgestreckt. An seiner Seite sind Maria und Johannes ebenfalls mit dem Heiligenschein dargestellt. Sie tragen schlichte dunkelfarbige Gewänder. Die Schrift im Hintergrund kann nicht mehr identifiziert werden. Die Darstellungen auf weiteren Freskenresten in der Kirche sind nicht mehr zu erkennen. Im Eingangsbereich werden Reste eines Mosaiks unter einer Glaspyramide geschützt.

Im Museum von İznik sind weitere Funde ausgestellt, die man bei den Ausgrabungen der Kirche gefunden hat.

Der Besuch des Museums von İznik lohnt sich auch wegen der dort gezeigten Fliesenkunst. Die Manufakturen von İznik waren die berühmtesten im Osmanischen Reich. Rund 400 Werkstätten sollen in der Blütezeit im 16. Jahrhundert in İznik bestanden haben. Die Technik der Fliesenherstellung kam mit Meistern aus Persien nach İznik. Beeindruckend sind die Muster, die das Aussehen von Teppichen haben, weil mehrere Fliesen zusammen ein Motiv bilden. Der Niedergang von İznik ging auch einher mit der Verlegung der Manufakturen am Anfang des 18. Jahrhunderts nach İstanbul.

Abb. 11 Der Ort des Kaiserpalastes am İznik-See

Die anderen Sehenswürdigkeiten der Stadt liegen nicht weit entfernt vom Stadtzentrum bei der Hagia Sophia. Besonders interessant sind die drei mächtigen Stadttore, das İstanbul-Tor im Norden, das Lefke-Tor im Osten und das Yenişehir-Tor als ehemalige südliche Stadtgrenze.

Bei den Toren erhält man auch einen Eindruck der knapp fünf Kilometer langen mächtigen Stadtmauern, die etwas an die alte Stadtbefestigung in İstanbul erinnern. Auf dem Weg zum Yenişehir-Tor kann man einen Abstecher zu den Ausgrabungen des römischen Theaters machen, das in der Antike 15.000 Menschen Platz bot. Bei der Besichtigung der Stadt erleben die Besucher modernes und herkömmliches Leben in einer typischen türkischen Kleinstadt.

Den Besuch ausklingen lassen kann man in einem der zahlreichen Lokale am Ufer des İznik-Sees. Dort gilt der Ort, an dem der Kaiserpalast stand, als gesichert.

3. **Kocaeli** – Nikomedia

Kocaeli ist der Sitz des Regierungspräsidenten der gleichnamigen Provinz. Umgangssprachlich heißt die Stadt bis heute İzmit, weil sie am Ende des gleichnamigen Golfes liegt. İzmit ist die türkische Form der antiken Bezeichnung Nikomedia. Der amtliche Name Kocaeli, Land des Koca, geht zurück auf den Osmanen Akça Koca, der im 14. Jahrhundert die Stadt erobern wollte, aber kurz vor der Eroberung starb.

Nikomedia blickte schon auf eine längere Geschichte zurück, als Kaiser Diokletian (284-305 n. Chr.) die Stadt zur Hauptstadt seines Teiles des Römischen Reiches machte: Nikomedes I. (278-250 v. Chr.) ließ die Stadt als Hauptstadt des Königreiches Bithynien nach der Zerstörung durch Lysimachos, einem der Diadochen Alexander des Großen, wieder aufbauen. Die Stadt wurde nach seinem Namen benannt. Zahlreiche Tempel und prachtvolle Gebäude entstanden. Als 74 v. Chr. Nikomedius III. starb, fiel das bithynische Reich testamentarisch an die Römer. 259 n. Chr. zerstörten die Goten die Stadt. Diokletian baute sie wieder auf. Sie gehörte zu den bedeutendsten Städten des Römischen Reiches und konnte gleichzeitig mit Athen, Byzanz und Alexandria genannt werden.

Nikomedia in der Zeit der frühen Christenheit

Das Christentum hatte in Bithynien sehr früh Fuß gefasst. Dabei spielt Bithynien im Neuen Testament keine große Rolle. Im Eingangsgruß des 1. Petrusbriefes werden die Christen als auserwählte Fremdlinge bezeichnet, die in Bithynien – und anderen kleinasiatischen Provinzen – in der Diaspora leben (1 Petr 1,1).

Die Apostelgeschichte erwähnt Bithynien bei der zweiten Missionsreise mehr am Rande: „Weil ihnen aber vom Heiligen Geist verwehrt wurde, das Wort in der Provinz Asien zu verkündigen, reisten sie durch Phrygien und das galatische Land. Sie zogen an Mysien entlang und versuchten, Bithynien zu erreichen; doch auch das erlaubte ihnen der Geist Jesu nicht. So durchwanderten sie Mysien und kamen nach Troas hinab" (Apg 16,6-8).

Versucht man, die kurzen Angaben der Apostelgeschichte auf die Landkarte der Türkei zu übertragen, so könnten Paulus und seine Begleiter folgenden Weg genommen haben: Nach dem Aufenthalt in den lykaonischen Städten Derbe und Lystra bei Karaman sowie in Ikonion, der heutigen Großstadt Konya, zogen sie zunächst westlich Richtung Antiochia in Pisidien bei Yalvaç. Von dort wollten Paulus und seine Begleiter direkt den Weg nach Ephesus, der Hauptstadt der Provinz Asien, nehmen. Dieses Vorhaben ließ sich nicht umsetzen. Deshalb schlugen sie die nördliche Route durch Phrygien nach Galatien ein. Sie wählten wahrscheinlich den Weg über Pessinus bei Sivrihisar nach Ankara. Von Ankara zogen sie westlich über Gordion, bei Polatlı, Richtung Eskişehir. In Dorylaion bei Eskişehir kreuzten sich die antiken Straßen. Von dort gab es Verbindungen über Nicäa nach Nikomedien, der Hauptstadt Bithyniens und weiter nach Byzanz. Diesen Weg wollte Paulus wohl mit seinen Begleitern einschlagen. Doch auch dieser Plan ließ sich nicht umsetzen. Deshalb zogen sie von Dorylaion, also von Eskişehir, über Kütahya und – weiter durch Mysien – über Balıkesir Richtung

Edremit und von dort weiter nach Troas an der Ägäis. Die zweite Missionsreise wird meist auf die Jahre 50-52 datiert.

In der Tradition erscheint Andreas, einer der zwölf Jünger Jesu, als der Apostel Bithyniens. Er soll von Sinop am Schwarzen Meer nach Bithynien gekommen sein. Als erster Bischof wird Prochoeus, einer der sieben Armenpfleger (Apg 6,5), genannt. Zuverlässig werden die Überlieferungen aber erst durch die Geschichtswerke von Plinius dem Jüngeren, dem römischen Statthalter von Bithynien und Pontus. In seiner Korrespondenz mit Kaiser Trajan (98-117) schreibt er, dass – bereits in den Jahren 111-113 – viele abgelegene Dörfer sich dem neuen Glauben angeschlossen hätten und immer mehr dem Heidentum den Rücken kehrten. Der Kaiser gibt Plinius keine verbindlichen Anweisungen. Er sagt lediglich, dass die Hartnäckigen bestraft, die Reuigen freigelassen und im übrigen anonyme Anzeigen nicht weiter verfolgt werden sollen. Der Schriftverkehr gilt als erste staatliche Regelung für die Vorgehensweise gegen die christliche Minderheit im römischen Staat. Die Auseinandersetzungen entzündeten sich vor allem wegen des Opferkultes. Wer sich weigerte, dem Kaiser zu opfern, galt als Staatsfeind. Die Juden konnten im Römischen Reich nach den Gesetzen ihrer Väter leben. Der römische Staat gewährte ihnen das Recht auf freie Religionsausübung und entband sie von der Pflicht zur Teilnahme am Kaiserkult und Militärdienst. Diese rechtliche Sonderstellung ermöglichte den jüdischen Diasporagemeinden im Römischen Reich ein weitgehendes Eigenleben.

Die Christen erlebten den Kaiserkult als unüberbrückbaren Widerspruch zu ihrem Glauben an „den einzig wahren Gott und Jesus Christus, den Gott gesandt hat“ (nach Joh 17,3). Die Verweigerung des Opfers galt als Hochverrat. Obwohl der Kaiser für die Christen als „der Zweite nach Gott vor allen und über allen Göttern“ galt, wie Kirchenschriftsteller Tertullian (160-220) betont, gewährte der römische Staat den Christen in Fragen des Kaiserkultes keine Nachsicht.

Besonders für die christlichen Beamten und Soldaten im römischen Staat führte die Gleichsetzung des Kaisers mit Gott zu Konflikten. Für sie gehörte die Teilnahme an religiösen Zeremo-

Abb. 12 Porträtkopf des Kaisers Diokletian

nien zu den Dienstpflichten. Auch in Nikomedia waren Christen als Palastbeamte tätig. Kaiserin Prisca, die Gattin Diokletians, und ihre Tochter Valeria erscheinen sogar in den Tauflisten.

Für die Christen ist der Name Nikomedia nicht zu trennen von der grausamen Verfolgung, die von Kaiser Diokletian ausging. Fast 200 Jahre nach Trajan sah er das Ziel seiner Politik, die Zurückgewinnung der Einheit des Römischen Reiches, durch die Christen gefährdet. Während Diokletian zögerte, die Christenfrage gewaltsam zu lösen, gilt Hierokles, der Statthalter von Bithynien, als Initiator der Verfolgung. Diese begann am 23. Februar 303. Die Basilika in Nikomedia wurde in Trümmer gelegt, die Zerstörung der anderen Kirchen befohlen. Die Römer ordneten die Vernichtung der heiligen Schriften der Christen an, entzogen ihnen die Bürgerrechte und zwangen sie zur Teilnahme am Opferkult. Diokletian dankte 305 ab, sein Nachfolger wurde Galerius. Dieser verstärkte die grausame Verfolgung der Christen.

Im Rückblick stellt sich die Verfolgung als ein Entscheidungskampf zwischen dem römischen Staat und der jungen Christenheit dar, durch den die Kirche ihre Anerkennung fand. Galerius erkannte, dass es unmöglich ist, die Christen auszurotten, und erließ kurz vor seinem Tode 311 das Toleranzedikt. Die Christen erhielten Religionsfreiheit und das Recht zum Wiederaufbau ihrer Kirchen. Im Jahr 312 begann das Zeitalter von Konstantin dem Großen und mit ihm die Wende in der Geschichte des Christentums. 324 zog Konstantin in Nikomedia ein und ließ dort eine Basilika erbauen. Als Hauptstadt seines Reiches wählte er aber Byzanz am Bosporus. Es dauerte nicht lange, bis Nikomedia im Schatten der neuen Hauptstadt Konstantinopel stand und schließlich ganz in Vergessenheit geriet.

Kurz vor seinem Tode suchte Konstantin Nikomedia nochmals auf. Er wurde in einem seiner Paläste in einer Vorstadt von Nikomedia getauft.

Die moderne Stadt Kocaeli

Die heutige Stadt Kocaeli entstand an der Stelle der alten Stadt, deshalb sind nur geringe Erinnerungen an die einstige Bedeutung der römischen Stadt Nikomedia erhalten geblieben. Seit 1980 hat Kocaeli einen raschen Wandel durchgemacht. Durch die Industrialisierung entwickelte sich die Stadt zu einer modernen Großstadt.

Im August 1999 zerstörte ein Erdbeben große Teile der Stadt Kocaeli und verwüstete zahlreiche Dörfer und Städte in der Region um den Golf von İzmit. Auch die Großstadt İstanbul war von den Auswirkungen des Erdbebens betroffen. Etwa 18.000 Menschen haben bei der Katastrophe ihr Leben verloren, ungefähr 10.000 Tote gab es allein in Kocaeli und der Umgebung der Stadt. Durch eine beispiellose Hilfeleistung war es möglich, in kurzer Zeit die zerstörte Region wieder aufzubauen. Die Betroffenen haben sehr bewusst und dankbar die Hilfen und das Engagement der einheimischen und europäischen Kirchen wahrgenommen.

Gebze

Auf dem Weg von İstanbul nach Kocaeli fährt man durch Gebze. Dort wird das Grab von Hannibal vermutet. Nach seinem Sieg über die Römer 217/218 v. Chr. soll der karthagische Feldherr nach Bithynien geflohen sein und sich später im heutigen Gebze das Leben genommen haben. 1981 wurde ein Denkmal angelegt. In einem 25 t schweren Stein ist die Geschichte und das Leben Hannibals in fünf Sprachen festgehalten.

4. **Bursa** – Prusa

Bursa liegt am Nordhang des 2543 m hohen Uludağ, des bithynischen Olymp. Uludağ kann man mit „mächtiger Berg" übersetzen. Die Bezeichnung wird verständlich, wenn man daran denkt, dass sich der Uludağ in nur 40 Kilometer Entfernung vom Marmarameer erhebt.

Bursa zählt zu den schönsten Städten der Türkei. Obwohl sie sich zur fünftgrößten Stadt und zu einem Zentrum von Handel und Industrie entwickelte, konnte Bursa doch ihre natürliche Schönheit bewahren. Als „Yeşil Bursa – Grünes Bursa" bezeichnen die Türken die Millionenstadt. Dieses Lob ist nicht übertrieben. Wer andere anatolische Städte kennt, freut sich über das Grün der fruchtbaren Obstgärten in Bursa.

Gleichzeitig ist das Stadtbild geprägt durch die bekannten Moscheen und Türben, die die osmanischen Türken Anfang des 15. Jahrhunderts in ihrer ersten Hauptstadt errichtet haben.

Im Stadtteil Çekirge sind die berühmten Thermalquellen von Bursa. Ihre heilende Kraft zog die Kaiser aus Konstantinopel mit ihrem Hofstaat an. Damals bildeten die Anlagen eine eigene Ortschaft außerhalb der Tore von Prusa. Kaiser Justinian (482-565) ließ die Bäder vergrößern und ordnete an, die bestehende Kapelle zu einer Kirche zu erweitern. Der Rundbau der Kirche stand Jahrhunderte weit sichtbar auf einer Anhöhe. Die Gattin von Konstantin, Kaiserin Theodora, soll mit der Aristokratie aus Konstantinopel und in Begleitung von 4.000 Dienerinnen und Dienern zur Kur nach Prusa gekommen sein. Dabei war es üblich, den Kirchen, Klöstern und Armenhäusern der Umgebung reichliche Unterstützung zukommen zu lassen.

Die osmanischen Türken wandelten nach der Eroberung der Stadt 1326 die Kirchen in Moscheen um. Durch Erdbeben oder Brände wurden diese zerstört. An ihrer Stelle entstanden die Moscheen und Grabkapellen, die heute den Besuchern einen Eindruck der osmanischen Baukunst vermitteln.

Zahlreiche Besucher der Stadt planen nur einen kurzen Aufenthalt bei der Ulu Moschee, der Großen Moschee und der Yeşil Moschee, der Grünen Moschee mit dem Grünen Mausoleum.

Wer etwas mehr Zeit mitbringt, sollte zumindest noch die Orhan Moschee bei der Ulu Moschee aufsuchen.

In keiner anderen anatolischen Stadt findet man in unmittelbarer Nähe sechs historische Moscheen. Die Yıldırım-Beyazıt-Moschee und die Grüne Moschee mit dem Grünen Mausoleum liegen östlich vom Stadtzentrum. Auf dem Weg in den Stadtteil Çekirge mit den Thermalbädern sollte man den Komplex der Muradiye Moschee besichtigen. Sie wird auch als Moschee von Murat II. bezeichnet. Auf dem Friedhof bei der Moschee beeindrucken die Mausoleen von Murat II. sowie der osmanischen Prinzessinnen und Prinzen. Im Gesamtkomplex der Moschee befindet sich auch ein Krankenhaus. Es erinnert an den gemeinnützigen Auftrag osmanischer Moscheen. Neben der Moschee, dem Ort der Zusammenkunft der Gemeinde, befanden sich meist eine Koranhochschule, eine Armenküche, eine Herberge sowie ein Krankenhaus und ein öffentliches Bad.

Im Stadtteil Çekirge, direkt beim Alten Thermalbad, steht die Moschee Murat I.

Die Orhan Moschee findet man in der Stadtmitte. Sie enthält, wie die anderen klassischen Moscheen der Stadt, interessante

Abb. 13 Byzantinische Säulen in der Vorhalle der Orhan-Moschee

Bauelemente. In der Vorhalle sind byzantinische Säulen wieder verwendet; vom Hauptraum muss man einige Stufen zum Bereich mit der Gebetsnische hochsteigen. Diese Erhöhung kann ein Zeichen dafür sein, dass die Sultansmoscheen in Bursa ehemals Kirchen waren, bei denen der Chorraum mit einigen Stufen vom Raum für die Laien abgegrenzt war.

Die Ulu Moschee, Große Moschee, ist heute die Hauptmoschee der Stadt. Im Gegensatz zu den klassischen osmanischen Moscheen ist sie nicht durch den Baustil mit Zentralkuppel geprägt. Ihr Stil geht auf den selçukischen Typ der Pfeilerhallenmoschee zurück, bei der kleinere Kuppeln von Pfeilern getragen werden. Die 12 Pfeiler der Ulu Moschee tragen 20 Kuppeln.

Die Atmosphäre in der Ulu Moschee lädt bis heute die Muslime in besonderer Weise zum Gebet ein. Zahlreiche Meisterwerke arabischer Kalligraphie, der Marmorbrunnen in der Mitte der Moschee und die aus Holz geschnitzte kunstvolle Kanzel vervollständigen den Eindruck einer viel besuchten Andachtsstätte in einer modernen Großstadt.

Unmittelbar an die Ulu Moschee schließt sich der Basar, ein lebhaftes Handelszentrum mitten in der Stadt an. Sowohl der überdachte Basar als auch die in ehemaligen Karawansereien untergebrachten Geschäfte und Teehäuser laden zum Verweilen ein. Besonders ein Bummel durch den Seidenbasar in der Karawanserei Koza, Koza Hanı, ist für die Besucher der Stadt interessant.

Nur wenige finden den Weg zum archäologischen Museum in Bursa im ausgedehnten Kulturpark. Dort findet man neben der ethnografischen Abteilung eine hervorragend präsentierte Sammlung alter Münzen sowie interessante Grabsteine aus der byzantinischen Periode.

Der Uludağ, den man in der byzantinischen Zeit wegen der zahlreichen Klöster und Eremitenklausen auch als Mönchsberg bezeichnete, ist ein Zentrum des Wintersports in der Türkei. Wohlhabende Türken verbinden das Skilaufen mit einer Badekur in den historischen Thermalbädern von Bursa.

5. **Edremit** – Adramyttium

Die türkische Kleinstadt Edremit liegt am gleichnamigen Golf. Der heutige Name leitet sich vom antiken Namen Adramyttium ab.

In der Apostelgeschichte ist die Stadt nur am Rande erwähnt. Der Apostel Paulus sollte als Gefangener nach Rom gebracht werden. Er bestieg in Cäsarea ein Schiff aus Adramyttium, das die Orte der Küste Kleinasiens anlaufen sollte. Mit diesem Schiff fuhren Paulus und seine Begleiter bis nach Myra – heute Demre oder Kale – in Lyzien. Dann stiegen sie in ein Schiff aus Alexandria um (Apg 27,2.5f).

Der Hafen aus der antiken Zeit ist versumpft. Die heutige Stadt liegt knapp 10 Kilometer vom Meer entfernt.

Adramyttium hatte enge Verbindungen zu Pergamon, wohin eine direkte Straße führte. In Edremit gefundene Münzen belegen die Verehrung von Asklepios, dessen Heiligtum sich in Pergamon befand. Überliefert ist auch, dass wohlhabende Juden in der Stadt wohnten.

Von den Touristenorten Akçay, Ören und Ayvalık an der Nordägäis sind es nur wenige Kilometer nach Edremit. Bei einem Besuch der Stadt kann man türkisches Leben abseits des Massentourismus kennen lernen.

6. **Behramkale** – Assos

Assos gehört zu den am schönsten gelegenen Städten in Kleinasien. Sie liegt in hervorgehobener Lage auf einem terrassenförmigen Hügel 230 Meter über dem Golf von Edremit. Der Weg zu den Ausgrabungen führt heute durch das Dorf Behramkale. Dort sind interessante Häuser zu sehen, die als gemeinsames Charakteristikum den großen Innenhof und die Außentreppe zu den Wohnräumen im ersten Stock haben.

Paulus dürfte allerdings durch das bis heute zu erkennende Westtor die Stadt betreten haben. Diese Annahme stützt sich auf den Weg, den Paulus nach dem Bericht in der Apostelgeschichte nahm. Nach dem Abschiedsbesuch in Troas, bei dem Paulus eine lange Predigt hielt und den jungen Mann Eutychus, der einschlief und aus einem Fenster im dritten Stock fiel, zum Leben erweckte, wollte Paulus wahrscheinlich allein sein. So wird verständlich, dass er von Troas nach Assos zu Fuß gehen wollte. „Wir gingen voraus mit zum Schiff und fuhren nach Assos, wo wir Paulus an Bord nehmen sollten; so hatte er es angeordnet, weil er selbst zu Fuß gehen wollte. Als er in Assos zu uns stieß, nahmen wir ihn an Bord und erreichten Mitylene" (Apg 20,13-14).

Kurz vor Assos sieht man auf der linken Seite der Straße, die von Norden kommend über Gülpınar nach Assos führt, die antike Straße. Sie ist sehr gut erhalten und wird von den Bauern auf dem Weg zu den Feldern benutzt. Auf diesem Weg wird Paulus wohl von Troas nach Assos gekommen sein.

Assos wird in der Apostelgeschichte nur einmal erwähnt. Es gibt keinen Hinweis auf eine Missionstätigkeit von Paulus in Assos. Er bestieg dort das Schiff und fuhr weiter durch die Ägäis bis nach Milet.

Berichte über eine christliche Gemeinde sind aus dem 4. Jahrhundert überliefert. An sie erinnert eine byzantinische Kirche, die ins Gymnasium eingebaut wurde. Die Fundamente der

Abb. 14 Der Athenatempel in Assos

Kirche sind erhalten. Auch der Name eines Bischofs aus dem 5. Jahrhundert ist bekannt. Bischof Maximos führte die Gemeinde in dieser Zeit.

An herrlicher Stelle hoch über dem Meer wurde der Athenatempel teilweise restauriert. Seine Fassade gehört zu den besonders wertvollen Exponaten des Archäologischen Museums in İstanbul. Vom Athenatempel aus hat man einen traumhaften Blick über die Ägäis. Man sieht über den Hafen, in dem Paulus wieder auf das Schiff stieg, zur nahe gelegenen Insel Lesbos. Vom Athenatempel aus ist auch die Anlage der alten Stadt auf dem terrassenförmigen Hügel gut zu erkennen. Interessierte müssen allerdings etwas Kondition zur Überwindung der Höhenunterschiede mitbringen, wenn sie die Ausgrabungen des Gymnasiums, der Agora, des Ratsaales und des Theaters sowie des antiken Friedhofes außerhalb der mächtigen und gut erhaltenen Stadtmauern besichtigen wollen.

7. Troas

Die verstreuten Ruinen von Troas liegen bei Yükyeri İskelesi, kleiner Lasthafen, direkt an der Ägäis. Auf dem Weg von Edremit nach Çanakkale biegt man in Ezine links ab. Die Ruinenstätte heißt heute Alexandria Troas.

Gegründet wurde die Stadt 310 v. Chr.; später erhielt sie zur Unterscheidung von gleichnamigen Städten und in Erinnerung an Alexander den Großen die Zusatzbezeichnung „Alexandria." Wegen ihrer günstigen Lage in der Nähe der Dardanellen, vor allem aber wegen des Hafens mit direkten Anschlüssen nach Rom und in den östlichen Mittelmeerraum, erlangte die Stadt große Bedeutung. Auch die kurze Schiffsverbindung zum Hafen von Neapolis bei Philippi an der Via Egnatia in Griechenland muss erwähnt werden. Besonders diese Route, die ein Teil der als Landweg bezeichneten Strecke nach Rom darstellte, war für die Entwicklung der Stadt von großer Bedeutung. Die milden Temperaturen ermöglichten fast zu jeder Jahreszeit die Schiffsreise von Troas nach Neapolis und die Weiterreise Richtung Rom.

Die Stadt war für ihr mildes Klima bekannt. „Troas kennt keinen Frost, sondern ist ein Ort, wie von Gott geschaffen ...", mit diesen Worten ermunterte Bischof Attikos von Konstantinopel (406-425) den kränklichen Silvanus, das Bischofsamt in Troas zu übernehmen.

Julius Cäsar, so wird berichtet, wollte Troas zum Zentrum des Römischen Reiches machen. Das Zentrum des Reiches befand sich dann vom Jahr 330 an tatsächlich im Osten, in Konstantinopel. Deshalb ging in der byzantinischen Periode die Bedeutung von Troas rasch zurück. Später wurde Troas als Steinbruch für die Hauptstadt verwendet. Der Name Eski İstanbul, altes İstanbul, den man auch für Troas findet, erinnert an den endgültigen Untergang der in der römischen Zeit bedeutenden Stadt.

Troas im Neuen Testament

Paulus und seine Begleiter kamen auf der zweiten Missionsreise nach Troas. Interessant in den Berichten in der Apostelgeschichte ist die Feststellung, dass sie nicht aus eigenen Stücken die Stadt, die Kleinasien mit Europa verband, aufgesucht haben. Vielmehr wurden sie gehindert, in den Provinzen Asien und Bithynien das Wort zu verkündigen und gelangten deshalb an die Ägäis. Der Bericht vom ersten Aufenthalt in Troas fällt kurz aus. „Dort hatte Paulus in der Nacht eine Vision. Ein Mazedonier stand da und bat ihn: Komm herüber nach Mazedonien und hilf uns" (Apg 16,9). Sofort machten sie sich auf und fuhren mit dem Schiff bis zur Insel Samothrake und von dort nach Neapolis, dem Hafen von Philippi. Dort begann die Missionstätigkeit des Völkerapostels in Europa.

Die Vermutung, dass der Apostel bei der dritten Missionsreise von Ephesus aus nach Troas gekommen ist, stützt sich auf den Bericht in der Apostelgeschichte und eine Mitteilung von Paulus an die Korinther. Nach dem Aufruhr der Silberschmiede von Ephesus, der in einem Getümmel im Theater endete, verließ Paulus die Hauptstadt der Provinz Asien, um nach Mazedonien zu reisen. „Er zog durch die dortigen Gegenden und sprach oft und eindringlich zu den Jüngern. Dann begab er sich nach Griechenland" (Apg 20,2-3a). Über den Weg, den Paulus dorthin nahm, kann man nur Vermutungen anstellen. Wahrscheinlich zog Paulus von Ephesus nach Norden durch die Provinz Asien Richtung Troas. Smyrna, das heutige İzmir, und Assos dürften Stationen auf dem Weg gewesen sein. Auch Pergamon und Edremit, Adramyttium, lagen auf der Strecke nach Troas. Von Troas könnte Paulus die kurze und sichere Schiffsreise nach Neapolis gewählt haben.

Im zweiten Brief an die Korinther blickt Paulus auf seine Reisepläne zurück. „Als ich nach Troas kam, um das Evangelium Christi zu verkündigen, und mir der Herr eine Tür öffnete, hatte mein Geist dennoch keine Ruhe, weil ich meinen Bruder Titus nicht fand. So nahm ich Abschied und reiste nach Mazedonien" (2 Kor 2,12-13). Diese Sätze lassen die Annahme zu, dass Paulus von Ephesus aus den Landweg nach Troas genommen hat und von dort nach Neapolis übersetzte.

Bei der Rückkehr von der dritten Missionsreise wird Troas ausführlich erwähnt: Wahrscheinlich war Paulus in Korinth. Von dort wollte er auf dem direkten Seeweg nach Syrien zurück. Dieser Plan ließ sich nicht realisieren, da Juden ihm nachstellen und er um sein Leben auf dem Schiff fürchten musste. Deshalb beschloss Paulus, über Mazedonien zurückzukehren. „Dabei begleiteten ihn Sopater, der Sohn des Pyrrhus, aus Beröa, Aristarch und Sekundus aus Thessalonich, Gaius aus Derbe und Timotheus sowie Tychikus und Trophimus aus der Provinz Asien. Diese reisten voraus und warteten auf uns in Troas. Nach den Tagen der Ungesäuerten Brote segelten wir von Philippi ab und kamen in fünf Tagen zu ihnen nach Troas, wo wir uns sieben Tage aufhielten" (Apg 20,4-6).

Detailliert berichtet die Apostelgeschichte weiter, dass am ersten Wochentag die Gemeinde zusammenkam, um das Brot zu brechen. Diese Stelle gehört zu den ersten Hinweisen der christlichen Versammlung am Sonntag, dem Tag der Auferstehung. Paulus hielt eine lange Rede, viele Lampen brannten im Obergeschoss, in dem die Versammlung abgehalten wurde. „Ein junger Mann namens Eutychus saß am offenen Fenster und sank, als die Predigt des Paulus sich länger hinzog, in tiefen Schlaf. Und er fiel im Schlaf aus dem dritten Stock hinunter; als man ihn aufhob, war er tot." Paulus erweckte den jungen Mann wieder zum Leben. Der Bericht endet mit der Feststellung: Sie wurden voll Zuversicht (Apg 20,7-12).

Vielleicht haben die Ereignisse in Troas Paulus doch stark beschäftigt, denn er wollte den Weg von Troas nach Assos allein und zu Fuß gehen.

An den Aufenthalt von Paulus und seinen Begleitern in Troas erinnert eine Notiz am Ende des zweiten Briefes an Timotheus: „Wenn du kommst, bring den Mantel mit, den ich in Troas bei Karpuz gelassen habe, auch die Bücher, vor allem die Pergamente" (2 Tim 4,17).

In Troas wurde dem Apostel Paulus der Weg nach Europa gewiesen. Der Mann aus Tarsus wurde zum Apostel für die ganze alte Welt. Rund 380 Jahre vor Paulus zog Alexander der Große mit seinem Heer den umgekehrten Weg. Er kam von Mazedonien, zog in den Osten und verbreitete die Kultur Griechenlands. Paulus und seine Begleiter zogen in entgegengesetzter Richtung und verkündigten das Evangelium. Paulus hat wahrscheinlich nicht ahnen können, wie nachhaltig diese Botschaft die Welt verändern würde.

Abb. 15 Troas: Die Ruinen der Thermen

Zwischen 110 und 115 taucht Troas in der Kirchengeschichte auf. Ignatius aus Antiochia wird als Gefangener nach Rom gebracht und soll dort vor die wilden Tiere geworfen werden. Das Schiff legte in Troas an und die dortige Christengemeinde begrüßte ihn. Von dort aus soll Ignatius einige seiner Briefe an die Gemeinde in Philadelphia und Smyrna sowie an den berühmten Bischof Polycarp von Smyrna geschrieben haben.

Das Bild von Troas heute

Das ausgedehnte Ruinenfeld von Troas lässt die einstige Bedeutung der Stadt als Tor nach Europa nicht mehr erkennen. Das Ruinenfeld ist mit Gestrüpp und Disteln überwachsen. Reste der Stadtmauern, des Theaters und des Stadions sind zu sehen. Direkt an der Straße Richtung Assos sind die Ruinen der Thermen erhalten. Der Besucher kann sich von dort aus einen Eindruck über die einstige Größe und Bedeutung der Stadt verschaffen.

In den zurückliegenden Jahren ist wieder Leben in das Gebiet von Troas gekommen. Das milde Klima und der herrliche Strand haben zahlreiche Städter angelockt, die dort Ferienhäuser errichtet haben.

8. Troja

„Wo kein Feuer ist, da ist auch kein Rauch." An dieses alte türkische Sprichwort wird man beim Besuch von Troja erinnert. Über Jahrhunderte war nur noch der Name von Troja bekannt. Warum aber sollte Homer die beiden Epen „Ilias" und „Odyssee" gedichtet haben, wenn es Troja nicht wirklich gegeben hätte? So hat der Name Troja immer das Interesse der Wissenschaftler wach gehalten.

Troja aber lag unter Schutt und Asche und seine Ortslage war in Vergessenheit geraten. Der deutsche Kaufmann Heinrich Schliemann vermutete dann in der Nähe der Dardanellen beim Dorf Hisarlık, Burganlage, die Reste der Stadt und begann 1870 mit Ausgrabungen. Nach dem intensiven Studium der Dichtungen von Homer war er der festen Überzeugung, Troja in dieser Landschaft zu finden. Heinrich Schliemanns Vermutungen bestätigten sich. Seither ist Troja eng mit dem Namen Heinrich Schliemann verbunden. Bis zu seinem Tod im Jahr 1890 trieb Schliemann mit großer Begeisterung die Ausgrabungen in Troja voran. Doch war er mit wissenschaftlichen Methoden wenig vertraut. Erst das Mitwirken von Wilhelm Dörfeld, der die Ausgrabungen nach Schliemanns Tod übernahm, brachte die notwendige Systematisierung der durchgeführten Grabungen.

Troja konnte schon zur Zeit der Römer auf eine lange Geschichte zurückblicken. Bekannte Kaiser wie Cäsar, Augustus und Hadrian sollen Troja besucht haben. Auch für Dichter und Gelehrte des Römischen Reiches war Troja ein Anziehungspunkt. Geschäftstüchtige Trojaner haben sich als Fremdenführer betätigt und die Geschichte und Sehenswürdigkeit der Stadt erläutert.

Die Anfangsgeschichte des Christentums in Troja ist unbekannt. Der erste Name, der in der Kirchengeschichte auftaucht, ist ein Bischof Marinos. Er ist bei den Teilnehmern des Konzils in Nicäa aufgeführt. Im Jahr 355 hieß der Bischof von Troja Pegasios. Der Bericht eines Julian, der ihn in Troja besuchte, gibt Auskunft über die Persönlichkeit des Bischofs. Der Bischof führte seinen Besucher durch Troja und zeigte die Heiligtümer. Diese waren offenbar noch vorhanden. Julian erlebt aber den Bischof Pegasios als einen Heuchler. Denn auch als Vorsteher der Christengemeinde scheint er noch in der alten Götterwelt beheimatet zu sein.

Danach werden die Nachrichten von Troja immer spärlicher. Troja, türkisch Truva, liegt 30 Kilometer südöstlich von Çanakkale beim Dorf Tevfikiye, dem früheren Hisarlık. Am Eingang zur Ruinenstätte steht ein großes, hölzernes Pferd. Es erinnert an die List Odysseus, mit der die Griechen die Trojaner überwinden konnten. Der Besuch der Ruinenstätte von Troja ist etwas enttäuschend, vor allem für Besucher, die vorher Ephesus und Pergamon bewundert haben. Die Ausgrabungen lassen keine Vorstellung über die einstige Pracht und Größe der von Homer besungenen Stadt aufkommen.

Nachdem auch der Schatz von Troja nach über 50 Jahren wieder aufgetaucht ist und präsentiert wird, sollten Türkeireisende den etwas langen Weg zu den Dardanellen nicht als Umweg erachten. Es lohnt sich, die Landschaft und die Ausgrabungen der Stadt zu sehen, deren Geschichte mit den ältesten Dichtungen des Abendlandes verbunden ist.

Westanatolien: Die Provinz Asien

Abb. 16 Westanatolien

❶ *Ephesus;* ❷ *Milet;* ❸ *İzmir* – Smyrna; ❹ *Bergama* – Pergamon; ❺ *Akhisar* – Thyatira; ❻ *Sardes;* ❼ *Alaşehir* – Philadelphia; ❽ *Pamukkale* – Hierapolis; ❾ *Laodizea;* ❿ *Kolossä;* ⓫ *Aphrodisias;* ⓬ *Bodrum* – Halikarnassos; ⓭ *Knidos*

Die Region Westanatolien beginnt im Süden bei Bodrum und dehnt sich im Norden aus bis nach Edremit. Teilweise wird Westanatolien auch als Ägäische Region bezeichnet. Diese Bezeichnung ist korrekt, wenn man an den Küstenstreifen mit den weltbekannten historischen Städten wie Ephesus und Pergamon denkt. Allerdings beinhaltet die Region Westanatolien auch Landschaften, die mehr inneranatolischen Charakter haben. Dazu gehören die Gebiete um die Städte Denizli, Uşak, Kütahya und Afyon. Die heutige Region Westanatolien liegt nahezu in den Grenzen der römischen Provinz Asien. Lediglich das Gebiet nördlich der Linie von Bursa nach Edremit, das heute zur Marmararegion gehört, und die zentralanatolischen Landschaften östlich von Afyon bis in die Nähe des Salzsees, die heute zu Inneranatolien zählen, gehen darüber hinaus.

Die Provinz Asien umfasste die antiken Landschaften Karien, Lydien sowie Teile von Phrygien und Mysien.

Wirtschaftliches Zentrum der Region ist İzmir, die drittgrößte Stadt der Türkei. Moderne Architektur und türkischer Lebensstil sind dort gleichermaßen anzutreffen. Rund 60 km südlich von İzmir liegen beim bekannten Badeort Kuşadası, das heißt Vogelinsel, die Ausgrabungen der antiken Stadt Ephesus. Ungefähr 80 Kilometer nördlich von İzmir befinden sich die Ausgrabungen der neutestamentlichen Stadt Pergamon, heute Bergama. Viele Besucher der Stadt haben im Pergamonmuseum in Berlin schon erste Bekanntschaft mit der Geschichte der Stadt gemacht. Wenn man von İzmir Richtung Ankara fährt, erreicht man nach rund 230 Kilometer bei Denizli die traumhaften Kalksinterterrassen von Pamukkale mit den sehr sehenswerten Ausgrabungen der römischen Stadt Hierapolis. Diese vier Sehenswürdigkeiten haben sich zu touristischen Zentren der westlichen Türkei entwickelt.

Kultur und Erholung, diese zwei Begriffe beschreiben treffend einen Aufenthalt in Westanatolien mit den kilometerlangen herrlichen Küsten sowie den vorgelagerten griechischen Inseln und dem Besuch der Ausgrabungen der antiken Städte. Eine Fahrt von Ephesus durch das Mäandertal über Denizli und hinauf nach Pamukkale vermittelt auch Eindrücke der modernen Türkei.

Über den Besuch der genannten Sehenswürdigkeiten hinaus ist auch die Besichtigung von Aphrodisias ein Erlebnis. Die Ausgrabungen von Aphrodisias, bei Karacasu zwischen Aydın und Denizli gelegen, sind wohl nach Ephesus und Pergamon die sehenswertesten in Westanatolien.

Für Touristen, deren Interesse den neutestamentlichen Stätten gilt, ist der Besuch der sieben Orte interessant, an die die Sendschreiben in der Offenbarung des Johannes gerichtet sind. Sechs der sieben Gemeinden, an die Johannes die Sendschreiben schrieb, liegen bei İzmir. Das erste Schreiben ist an Ephesus, das zweite an Smyrna – İzmir – und das dritte an die Gemeinde von Pergamon gerichtet. Die Christen in Thyatira, in Sardes und in Philadelphia waren die Empfänger des vierten, fünften und sechsten Sendschreibens. Diese Gemeinden lagen rund 100 km nordöstlich und östlich von Smyrna. Thyatira heißt heute Akhisar, die Ruinen von Sardes liegen bei Salihli, und die Stadt Alaşehir wurde an der Stelle von Philadelphia erbaut. Lediglich die verstreuten Ruinen von Laodizea befinden sich weiter entfernt von İzmir unterhalb der Kalksinterterrassen von Pamukkale bei Denizli.

In der Nähe dieser Städte ist auch die Ortslage von Kolossä. Da bis heute keine Ausgrabungen durchgeführt wurden, kann man in Kolossä einen Eindruck gewinnen, wie zahlreiche antike Stätten in der Türkei vor etwa hundert Jahren ausgesehen haben.

Südlich von Ephesus findet man die Ruinenstädte Milet, Priene und Didyma. Allein wegen des mächtigen Apollontempels von Didyma ist eine Fahrt dorthin ein Erlebnis.

Weiter südlich liegt der mondäne Badeort Bodrum, das antike Halikarnassos, der zunehmend mehr vom Tourismus entdeckt wird.

1. Ephesus

Die Ausgrabungen der antiken Stadt Ephesus liegen bei der Stadt Selçuk. Bis 1914 hieß das Städtchen Ayasoluk, die türkische Form von Haigios Theologos, Heiliger Theologe. Mit dem Namen der

Stadt verbindet sich die Überzeugung, dass der Evangelist Johannes in Ephesus gelebt und gewirkt hat.

Wohl kaum eine Stadt ist mit der Geschichte und Ausbreitung des Evangeliums im ersten Jahrhundert so eng verbunden, wie die ehemalige Hauptstadt der römischen Provinz Asien. Adolf von Harnack stellt fest: „Um das Jahr 50 ist die Christenheit eine Ellipse, die in Jerusalem und Antiochia ihre Mittelpunkte hat; 50 Jahre später liegen diese Mittelpunkte bereits in Ephesus und Rom. In dieser Tatsache tritt die Größe des Werkes des Paulus und der ersten christlichen Missionare aufs deutlichste hervor." (Harnack, Die Mission und Ausbreitung des Christentums) Für Harnack vollzog sich eine Art neue Erfüllung der alten Verheißung, die an Abraham erging (Gen 12,1-2): „Zieh weg aus deinem Land, von deiner Verwandtschaft und aus deinem Vaterhaus in das Land, das ich die zeigen werde. Ich werde dich zu einem großen Volk machen."

Vier Abschnitten der Ausbreitung des Christentums und der Geschichte der frühen Kirche begegnet man bei einem Besuch der antiken Stadt Ephesus.

- Der Aufenthalt des Apostels Paulus
- Das Wirken des Johannes
- Das Wohn- und Sterbehaus von Maria, der Mutter Jesu
- Das dritte ökumenische Konzil im Jahr 431

Der Aufenthalt des Apostels Paulus

Paulus wollte mit seinen Begleitern bereits auf der zweiten Missionsreise von Inneranatolien aus die Provinz Asien aufsuchen. Dieses Vorhaben, so berichtet die Apostelgeschichte, wurde ihnen aber vom Heiligen Geist verwehrt (Apg 16,6). Ihr Weg sollte sie nach Griechenland führen. Nach seiner Missionstätigkeit in den bekannten griechischen Städten beschloss Paulus, von Korinth nach Syrien zurückzufahren. Dabei wurde der Apostel begleitet vom Ehepaar Aquila und Priszilla. Die Route führte sie über Ephesus. Der erste Aufenthalt des Apostels in Ephesus war nach dem Bericht in der Apostelgeschichte sehr kurz. „Sie gelangten nach Ephesus. Dort trennte er sich von den beiden; er selbst ging in die Synagoge und redete zu den Juden. Sie baten ihn, noch länger zu bleiben; aber er wollte nicht, sondern verabschiedete sich und sagte: Ich werde zu euch kommen, wenn Gott es will. So fuhr er von Ephesus ab, landete in Cäsarea, zog nach Jerusalem hinauf und dann nach Antiochia hinab" (Apg 18,19-22). Aquila und Priszilla – das Ehepaar, das immer gemeinsam erwähnt wird – blieben in Ephesus. Als dann Apollos aus Alexandria, „ein redekundiger und in der Schrift bewanderter Mann", in Ephesus auftrat, konnten ihm die beiden den Weg Gottes noch genauer darlegen (Apg 18,24-27).

Vielleicht überwinterte Paulus in Antiochia nur. Jedenfalls blieb er nicht lange in der vertrauten Umgebung seiner Muttergemeinde. Dann machte er sich wieder auf den Weg, "durchwanderte zuerst das galatische Land, dann Phrygien, und stärkte alle Jünger" (Apg 18,23).

Mit der dritten Missionsreise, die wohl in die Jahre 52-55/56 fällt, begann dann der wichtigste Abschnitt in der Missionstätigkeit des Apostels in der Provinz Asien. Paulus kam vom anatolischen Hochland nach Ephesus hinab (Apg 19,1) und wirkte dort etwa drei Jahre lang. Die Wirkungszeit von Paulus in Ephesus wird auf die Jahre 52-55 datiert. Zunächst ging Paulus „in die Synagoge und lehrte drei Monate lang freimütig" (Apg 19,8). Nachdem es mit den Juden der Stadt zu Konflikten kam, stand dem Apostel der Lehrsaal des Tyrannus offen. Dort konnte er zwei Jahre lang täglich weiter unterweisen. Die Auswirkungen der Tätigkeit des Völkerapostels waren nicht auf Ephesus beschränkt, die Apostelgeschichte berichtet, dass „alle Bewohner der Provinz Asien, Juden und Griechen, das Wort des Herrn hörten" (Apg 19,10).

Es ist nicht ausgeschlossen, dass die Gründung der Gemeinden in Smyrna, Laodicea, Hierapolis und Kolossä auf die Zeit der Tätigkeit des Paulus in Ephesus zurückgeht.

Der Aufruhr der Silberschmiede

Die Verkündigung durch Paulus blieb nicht ohne Folgen auf das gesellschaftliche Leben der Stadt. Heidnisches Brauchtum wurde überwunden, ephesinische Schriften wie Zaubereibücher im Wert von fünfzigtausend Silberdrachmen, dem Jahreslohn von

200 Männern, wurden verbrannt. „So wuchs das Wort des Herrn mit Macht und wurde stark“ (Apg 19,20).

Als der Verkauf der silbernen Nachbildungen des Dianatempels von Ephesus zurückging, entzündete sich der Aufstand gegen Paulus. Den Silber- und Goldschmieden, die auch Nachbildungen der Artemis, der Fruchtbarkeitsgöttin von Ephesus, anfertigten, ging es offenbar recht gut, denn die Weltstadt Ephesus zog auch ausländische Reisende an. Bei Ausgrabungen in Ägypten, Spanien und Indien fand man Nachbildungen des Tempels, die Besucher wohl als Reiseandenken erworben hatten.

Demetrius, der Silberschmied, argumentierte mit geschäftlichen und religiösen Motiven gegen Paulus: „So kommt nicht nur unser Geschäft in Verruf, sondern auch dem Heiligtum der großen Göttin Artemis droht Gefahr, nichts mehr zu gelten, ja sie selbst, die von der ganzen Provinz Asien und von der ganzen Welt verehrt wird, wird ihre Hoheit verlieren.“ Mit dieser Begründung war es leicht, das Volk zu mobilisieren, so dass die Epheser zu einem wütenden Protest ins Theater strömten. Das Chaos in Ephesus muss an diesem Tag groß gewesen sein. Die Apostelgeschichte berichtet von einem Aufruhr, der die ganze Stadt erfasste, und ergänzt, dass die Massen, die ins Theater stürmten, alle durcheinander schrien. Denkt man daran, dass in Ephesus damals rund 200.000 Menschen lebten und das Theater 25.000 Plätze hatte, kann man sich den Tumult lebhaft vorstellen. Fanatiker und Neugierige waren gleichermaßen auf den Straßen und im Theater. Mit einem ironischen Unterton berichtet Lukas: „Die meisten wussten gar nicht, warum man überhaupt zusammengekommen war“ (Apg 19,32). Gaius und Aristarch, zwei Reisebegleiter des Paulus, wurden mitgeschleppt. Paulus selbst wollte sich unter die Menge mischen, ließ aber dann von diesem Vorhaben ab, nachdem enge Freunde und dem Apostel wohlgesonnene politisch Verantwortliche ihm einschärften, sich nicht der außer Kontrolle geratenen Volksmenge im Theater zu stellen. Diese waren noch mehr fanatisiert, als ein Jude mit dem Namen Alexander die Menge beruhigen wollte. Zwei Stunden lang schrieen sie wie mit einer Stimme: „Groß ist die Diana der Epheser.“ Erst einem hohen und wohl auch angesehenen städtischen Beamten, dem Stadtschreiber, gelang es, das Volk zu besänftigen und den Aufstand aufzulösen. Zunächst beruhigte er das Volk mit der Zusicherung, dass niemand die Aufgabe der Stadt Ephesus, Schirmherrin der großen Göttin Diana und ihres vom Himmel gefallenen Bildes zu sein, bezweifeln könne. Dann ermahnte der Stadtschreiber die Epheser, das Eingreifen der römischen Ordnungsmacht nicht zu provozieren, und verwies auf die Gerichtsbarkeit und eine legale Volksversammlung, falls Paulus und seinen Begleitern etwas vorzuwerfen sei (Apg 19,21-40).

Paulus verließ die Stadt, „zog durch die dortigen Gegenden und sprach oft und eindringlich zu den Jüngern. Dann begab er sich nach Griechenland“ (Apg 20,2). Vermutlich wählte er den Weg über Smyrna bis nach Troas. Von Troas wird Paulus mit dem Schiff nach Neapolis bei Philippi im Osten Mazedoniens übergesetzt sein.

Über den Rückweg von Griechenland macht die Apostelgeschichte genaue Orts- und Zeitangaben.

Die Rückkehr von Griechenland

Es war die letzte Reise von Paulus und seinen Begleitern durch das ägäische Meer. Diese führte sie zunächst von Philippi nach Troas. Dort blieben sie sieben Tage. Paulus zog es dann vor, zu Fuß von Troas nach Assos zu gehen. Dann ging er wieder an Bord des Segelschiffes und fuhr durch die Meeresstraße zwischen dem – türkischen – Festland und den vorgelagerten – griechischen – Inseln. Als erste Station wird Mitylenne auf der Insel Lesbos genannt. Danach segelten sie weiter bis auf die Höhe von Chios oder „bis zu einem Platz gegenüber von Chios“. Man kann davon ausgehen, dass das Segelschiff an der östlichen Küste beim Hauptort und Haupthafen der Insel Anker warf. Die heutige Stadt Chios liegt ungefähr an der Stelle der gleichnamigen antiken Stadt. Falls unter der Angabe „gegenüber von Chios“ das kleinasiatische Festland zu verstehen ist, könnte der Ort Erythrai gemeint sein. Dieser lag Chios gegenüber und hatte einen geschützten Hafen. Heute heißt der Ort Ildır, das kleine Städtchen mit seiner Bucht findet man 17 Kilometer nordöstlich vom Badeort Çeşme. Am nächsten Tag gelangte das Schiff nach Samos oder, einer Handschrift folgend, nach Trogilion auf der Halbinsel Mykale. Der antike Ort Trogilion befand sich gegenüber von Samos an der Spitze der türkischen Halbinsel Dilek Yarımadası. Die Halbinsel mit ihren herrlichen Stränden ist heute als Naturschutzgebiet ausgewiesen. Trogilion lag an der Stelle, die heute als Dip Burunu, tiefgelegene Landzunge, bezeichnet wird. Auch eine vorgelagerte kleine Insel trug den Namen Trogilion; diese heißt heute Tavşan Adası, Haseninsel. Die Türken nennen die Meerenge zwischen der Halbinsel Dilek Yarımadası und der Insel Samos treffend „schmale Meerenge." Lediglich zwei Kilometer breit ist die Meeresstraße zwischen dem türkischen Festland und der griechischen Insel Samos.

Am nächsten Tag landete Paulus in Milet. Vier Tage lang waren Paulus und seine Begleiter von Assos bis nach Milet auf dem ägäischen Meer unterwegs. Der Bericht in der Apostelgeschichte erinnert an ein Reisetagebuch (Apg 20,13-16).

An Ephesus fuhr er vorbei, um in der Provinz Asia keine Zeit zu verlieren. Die Ältesten der Gemeinde ließ er rund 50 Kilometer südlich nach Milet kommen und verabschiedete sich mit bewegten Worten von ihnen (Apg 20,17-38). Dann begab er sich auf den Weg Richtung Jerusalem.

Die Gefangenschaft des Apostels

Paulus selbst gibt im ersten Korintherbrief einen Einblick in seine Wirksamkeit in Ephesus: „In Ephesus will ich bis Pfingsten bleiben. Denn weit und breit ist mir hier eine Tür geöffnet worden; doch auch an Gegnern fehlt es nicht" (1 Kor 16,8-9). Auch an die Schwierigkeiten, denen Paulus in Ephesus ausgesetzt war, erinnert er die Gemeinde in Korinth. Im Kapitel über die Gewissheit der Auferstehung Christi schreibt er: „Was habe ich denn davon – wenn wir vom Tode nicht auferweckt werden –, dass ich in Ephesus, wie man so sagt, mit wilden Tieren gekämpft habe" (1 Kor 15,32). Auch im zweiten Brief an die Korinther kommt Paulus auf seine Zeit in der Provinz Asien zu sprechen: „Wir wollen euch die Not nicht verschweigen, Brüder, die in der Provinz Asien über uns kam und uns über alles Maß bedrückte, so sehr, dass wir am Leben verzweifelten" (2 Kor 1,8).

Sicherlich ist es falsch, bei dieser Feststellung allein an den Aufstand, der von den Silberschmieden in Ephesus ausging, zu denken. Dort erlebte Paulus die schützende Hand der Verantwortlichen. Vielleicht gab es weitere Zwischenfälle, von denen in der Apostelgeschichte nicht berichtet wird.

Etwas abseits der Ausgrabungen von Ephesus findet man oberhalb des versandeten Hafens die Reste des als „Paulusgefängnis“ bezeichneten Wachturmes. Dieser war Teil der Stadtmauer der hellenistischen Stadt. Die lokale Tradition geht davon aus, dass Paulus in Ephesus gefangen genommen wurde und einige der Briefe an die von ihm gegründeten Gemeinden in dieser Zeit schrieb. Der erste Brief an die Korinther ist mit ziemlicher Sicherheit in Ephesus entstanden (1 Kor 16,8). Die Forschung geht davon aus, dass vielleicht Teile des zweiten Korintherbriefes in Ephesus abgefasst wurden. Auch die Abfassung des Briefes an die Galater könnte in diese Zeit fallen. Ebenso der Brief an die Philipper und an Philemon, das kürzeste Schreiben des Apostels, das erhalten ist. Sofern die zuletzt genannten Briefe in Ephesus geschrieben wurden, war Paulus dort tatsächlich im Gefängnis, denn in beiden Briefen nennt er ausdrücklich seine Gefangenschaft.

Schließlich kann man nicht davon ausgehen, dass Paulus allein in Cäsarea und in Rom in Gefangenschaft war. Ein Aufenthalt im Gefängnis von Ephesus ist ebenso möglich, wenn man daran denkt, dass er den Korinthern schreibt: „Ich ertrug mehr Mühsal, war häufiger im Gefängnis, wurde mehr geschlagen“ (2 Kor 11,23).

Obwohl die Auffassungen in Fragen der Verfasser und des Abfassungsortes der Paulusbriefe nicht einheitlich sind, bleibt festzuhalten, dass Ephesus eine Missionsbasis des Apostels war.

Die Ausgrabungen der hellenistisch-römischen Stadt

Die Besichtigung der Ausgrabungen der hellenistisch-römischen Stadt gehört zu den Höhepunkten eines Aufenthaltes in der Türkei; selbst wer viel Zeit mitbringt, sollte sich auf ausgewählte Ausgrabungen und Bauwerke beschränken.

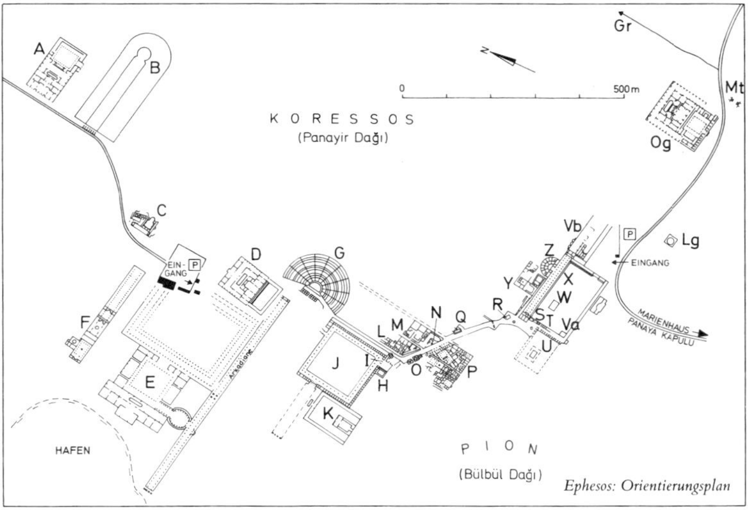

Abb. 17 Ephesus

A = Vediusgymnasium, B = Stadion, C = byzantinischer Bau, D = Theatergymnasium, E = Hafengymnasium, F = Marienkirche, G = Theater, Gr = Grotte der Sieben Schläfer, H = Celsiusbibliothek, I = Mazaeus-Mithridates-Tor, J = Agora, K = Serapisheiligtum, L = Peristylhaus, Lg = ›Lukasgrab‹, M = Scholasticia-Thermen, Mt = Magnesia-Tor, N = Hadrianstempel, O = Heroa, Og = Ostgymnasium, P = Hanghäuser, Q = Trajansnymphäum, R = Memmiusmonument, S = Polliomonument, T = Pollionymphäum, U = Domitianstempel und -terrasse, Va = Brunnen des Laecanius Bassus, Vb = Variusbad, W = Tempel, X = Basilika, Y = Prytaneion, Z = Odeion (Buleuterion)

Das Vediusgymnasium Ⓐ aus dem 2. Jh. n. Chr., die spärlichen Reste des Stadions Ⓑ und eines byzantinischen Baus Ⓒ befinden sich außerhalb des eingezäunten Ausgrabungsbereiches beim großen Parkplatz.

Nach dem Eingang liegen auf der linken Seite die Ausgrabungen des Theatergymnasiums Ⓓ. Auf der rechten Seite beginnt die marmorgepflasterte Hafenstraße, die Arkadiane, die in der Antike zum etwa 500 Meter entfernten Hafen führte. Sie war einst 11 Meter breit und beleuchtet, links und rechts der Straße befanden sich Säulenhallen, die zum Handel in der Hafen-

Abb. 18 Die Marienkirche oder Konzilskirche

stadt dienten. Auf dieser Straße hat auch der Apostel Paulus die Stadt betreten und verlassen, dabei kam er durch ein Tor mit drei Durchgängen, von dem nur noch wenig erhalten ist. Ihren Namen hat die Hafenstraße nach Kaiser Arkadius (395-408 n. Chr.) erhalten. Das heute sichtbare Pflaster der alten Prachtstraße wurde wohl um 400 n. Chr. verlegt. Auf der rechten Seite der Arkadiane liegen die Ruinen des Hafengymnasiums **E**.

Über einen kleinen Weg nach dem Eingangsbereich – oder über einen Pfad zwischen dem Großen Theater und dem Hafengymnasium – gelangen die Besucher zu den Ausgrabungen der Marienkirche **F**, die teilweise auch als Konzilskirche bezeichnet wird, weil in ihren Räumen im Jahr 431 das dritte ökumenische Konzil stattfand.

Die Anfänge gehen zurück auf ein römisches Gebäude, in das im 4. Jahrhundert eine Basilika eingebaut wurde. In drei weiteren Bauphasen wurde bis zum 7. Jahrhundert die langgestreckte Kirche errichtet, deren Grundriss heute zu sehen ist. Im Narthex fallen die Reste eines Mosaikfußbodens auf.

Nach der Besichtigung der Marienkirche gelangt man zum Großen Theater **G**. Auf den 66 Rängen fanden 24.000 Besucher

Abb. 19 Die Hafenstraße und das Theater von Ephesus

Platz, damit gehörte es zu den größten Theatern in Kleinasien. In seiner heutigen Form geht es zurück auf Modernisierungsarbeiten im 1. und Anfang des 2. Jh. nach Christus. Begonnen wurde mit der Restaurierung im Jahr 41 n. Chr., so dass man sich durchaus Teile des Theaters beim Aufstand gegen Paulus, der in den Jahren 52-55/56 in Ephesus wirkte, eingerüstet vorstellen darf, die Bauarbeiter haben den Tumult bestimmt als angenehme Abwechselung erlebt.

Entlang des unteren Marktplatzes **J** geht man über die Marmorstraße bis zur Celsusbibliothek **H**. Die etwa 120 n. Chr. errichtete Bibliothek trägt den Namen ihres Stifters, des römischen Prokonsuls Celsus (105-107 n. Chr.). Sie gehört heute zu den eindrucksvollsten Bauwerken der antiken Stadt, weil es österreichischen Archäologen gelang, die Fassade nahezu vollständig wieder aufzubauen. Im Inneren des Baus sind auf Schautafeln – auch in deutscher Sprache – die Geschichte der Bibliothek sowie antike Bautechniken erläutert. In der Treppe vor der Fassade kann man einen eingeritzten siebenarmigen Leuchter entdecken.

Abb. 20 Die Kuretenstraße und die Celsusbibliothek

Durch das restaurierte Mazaeues-Mithridates-Tor **I**, das nach seinen Stiftern benannt ist, kommt man zur unteren Agora **J**, dem früheren Lebensmittelmarkt. Vom ehemaligen Marktplatz steigt man über eine Treppe zu einem Heiligtum hoch, das wohl der ägyptischen Gottheit Serapis **K** geweiht war. Die Christen der Stadt haben später den Bau in eine Kirche umgewandelt.

Die weiteren Ausgrabungen liegen nun links und rechts der Kuretenstraße, deren Name an die Kureten, eine höhere Priestergemeinschaft der Antike in Ephesus, erinnert. Über die Kulte der Kureten hat man einige Inschriften gefunden.

Gleich auf der linken Seite ist ein Peristylhaus **L**. Auf dem Weg dorthin kommt man an der öffentlichen Toilettenanlage vorbei, die durch Abwässer der naheliegenden Thermen ständig gereinigt wurde. Als Peristylium bezeichnet man den von Säulen umgebenen Innenhof eines Hauses in der Antike. Meist wird das Peristylhaus als Freudenhaus der Stadt angegeben, weil die Archäologen dort erotische Figuren gefunden haben. Ein Fußabdruck, der auf der Marmorstraße deutlich zu sehen ist, soll den

Abb. 21 Der Hadrianstempel

vom Hafen Kommenden den Weg zum Freudenhaus gewiesen haben. Doch der sichere Nachweis für diese Überlieferung ist nicht möglich. An das Peristylhaus grenzen die Scholastikiathermen Ⓜ an. Sie haben ihren Namen von der Stifterin Scholastikia, die im 4. Jh. n. Chr. die Bäder erneuern ließ. Die Statue der Stifterin, einer Christin, ist bis auf den Kopf erhalten.

Der Hadrianstempel Ⓝ ist wohl das bekannteste Gebäude der Kuretenstraße. Die hervorragend gelungene Restaurierung der Fassade des in der ersten Hälfte des 2. Jh. n. Chr. für Kaiser Hadrian (117-123 n. Chr.) erbauten kleinen Tempels beeindruckt alle Besucher. Den Schlussstein des Bogens nimmt der Kopf der Tyche, der Göttin des Glücks, ein.

Das ausgedehnte Ausgrabungsgebiet der Hanghäuser Ⓟ gehört zu den jüngsten Attraktionen von Ephesus. Ein Gang durch die frühere Villenanlage – ausgestattet mit viel Marmor und Mosaiken – vermittelt einen Eindruck, wie einst die Wohlhabenden der Stadt lebten. Beim Hanghaus 1 ist in einer Stufe ein Fisch und ein radförmiges Christusmonogramm eingeritzt. Das radförmige Monogramm besteht aus zwei gegeneinander verdrehten Kreuzen in einem Kreis.

Auf der linken Seite kommt man nun am teilweise rekonstruierten Trajansnymphäum Ⓠ vorbei. Der frühere Prachtbrunnen wurde 114 n. Chr. eingeweiht. Dann sieht man das Memmius-Monument Ⓡ aus dem 1. Jh. nach Christus, das an Gaius Memmius, den Enkel des römischen Diktators und Feldherrn Lucius Cornelius Sulla (138-78 v. Chr.) erinnert.

Auf der rechten Seite öffnet sich ein Platz mit dem Sockel des Polliomonuments Ⓢ und den Resten des 96 n. Chr. erbauten Pollionymphäums Ⓣ, die ihren Namen von Sextilius Pollio haben, der sich für die Wasserversorgung der Stadt verdient gemacht hat.

An den aufgerichteten Säulen erkennt man den Domitiantempel Ⓤ. In den kryptischen Gängen des Unterbaues fand man eine Statue des Kaisers Domitian (81-96 n. Chr.), der als Christenverfolger in die Geschichte eingegangen ist. Dieser Teil des Tempels diente in der byzantinischen Zeit als Zisterne. Heute ist im Unterbau ein Inschriftenmuseum von Ephesus eingerichtet.

Zum ehemals oberen Teil führt eine Treppe, über die einst die Prozessionen zum Tempel hinaufgingen. Auf den zwei Säulen vor dem Tempel stehen die phrygische Gottheit Attis und die ägyptische Göttin Issis.

Man geht wieder zurück zum Memmius-Denkmal Ⓡ und folgt dann der Verlängerung der Kuretenstraße bis zum großen Platz mit der Oberen Agora, dem früheren Machtzentrum der Stadt, dem Rathausviertel. Im Bereich der Oberen Agora befinden sich der Brunnen des Laesanius Bassus Ⓥa, das Variusbad Ⓥb, die Reste eines Tempels Ⓦ, die mächtigen Säulen einer römischen Basilika Ⓧ, das Prytaneion Ⓨ sowie das Odeion Ⓩ.

Den Brunnen des Laesanius Bassus Ⓥa findet man in der Südwestecke, das Variusbad Ⓥb am östlichen Ende der Oberen Agora. In der Agora erkennt man die grauen Kalksteinfundamente eines Tempels (W), dessen Geschichte noch im unklaren ist, der jedoch – bedingt durch seine Lage im politischen Zentrum der Stadt – nicht unbedeutend gewesen sein kann. Die früher 160 Meter lange dreischiffige römische Basilika Ⓧ wurde im 1. Jh. v. Chr. unter Kaiser Augustus erbaut. Bei Ausgrabungen fand man Standbilder des Kaisers und seiner Frau Livia, diese befinden sich heute im Museum von Ephesus. Die Basilika diente als eine Art Gerichtshof und Börse. Das Prytaneion Ⓨ erkennt man an den aufgerichteten Säulen links des theaterähnlichen Odeions Ⓩ. Das Odeion mit seinen 1400 Plätzen diente als Tagungsort der Ratsversammlung von Ephesus, nicht selten wird deshalb das Gebäude als Bouleuterion, Rathaus, bezeichnet. Ein überdachter Durchgang verbindet das Odeion mit dem Prytaneion, dem Gebäude für den geschäftsführenden Ausschuss des Rates mit den Fest- und Kulträumen der Stadt. Dort brannte das ewige Feuer und für festliche Bewirtung der Gäste der Stadt bot das Prytaneion den würdigen Rahmen.

Hier kann man nun den eingezäunten Bereich der Ausgrabungen der hellenistisch-römischen Stadt verlassen und das vierte Gymnasium der Stadt, das Ostgymnasium (Og), das Magnesiator (Mt) mit seinen drei Durchgängen, die Grotte der Siebenschläfer (Gr) und das Lukasgrab (Lg) aufsuchen.

Doch lohnt es sich, nochmals über die Kuretenstraße und die Marmorstraße bis zum großen Theater zurückzugehen und über die Stufen hochzusteigen. Von den oberen Sitzreihen hat man einen prächtigen Blick über die marmorgepflasterte Hafenstraße, die Arkadiane, zum ehemaligen Hafen. Das Theater wurde renoviert, so dass in den Sommermonaten Konzerte stattfinden können. Wenn das Theater bei diesen Veranstaltungen bis auf den letzten Platz gefüllt ist, gehen die Gedanken zurück an die Zeit des Apostels Paulus, als die Stimmung auf den Rängen nicht so friedlich war.

Heute ist ungefähr ein Zwanzigstel des Gebietes der antiken Stadt freigelegt. Wer bis zu den oberen Rängen des Theaters hinaufsteigt und einen Blick über das heutige Ausgrabungsfeld wirft, erhält einen Eindruck über die gewaltige Ausdehnung der antiken Stadt Ephesus.

Auf dem Bülbül Dağı, dem Nachtigallenberg, entdeckten die Archäologen vor einigen Jahren in einem in den Felsen reichenden Stollen eine antike Darstellung des Apostels Paulus. Die Wandmalerei zeigt den bärtigen Paulus im Sitzen, neben ihm sind eine zornige Frau und eine Frau mit dem Namen Thekla, die in ihrem Häuschen aufmerksam zuhört, zu erkennen. Wahrscheinlich hat der Künstler die Legende von Paulus und Thekla in einem Bild festgehalten. Bei der Darstellung dürfte es sich um das älteste kirchliche Bild Kleinasiens handeln. Vor 1300 Jahren hat ein frommer Besucher „Paulus, hilf deinem Diener“ in eine Innenwand eingekritzelt.

Links der von Selçuk zum Marienhaus führenden Straße wird beim oberen Eingang das Grab des Lukas (Lg) genannt. Dort findet man die Ruinen einer Basilika aus dem 4. Jahrhundert, die auf einem antiken Rundbau erstellt wurde. Weil auf einem Pfeiler der Kopf eines Stieres, ein Symbol des Evangelisten Lukas, dargestellt war, hat man das Gebäude als Lukasgrab bezeichnet.

Es ist erstaunlich mit welcher Ortskenntnis Lukas über das Wirken des Apostels Paulus in Ephesus berichtet. Deshalb ist immer wieder erörtert worden, ob er nicht die Apostelgeschichte oder Teile davon in Ephesus verfasst hat.

Zwischen dem antiken Ephesus und der modernen Stadt Selçuk liegt die Grotte der Siebenschläfer (Gr). Eine Legende berichtet von sieben frommen Jünglingen von Ephesus. Diese wurden in der Zeit der Verfolgung durch den Kaiser Decius (249-251) in die Grotte eingemauert. Sie fielen in einen tiefen Schlaf und wachten erst wieder auf, als das Christentum unter Kaiser Theodosian II. (408-450) schon Staatsreligion war. Durch ein Erdbeben wurden sie befreit und nach ihrem Tod auf Anordnung des Kaisers wieder in der Grotte ihres langen Schlafes beigesetzt. Über der Grotte wurde eine Kirche gebaut. In der frühchristlichen Zeit war der Bezirk ein bevorzugter Ort für Bestattungen. Die Christen haben dort auch das Grab von Maria Magdalena verehrt. Die Ruhestätte der Siebenschläfer entwickelte sich zu einem Ziel der Pilger. Da die 18. Sure des Koran einen ähnlicher Bericht enthält, verehren auch viele Muslime diesen Ort.

Als der Apostel Paulus Ephesus verlassen hatte, bat er Timotheus darum, in der Stadt zu bleiben (1 Tim 1,3). Eusebius von Caesarea nennt in seiner Kirchengeschichte, unter Berufung auf andere Quellen, Timotheus als ersten Bischof von Ephesus. Der Überlieferung zufolge soll Timotheus, nachdem er 40 Jahre Bischof der Stadt gewesen war, 96 n. Chr. gesteinigt worden sein, nachdem er es wagte, die zügellosen Ausschweifungen bei Festen anzuprangern. Sein Grabmal wurde in Ephesus auf dem Bülbül-Dağı, dem Nachtigallen-Berg, verehrt. Unter Konstantin dem Großen wurden Teile seiner Gebeine 356 nach Konstantinopel überführt. Damit die Wunderwirkungen, die vom Grab des Timotheus ausgegangen sein sollen, auch in Ephesus weiter anhalten konnten, ließ man einige Gebeine in seinem Grab in Ephesus zurück. So berichten apokryphe Schriften über Timotheus, den treuesten Schüler des Paulus.

Das Wirken des Johannes

Auf einem Hügel oberhalb der Stadt Selçuk liegen die Ausgrabungen der Johannesbasilika. Seit dem 2. Jahrhundert wird dort das Grab des Evangelisten Johannes verehrt. Die einheimische Tradition geht davon aus, dass dieser zwischen den Jahren 37 und 48 zusammen mit Maria, der Mutter Jesu, nach Ephesus gekommen ist. Dort sei er Leiter der Gemeinde gewesen und habe sein Evangelium sowie die Johannesbriefe verfasst. In der Zeit des Kaisers Domitian (81-96) sei der Apostel Johannes auf die Insel Patmos verbannt worden und habe die Offenbarung mit den sieben Sendschreiben an die Gemeinden in der Provinz Asien niedergeschrieben. Später sei Johannes wieder nach Ephesus zurückgekehrt, habe dort bis ins hohe Alter gelebt und sei friedlich entschlafen.

Die Tradition in Ephesus beruft sich meist auf Irenäus, den späteren Bischof von Lyon, der um 130 in der Provinz Asien geboren wurde und als Jugendlicher dem Bischof Polycarp von Smyrna zu Füßen saß. Letzterer soll von dem Evangelisten Johannes noch persönlich unterrichtet worden sein. Auch der Bischof Polykrates (189-198) von Ephesus schreibt, dass „Johannes, der an der Brust des Herrn lag" in Ephesus seine letzte Ruhestätte gefunden habe.

Aber bereits Papias, der Bischof von Hierapolis – heute Pamukkale –, schrieb um 140 vom Evangelisten Johannes und von einem Gemeindevorsteher, dem Presbyter Johannes. Diese Schrift lässt die Annahme zu, dass am Ende des ersten Jahrhunderts ein angesehener Ältester mit dem Namen Johannes in der Provinz Asien wirkte.

Das Neue Testament berichtet nicht von einem Aufenthalt des Evangelisten Johannes in Ephesus. Warum sollte Paulus während seiner Wirksamkeit in der Stadt dem Apostel Johannes nicht begegnet sein oder darüber nicht berichtet haben? Vielmehr berichten die Apostelgeschichte und die Paulusbriefe über zahlreiche Begegnungen des Apostels mit den Leitern der ersten Gemeinden. Selbst wenn Johannes nach der Zeit des Paulus und der Abfassung des Epheserbriefes in das Zentrum der Provinz Asien gekommen wäre, hätte zumindest Ignatius aus Antiochia in seinem Brief an die Gemeinde in Ephesus (zwischen 110 und 115) diese auf den Aufenthalt des Lieblingsjüngers des Herrn angesprochen.

Wahrscheinlicher ist deshalb, dass der Evangelist Johannes in Palästina den Märtyrertod erlitten hat, so wie es ihm – und Jakobus – Jesus angekündigt hatte (Mk 10,35ff).

Die Johannesbasilika

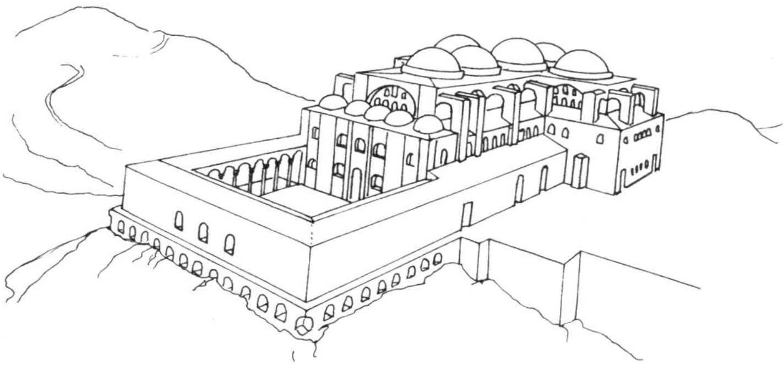

Abb. 22 Rekonstruktion der Johannesbasilika

Die Johannesbasilika in Selçuk wurde in der Zeit des Kaisers Justinian (527-565) erbaut. Sie entstand anstelle einer Kapelle, die über dem Grab des Johannes, das dort seit dem zweiten Jahrhundert bekannt ist, erbaut wurde. Der Artemistempel am Fuße des Hügels, der 265 n. Chr. von den Goten zerstört wurde, diente als Steinbruch. Die Renovierung der Kirche lässt die Anlage der ehemals dreischiffigen Basilika mit einer Länge von 130 m und einer Breite von 40 m sehr gut erkennen. Der Altar befand sich über dem Grab des Johannes, die unscheinbare Grabkammer gilt als heiligster Bereich der Kirche.

Nach dem Bau der Johannesbasilika verlagerte sich der Mittelpunkt der Stadt Ephesus von der hellenistisch-römischen Stadt zur Johannesbasilika. Obwohl damit ein Aufschwung verbunden war, konnte Ephesus nicht mehr an seine frühere Bedeutung anknüpfen.

Vom Hügel bei der Johannesbasilika oberhalb von Selçuk sieht man die Reste des Artemistempels. Um die Erinnerung an den Tempel, eines der Sieben Weltwunder, lebendig zu erhalten, haben die Archäologen eine Säule wieder aufgerichtet. Am Fuße des Hügels steht die İsa-Bey-Moschee, bei deren Bau die schwarzen Granitsäulen von den Hafenthermen der antiken Stadt verwendet wurden.

Abb. 23 Die Reste des Artemistempels in Ephesus. Im Hintergrund die Johannesbasilika und die Zitadelle von Selçuk

Das Sendschreiben an die Gemeinde in Ephesus
Das erste Sendschreiben in der Offenbarung des Johannes ist an die Gemeinde in Ephesus gerichtet (Offb 2,1-7). Der Gemeinde wird ein gutes Zeugnis ausgestellt. Besonders positiv erwähnt wird die Verabscheuung des Treibens der Nikolaiten durch die Epheser. Der Name der Irrlehrer könnte auf Nikolaus von Antiochia, einen der sieben Armenpfleger (Apg 6,5), zurückgehen. Teilnahme am Götzendienst und Sittenlosigkeit waren für die Nikolaiten kein Glaubenshindernis.

Ephesus, die einst bedeutende Hafenstadt, Hauptstadt der Provinz Asien und eine Weltstadt der Antike gehörte mit Jerusalem, Antiochia und Rom zu den wichtigsten Städten des Christentums im ersten Jahrhundert. Selbst wenn die Forschung den Aufenthalt des Evangelisten Johannes nicht für wahrscheinlich hält, war Ephesus ein Mittelpunkt der ersten Christen.

Das Wohn- und Sterbehaus von Maria, der Mutter Jesu

Kurz vor seinem Tod am Kreuz übertrug Jesus die Fürsorge für Maria, seine Mutter, an Johannes (Joh 19,26-27). Der Überlieferung zufolge lebte der Evangelist Johannes und Maria, die Mutter des Herrn, in Ephesus. Vom Konzil in Ephesus 431 richteten die Bischöfe nach Konstantinopel einen Brief, in dem sie von Nestorius, einem Irrlehrer, schrieben, der in der Stadt angekommen sei, in der schon Johannes und die Jungfrau und Gottesmutter Maria gewesen waren. Durch die Jahrhunderte hielt sich im Osten wie im Westen die Tradition von Johannes, dem Lieblingsjünger des Herrn, der sich um die Mutter Jesu gekümmert habe und sie dort begrub.

1852 erschien in Deutschland ein Buch mit dem Titel „Das Leben der heiligen Jungfrau Maria nach den Betrachtungen der gottseligen Anna Katharina Emmerick“. Der Verfasser, Clemens von Brentano (1778-1842), zeichnete die Visionen der Katharina Emmerick (1774-1824) über das Leben Jesu und Marias auf. Die schwerkranke westfälische Augustinernonne Maria Emmerick war 12 Jahre lang bettlägerig und hatte Ephesus nie gesehen. In ihren Visionen machte Katharina Emmerick ziemlich genaue Angaben über das Haus der Mutter Jesu auf einem Berg bei Ephesus. Über die Oberin der Barmherzigen Schwestern am Französischen Krankenhaus in Smyrna erfuhren Patres des Lazaristenordens, die am Herz-Jesu-Kolleg in Smyrna unterrichteten, von der Beschreibung des Hauses der Maria in Ephesus. Trotz anfänglicher Skepsis begaben sich die Patres auf die Suche und fanden am 29. Juli 1891 die von Dorffrauen als Manastır, Kloster, bezeichneten Ruinen des unscheinbaren Gebäudes. Dieser Ort war der örtlichen Tradition zufolge das letzte Wohnhaus und das Sterbehaus der Mutter des Herrn, die zuvor an anderen Orten in der Umgebung von Selçuk gelebt hatte. Jährlich pilgerten die einheimischen Christen am 15. August, dem Tag der Himmelfahrt Marias, zu den Ruinen auf den Berg.

Nachforschungen ergaben, dass die Fundamente des Gebäudes auf das 1. Jahrhundert n. Chr. zurückgehen und die Mauern im 6. oder 7. Jahrhundert errichtet wurden.

1892 wurde auf dem Berg bei Ephesus die erste Messe gefeiert; heute ist das restaurierte Haus der Maria ein beliebter – und in den Sommermonaten überlaufener – Wallfahrtsort sowie eine Stätte des Gebetes. Die Christen bezeichnen das Haus als „Panaya Kapulu“.

Abb. 24 Die Marienstatue im Wohn- und Sterbehaus der Mutter Jesu in Ephesus

Auch die Muslime kommen zum Haus von Maria zum Gebet. Im Koran ist die Jungfrau Maria, die Mutter des Propheten Jesu, eine von Allah auserwählte Frau. Die Türken nennen das Haus, Meryem Ana Evi, Haus der Mutter Maria.

Das dritte ökumenische Konzil

Obwohl beim zweiten ökumenischen Konzil in Konstantinopel 381 ein gemeinsames Glaubensbekenntnis gefunden wurde, gingen die christologischen Streitigkeiten weiter. Zum Pfingstfest 431 lud deshalb Kaiser Theodosius II. die Bischöfe zu einer Synode nach Ephesus ein. Diese wurde am 22. Juni in der Marienkirche eröffnet. In der Frage nach der Menschheit Christi und dem richtigen Verständnis der Mutter Jesu standen sich zwei theologische Richtungen gegenüber. Cyrill, der Patriarch von Alexandrien, betonte das Göttliche in Jesus und sprach deshalb von Maria als „Gottesgebärerin“. Für Nestorius, den Patriarchen aus Konstantinopel, stand fest: Maria hat einen Menschen ge-

Abb. 25 Die schöne Artemis von Ephesus

boren, ein Werkzeug der Gottheit. Für Nestorius war Maria die „Christusgebärerin". Nestorius war ein Vertreter der antiochenischen Denkweise, der theologischen Richtung von Antiochia, heute Antakya. Cyrill eröffnete das Konzil, bevor die Antiochier in Ephesus eintrafen. Als schließlich am 26. Juni die Antiochier eintrafen, hatten die 150 Bischöfe aus Asien, Ägypten und Palästina bereits entschieden: „Wer nicht bekennt, dass Emmanuel in Wahrheit Gott und die heilige Jungfrau Gottesgebärerin ist, weil sie das fleischgewordene aus Gott stammende Wort dem Fleisch nach geboren hat, der sei ausgeschlossen." Nestorius wurde als neuer Judas bezeichnet und verbannt. Ein von den Antiochiern sofort einberufenes Gegenkonzil konnte an dem Ausschluss von Nestorius nichts mehr ändern. Der Beschluss des Konzils von Ephesus führte zu einer Kirchenspaltung. Die Anhänger des Nestorius, die Nestorianer, entwickelten sich zu einer eigenständigen Kirche, die in Mittelasien bis nach China und Indien, in den heutigen Ländern Syrien, Irak und Iran sowie in der Südosttürkei ein reges kirchliches Leben entwickelten. Die Blütezeit der nestorianischen Kirchen dauerte bis zum Einfall der Mongolenheere unter Timurlenk Anfang des 15. Jahrhunderts.

Die chaldäische Kirche ist eine Abspaltung von den Nestorianern, sie ging im 16. Jahrhundert mit der Katholischen Kirche eine Union ein. In der Türkei gehören zu ihr einige kleine Gemeinden in İstanbul, in Tarsus und Diyarbakır sowie in den Dörfern des Tur Abdin, dem Berg der Knechte Gottes, in der Südosttürkei.

Die Ruinen der Marienkirche in Ephesus, der ersten Kirche, die nach der Mutter Jesu benannt wurde, liegen etwas abseits beim unteren Eingang zu den Ausgrabungen der antiken Stadt.

Das Museum von Ephesus

Ein Besuch des Museums von Ephesus in Selçuk rundet den Besuch der Stadt ab. In zehn verschiedenen Abteilungen werden die wichtigsten Exponate gezeigt, die man in Ephesus gefunden hat. Besonders beeindruckend sind die römischen Kopien des Kultbildes der Artemis. Die „große“ und die „schöne“ Artemisstatue sind Nachbildungen aus dem 1. und 2. Jahrhundert n. Chr., sie wurden im Rathaus von Ephesus gefunden.

2. Milet

Milet liegt 50 Kilometer südlich von Ephesus in der Nähe von Akköy, nicht weit entfernt von der Hauptstraße, die über Milas nach Muğla führt. In der Antike war Milet eine bedeutende Hafenstadt und ein Kulturzentrum ersten Ranges. Die Stadt lag an der Mündung des Mäanders, heute liegt sie 10 Kilometer vom Meer entfernt. Der Mäander, heute Büyük Menderes, den der Geschichtsschreiber Herodot (um 490-430 v. Chr.) einen „Arbeiter“ nannte, trug durch seine Ablagerungen zum Niedergang der Stadt bei. Die vier Häfen von Milet sind verlandet, große Teile des Ruinengeländes liegen in einer Schwemmlandschaft. Heute kann man sich nur schwer vorstellen, dass der Çamiçi- oder Bafa-See in der Antike ein Meeresarm und Herakleia am Ostufer des Sees eine Hafenstadt war.

Milet war vom 8. bis 6. Jahrhundert v. Chr. die größte griechische Stadt und im Seehandel führend. Berühmte Philosophen wie Thales (625-545) nannten Milet ihre Heimat. Von der Stadt ging die griechische Kolonisationsbewegung aus, die 80 griechische Kolonien umfasste, die vornehmlich rings um das Schwarze Meer lagen. Bei den Propheten im Alten Testament erscheint Ionien, die von den Griechen besiedelte Küste im westlichen Kleinasien mit den vorgelagerten Inseln, unter dem Namen Jawan. Der Prophet Ezechiel nennt im Klagelied über Tyrus das Land Jawan als Handelspartner dieser phönizischen Stadt (Ez 27,13.19). Joel 4,6 beschreibt Jawan als Abnehmer von Sklaven aus Juda und Jerusalem, die von den Menschen aus Tyrus und Sidon und den Gebieten der Philister verkauft wurden. Beim Propheten Jesaja (66,19) erscheint Jawan unter den Völkern, zu denen Gott Boten schicken wird.

494 v. Chr. zerstörten die Perser Milet. Die Stadt wurde nach dem hippodamischen Prinzip wieder aufgebaut. Der Planung des berühmten Städtebauers Hippodamos aus Milet (um 475-400) lagen ungefähr rechtwinklige Areale zugrunde. Die Anlage der Straßen folgte diesem Prinzip, dabei wurde darauf geachtet, die Hauptstraßen so anzulegen, dass die Winde, vom Meer kommend, für einen kräftigen Durchzug sorgten, um die Gefahr der Malaria zu verringern. Milet erreichte wieder einen Wohlstand, an seine frühere Bedeutung konnte die Stadt aber nicht mehr anknüpfen. 133 v. Chr. fiel Milet zusammen mit dem Pergamenischen Reich an die Römer, in der römischen Herrschaftszeit setzte nochmals eine rege Bautätigkeit ein. Trotzdem konnte Milet nicht aus dem Schatten von Ephesus heraustreten.

Milet im Neuen Testament

Das Zentrum der Tätigkeit des Apostels Paulus in der Provinz Asien lag in Ephesus. Trotzdem fuhr er bei der dritten Missionsreise bei der Rückkehr von Mazedonien nach Cäsarea an Ephesus vorbei und ging erst in Milet an Land, da er vorhatte, am Pfingsttag in Jerusalem zu sein (Apg 20,15-16). Die Ältesten der Gemeinde von Ephesus bat er, nach Milet zu kommen. Dort verabschiedete er sich mit ergreifenden Worten von ihnen. Lukas berichtet ausführlich über die Abschiedsrede des Apostels (Apg 20,17-38). In der Apostelgeschichte ist die Ansprache von Paulus in Milet, die einzige Rede an Christen; was der Apostel ausführte, hat den Charakter eines Testamentes. Zunächst blickte er auf sein Wirken zurück, danach sprach er von der Gefangenschaft, die auf ihn wartete, und davon, dass die Epheser ihn nicht mehr sehen werden. Schließlich warnte er sie vor „den reißenden Wölfen, die die Herde nicht verschonen werden", ermahnte zur Wachsamkeit und erinnerte nochmals an seine dreijährige hingebungsvolle Wirksamkeit in Ephesus. Unter Tränen begleiteten ihn die Ältesten von Ephesus zum Hafen in Milet, wo Paulus ein Schiff bestieg, das ihn durch die südliche Ägäis über die Inseln Kos und Rhodos nach Patara in Lyzien – zwischen Kaş und Fethiye – brachte (Apg 21,1-2). Von dort fuhr der Apostel weiter über Tyrus in Phönizien und Cäsarea nach Jerusalem.

Eine Handschrift der Apostelgeschichte gibt die Reiseroute etwas erweitert an. Diesem Bericht zufolge fuhr Paulus von Patara zunächst nach Myra, heute Demre oder Kale, und wechselte, wie auch auf der Fahrt nach Rom (Apg 28,5-6), dort das Schiff.

Im zweiten Brief an Timotheus macht Paulus genaue Angaben über seine Mitarbeiter, er schreibt von Trophimus, den er in Milet krank zurücklassen musste (2 Tim 4,20).

Die Ausgrabungen von Milet

Wer Ephesus besichtigt hat, wird mit großen Erwartungen nach Milet, dem einstigen kulturellen und politischen Zentrum der griechischen Welt, weiterfahren. Das Bild, das die Stadt heute bietet, hält aber den Erwartungen nicht stand. Große Teile der antiken Metropole liegen heute in der Schwemmlandschaft des Mäanders, die Ausgrabungsarbeiten gestalten sich deshalb schwierig. Trotzdem sind die Besucher nicht enttäuscht, denn man kann sich ein gutes Bild der einstigen Stadt machen. Zunächst wird man das Theater besuchen, das in die Zeit des Kaisers Trajan (98-117 n. Chr.) gehört. Es fasste 25.000 Zuschauer und ist, im Gegensatz zu den anderen Bauwerken der Stadt, sehr gut erhalten. In der fünften Sitzreihe ist in griechischer Sprache die Inschrift eingemeißelt: „Platz der Juden, die auch Gottesfürchtige sind." Offenbar war die jüdische Bevölkerungsgruppe in Milet nicht ohne Einfluss, wenn für sie die begehrtesten Plätze im Theater reserviert waren. Vom Hügel über dem Theater, bei den Resten des byzantinischen Kastells, hat man einen sehr schönen Rundblick über das Gebiet der antiken Stadt. Von dort geht man weiter zum ehemaligen Marktviertel. Die ionische Halle, die in den vergangenen Jahren teilweise restauriert wurde, vermittelt einen Eindruck über das einstige Bauwerk. Früher waren 19 Geschäfte in der Halle untergebracht, an der Vorderseite

Abb. 26 Die ionische Halle in Milet

standen 35 Säulen. Allein das Bild der wiedererrichteten Säulen, die sich nach Regenfällen im Wasser spiegeln, lohnt die Fahrt nach Milet.

In diesem Bereich stand auch das Markttor von Milet, das heute im Berliner Pergamon-Museum aufgebaut ist. Sehr sehenswert sind wegen ihrer Größe und gutem Zustand die Faustina-Thermen, die 164 n. Chr. von Faustina, der Gattin von Marc Aurel, gestiftet wurden. An die jüdische Bevölkerung der Stadt erinnern die Reste einer Synagoge. Die Michaelskirche von Milet wurde im 6. Jahrhundert über dem Dionysostempel errichtet, dort befindet sich auch der Bischofspalast. Der Komplex liegt beim Neubau mit dem Ziegeldach, der als Ausstellungsraum für Mosaiken vorgesehen ist. Eine weitere Kirche ist beim Südmarkt freigelegt.

In einem kleinen Museum werden einige Funde aus Milet präsentiert.

Didyma

Von Milet führte eine Heilige Straße mit einer Länge von 16,5 Kilometern zum Apollontempel nach Didyma. Der Tempel war das wichtigste Heiligtum von Milet, das Orakel von Didyma gehörte zu den berühmtesten in der antiken Welt, sein endgültiger Niedergang hängt mit der Ausbreitung des Christentums zusammen. Der Besuch der großen Anlage ist beeindruckend. Da sie sehr gut erhalten ist, gewinnt man eine Vorstellung über das Aussehen antiker Tempel und die Orakelzeremonie. Bei Sonnenschein kann man in den Wänden des Hofes die eingeritzten Bauzeichnungen erkennen. Besonders bewundernswert sind die

Abb. 27 Der Apollontempel in Didyma

hinter der westlichen Rückwand des Hofes liegenden monumentalen Säulen.

Bei der Moschee, die bis zum griechisch-türkischen Bevölkerungsaustausch 1923 als orthodoxe Kirche diente, sind Reste der Heiligen Straße nach Milet freigelegt.

Auf dem Rückweg von Didyma nach Ephesus lohnt sich der Besuch von Priene. Die Ausgrabungen der Stadt liegen auf einer Felsterrasse etwas südlich der Stadt Söke. Sie bieten das Bild einer griechischen Stadt aus dem 4. und 3. Jahrhundert v. Chr. mit einem mustergültig angelegten hippodamischen Straßensystem.

3. **İzmir** – Smyrna

İzmir nannte man noch vor einigen Jahrzehnten wegen seiner geschützten und herrlichen Lage am Ende des Golfes von İzmir, aber auch wegen seiner reichen Geschichte, den „Garten der Götter". Dort soll Homer, der Dichter der Epen Ilias und Odyssee, im 8. Jahrhundert v. Chr. das Licht der Welt erblickt haben.

An die Anfänge der Stadt erinnern die Ausgrabungen in Bayraklı nördlich des Golfes von İzmir, wo Keramikreste aus dem zweiten Jahrtausend gefunden und die Grundmauern eines Tempels aus dem 7. Jahrhundert v. Chr. freigelegt wurden. İzmir gehört zu den Städten der Türkei, die von der vorgeschichtlichen Zeit bis zur Gegenwart besiedelt sind.

Die Lyder zerstörten um 600 v. Chr. die Stadt, danach bestand sie über 300 Jahre nur noch aus einer Ansammlung von unbedeutenden Siedlungen. 334 v. Chr. veranlasste Alexander der Große die Neugründung. Zuvor befragten die Menschen aus Smyrna das Orakel des Apollon von Klaros, 10 Kilometer nördlich von Ephesus. Die Antwort soll gelautet haben: „Drei- und viermal so glücklich werden die Menschen hier sein, die auf dem Pagos am heiligen Meles-Fluss bauen" (*Bean*, Kleinasien 1). Der Berg Pagos heißt heute Kadifekale, Samtburg, und erhebt sich mitten in der Stadt 160 Meter hoch. Etwas schwieriger ist die Lokalisierung des Flusses Meles, obwohl der größte Fluss der Stadt, der Meles Çayı, heute den antiken Namen trägt. Er läuft östlich am Fuße des Burgberges vorbei und mündet im Hafen Aslancak in den Golf von İzmir. Den alten Überlieferungen gerechter wird aber der als Halkapınar bezeichnete Bach, der in der Nähe des Atatürk-Stadions in den Meles mündet.

In diesem Gebiet ist heute ein Zentrum der Industrie İzmirs, deren Bedeutung in der jährlichen internationalen Industriemesse von Izmir zum Ausdruck kommt. Bedingt durch das milde Klima haben früher die landwirtschaftlichen Produkte die Stadt bekannt gemacht, heute sind die Textilindustrie sowie die chemische Industrie bedeutsam. Gleichzeitig ist der Hafen von İzmir ein wichtiger Umschlagplatz für die Wirtschaft der Region.

Der antike Namen der Stadt Smyrna soll von Myrrhe abgeleitet sein, der Myrrhenstrauch war demnach in Smyrna beheimatet. Aus Smyrna haben die Türken den modernen Namen İzmir geformt.

Die Stadt im Neuen Testament und in der frühen Kirche

Die Gründung der christlichen Gemeinde in Smyrna wird auf die Zeit des Aufenthaltes des Apostels Paulus in Ephesus zurückgehen. Wahrscheinlich hat Paulus die Christen in Smyrna nochmals besucht, als er nach dem Aufstand im Theater Ephesus verließ und durch die Gemeinden der Provinz Asien nach Griechenland zog (Apg 20,2).

An die Christen in Smyrna richtet Johannes das zweite Sendschreiben (Offb 2,8-11). In diesem empfängt die Gemeinde nur Lob. Auf eine Auseinandersetzung mit den Juden der Stadt lässt Vers 9 schließen: „Ich kenne deine Bedrängnis und deine Armut, und doch bist du reich. Und ich weiß, dass du von solchen geschmäht wirst, die sich als Juden ausgeben, sie sind es aber nicht, sondern eine Synagoge des Satans." Den Gläubigen in Smyrna, die auch in schwerer Zeit bestehen, wird der Kranz des Lebens versprochen. Hier greift Johannes auf ein Bild zurück, das jedem Einwohner der Provinz Asien vertraut war: Die Sieger bei sportlichen Wettkämpfen wurden mit einem Kranz geehrt. Das Bild des Kranzes, häufig auch mit Krone übersetzt, gebraucht auch der Apostel Paulus (z. B. in 1 Kor 9,25 und 2 Tim 2,5).

Vielleicht hat der Bischof Polycarp von Smyrna (69-155 oder 167) sich an die Zusage im Sendschreiben erinnert, als er den Märtyrertod erlitt. Er soll Johannes noch persönlich gekannt haben und wurde der Tradition zufolge von dem Evangelisten in sein Amt eingesetzt. Polycarp gehörte zu den apostolischen Vätern, den herausragenden Persönlichkeiten der frühen Christenheit, die als Schüler der Apostel bezeichnet werden. An die Philipper verfasste er etwa im Jahr 130 zwei Briefe und in hohem Alter machte er sich noch auf den Weg zu Gesprächen nach Rom, um im Streit wegen des Ostertermins zu schlichten.

Im Jahr 155 veranlassten die römischen Machthaber auf Druck der Bevölkerung ein Verfahren gegen 12 Christen in Smyrna, denen man die Schuld an einem Erdbeben zuschrieb. Auch den greisen Bischof Polycarp schaffte man herbei und forderte ihn auf, seinem Glauben abzusagen und auf den Kaiser zu schwören. Eusebius berichtet in seiner Kirchengeschichte, wie Polycarp geantwortet haben soll: „Schon 86 Jahre diene ich ihm und er hat mir kein Leid getan, wie könnte ich meinem König, der mich erlöst hat, lästern?“ Der römische Statthalter konnte die aufgepeitschten Massen im Stadion nicht mehr beruhigen. Unabsichtlich bestätigte die Menge die Bedeutung des Bischofs, als sie schrie: „Dieser ist der Lehrer Asiens, der Vater der Christen, der Vernichter unserer Götter“, und forderte, Polycarp den Löwen vorzuwerfen. Diesen grauenhaften Tod konnte der Statthalter mit einem Hinweis darauf verhindern, dass ihm das nicht gestattet sei, da „die Tierhetzen bereits beendet sind“. Deshalb forderte das Volk mit einer Stimme, den Bischof lebendig zu verbrennen, und besorgte

Aus dem zweiten Brief des Bischofs Polycarp an die Philipper:

Der Glaube ist unser aller Mutter,
die Hoffnung geht hinterher,
die Liebe zu Gott, zu Christus
und zu dem Nächsten geht voran.
Wenn man sich an diese drei hält,
hat man die im Gebot geforderte
Gerechtigkeit erfüllt.
Denn wo Liebe ist, ist die Sünde fern.

Berger/Nord,
Das Neue Testament und die frühchristlichen Schriften

Holz und Reisig. Die auflodernden Flammen konnten aber den Tod nicht bringen, sie „umgaben den Leib des Märtyrers wie eine schützende Mauer“. Das Schwert des Henkers beendete schließlich das Leben des greisen Bischofs (*Eusebius von Caesarea*, Kirchengeschichte). Die Beschreibung des Schicksals Polycarps gehört zu den ältesten Märtyrerberichten der Kirche. Jedes Jahr am 23. Februar gedenken die Christen in İzmir des Todestages des Bischofs Polycarp und Schutzpatrons ihrer Kirche. Die Kirche des heiligen Polycarp ist die älteste und sehenswerteste der Stadt. In dieser findet man die eindrucksvolle Darstellung des Martyriums von Polycarp. Links neben dem Henkersknecht hat der französische Künstler Raimond Pere sich selbst mit einem schwarzen Schnauzbart dargestellt. Er ist gefesselt und weiß, dass er das nächste Opfer ist. Die Kirche befindet sich mitten in der Stadt in der Nähe der internationalen Hotels. Die Anfänge der Kirche liegen im Jahr 1620, als man dort eine Kapelle errichtete. 10 Jahre später wurde die Kapelle erweitert und ein Kloster angebaut. Die heutige Kirche geht auf eine Erweiterung von 1898 zurück. 7 Jahre nach dem großen Brand von İzmir wurde 1929 das Kloster wieder errichtet. Die Pfarrei wird von den Kapuzinern betreut. Dort ist heute der Sitz des Erzbistums İzmir.

Die Gemeinde in Smyrna kann noch auf einen berühmten Kirchenvater verweisen. Bischof Irenäus von Lyon wurde um 140 in Smyrna geboren und hat als Knabe zu Füßen des Bischofs Polycarp gesessen. In seinen Schriften, die stark von der kleinasiatischen Theologie geprägt sind, lehnt er das gnostische Denken ab, nachdem im Menschen die Möglichkeit zur Gotteserkenntnis liegt. Der Gnosis, die auch ins Christentum eingedrungen war, setzt er die Menschwerdung Gottes entgegen: Damit die Menschen göttlich werden, ist Gott Mensch geworden.

Außer der Polycarp-Kirche unterhalten einheimische und ausländische Christen weitere Kirchen in İzmir. Interessierte Besucher können die Adressen von den Patres der Polycarp-Kirche erfahren. Auch protestantisches Leben hat in İzmir wieder begonnen und versucht an die Tradition der deutschen-evangelischen Gemeinde anzuknüpfen, die dort vom 18. bis zu Beginn des 20. Jahrhunderts bestand.

Nicht ohne Stolz können die Christen in İzmir auf ein Gemeindeleben verweisen, das von der Zeit, als der Apostel Johannes die Sendschreiben an die Christen in der Provinz Asien richtete, bis zur Gegenwart reicht.

Die Großstadt İzmir

Obwohl İzmir nach İstanbul und Ankara mit 3 Millionen Einwohnern sich zur drittgrößten Stadt und der Türkei entwickelt hat, ist sie eine der schönsten Städte der Türkei geblieben. Das Zentrum der Stadt liegt beim Konak-Platz mit dem Uhrturm. Von dort aus kann man bei einem Bummel entlang der Kordon, der Uferpromenade mit eleganten Geschäften und Boutiquen, einen Eindruck der modernen Stadt İzmir gewinnen. Gleichzeitig braucht man nur wenige Minuten zu den Gassen im traditionellen Basarviertel Kemeraltı.

Zu den eindrucksvollsten Erlebnissen gehört die Auffahrt zur Burg Kadifekale. Von den Umfassungsmauern der Burg, die gut erhalten sind, hat man einen prächtigen Blick über die Stadt und den Golf von İzmir. Zwischen Burg und Uhrturm sieht man die Agora, den Handelsplatz aus der römischen Zeit, mit mehreren Säulen und den gut erhaltenen Gewölben einer – später errichteten – 160 Meter langen dreischiffigen Basilika. Die Statuen des Poseidon und der Demeter, die die Archäologen in der Agora ausgegraben haben, sind im besuchenswerten Museum von İzmir zu sehen.

Beim Blick über die alten Gassen von İzmir zur Uferpromenade mit der modernen Stadt wird man an die tragische Geschichte der Stadt nach dem Ersten Weltkrieg erinnert. Als das Osmanische Reich zusammenbrach, besetzte 1919 die griechische Armee die Stadt. 1922 eroberten türkische Truppen İzmir zurück, dabei gingen einige Stadtteile in Flammen auf und bei der einheimischen Bevölkerung waren zahlreiche Opfer zu beklagen.

Ein besonderes Erlebnis ist es, zu Fuß von der Burg in die moderne Stadt zurückzugehen. Beim Spaziergang durch die engen Straßen mit den typischen Läden und Werkstätten trifft man Menschen aus allen Teilen der Türkei, die sich in der Industriemetropole am Golf von İzmir niedergelassen haben. Diese zeigen den Besuchern auch die geringen Reste des antiken Theaters von Smyrna, dessen Mulde am Abhang zu erkennen ist. Eine Einladung zum Tee sollte man dort nicht ausschlagen, weil sie ein Ausdruck echter Gastfreundlichkeit ist.

4. **Bergama** – Pergamon

Die Kreisstadt Bergama liegt 90 Kilometer nördlich von İzmir und rund 30 Kilometer von der nordägäischen Küste entfernt. Der Besuch der von deutschen Archäologen ausgegrabenen Ruinen der antiken Stadt Pergamon zählt zu den eindrucksvollsten Erlebnissen einer Rundreise in Westanatolien. Durch die Ausgrabungen können sich die Besucher ein gutes Bild der antiken Stadt auf oberen und unteren Burgberg sowie des Heiligtums Asklepieion machen. Obwohl die moderne Stadt teilweise über der Unterstadt der antiken Stadt errichtet wurde, sind im heutigen Bergama die Erinnerungen an die römische Stadt Pergamon nicht gänzlich verschwunden, besonders die mächtige Ruine der Kızıl Avlu, der Roten Halle, überragt die Häuser der Umgebung.

Geschichte der Stadt

Der Name der Stadt ist altanatolischer Herkunft und bedeutet „das Volk der hohen Stelle". Wahrscheinlich weist der Name auf Siedlungen auf dem oberen Burgberg hin, der sich 330 Meter über die heutige Stadt erhebt. In der Geschichte erscheint Pergamon erstmals beim griechischen Geschichtsschreiber Xenophon (430-354 v. Chr.), der von Verhandlungen zwischen Persien und Sparta berichtet, die 399 in Pergamon stattgefunden haben.

In den Auseinandersetzungen um die Nachfolge von Alexander dem Großen wurde sein Feldherr Lysimachos 301 v. Chr. Herrscher von Pergamon. Lysimachos vertraute seinen Staatsschatz dem Heerführer Philetairos an, der ihn schließlich zur

Gründung einer eigenen Herrschaft (281-263) verwendete. Nach seinem Tode kam sein Neffe Eumenes an die Macht. Mit Eumenes I. (263-241) begann die Herrschaftszeit der Attaliden-Dynastie, benannt nach Attalos I. (241-197 v. Chr.), die von 263-133 währte. Zahlreiche berühmte Bauten und Kunstwerke, wie die Bibliothek und der Pergamonaltar, entstanden in dieser Zeit. 133 v. Chr. vermachte Attalos III. sein Reich testamentarisch den Römern. Die Stadt Pergamon wurde – neben Ephesus – ein Zentrum der Provinz Asien, sie soll 160.000 Einwohner gehabt haben. Um 30 v. Chr. wurden Tempel zu Ehren der Göttin Roma und des Kaisers Augustus errichtet, deren Standorte nicht mehr sicher bestimmt werden können. Kaiser Augustus verlieh der Stadt den Ehrentitel „Neokoros", der den Städten vorbehalten war, die sich besondere Verdienste um den Kultus und die Durchführung von Spielen erworben hatten.

Wahrscheinlich hat auch der Apostel Paulus die Stadt in ihrer Blüte erlebt, als er Ephesus nach dem Aufruhr im Theater verließ, um nach Mazedonien zu reisen, denn in der Apostelgeschichte ist überliefert: „Er zog durch die dortigen Gegenden und sprach oft und eindringlich zu den Jüngern" (Apg 20,2).

Auf den Kaiserkult, der in Pergamon wie in kaum einer anderen Stadt anzutreffen war, könnte das Sendschreiben an die Gemeinde in Pergamon anspielen (Offb 2,12-17). Johannes ist informiert über die Bedrückungen, denen die Gemeinde in Pergamon ausgesetzt ist. „Ich weiß, wo du wohnst, es ist dort, wo der Thron des Satans steht" (V. 13). Die Christen waren verpflichtet, am Kaiserkult teilzunehmen; damit war der Konflikt mit der Staatsmacht nicht zu umgehen, die die Beteiligung an den Kulthandlungen als Prüfstein der Loyalität ansah. Mit „Thron des Satans" umschreibt Johannes wohl die römischen Machthaber in Pergamon und das Obergericht, das seinen Sitz in der Stadt hatte. Falls „Thron des Satans" ein Gebäude der Stadt meint, dann kommt dafür eigentlich nur der Tempel der Roma und des Augustus in Frage. Der mächtige Zeusaltar kann vermutlich nicht gemeint sein, da von der griechischen Religion keine Feindschaft für die Christen ausging. Auch das Asklepieion, mit seiner Mischung aus irrationaler und praktischer Medizin, das seinen Namen nach Asklepios, dem Gott der Ärzte erhielt, wird Johannes nicht gemeint haben. Selbst wenn die Gemeinde in Pergamon den teilweise kultischen Handlungen kritisch gegenüberstand, Asklepios als Soter – Erlöser oder Heiland – ablehnte und deshalb Schwierigkeiten mit der Priesterschaft, die von der Kureinrichtung gut lebte, nicht auszuschließen sind, wird vom Asklepieion keine Bedrohung ausgegangen sein.

Johannes lobt ausdrücklich die Standfestigkeit der Gemeinde, die ihren Glauben auch nicht verleugnete, als Antipas, ein Christ aus Pergamon, als Märtyrer sterben musste. Bei den Ermahnungen der Christen in Pergamon verwendet Johannes ein alttestamentliches Bild. „Aber ich habe etwas gegen dich: Bei dir gibt es Leute, die an der Lehre Bileams festhalten; Bileam lehrte Balak, er solle die Israeliten dazu verführen, Fleisch zu essen, das den Götzen geweiht war, und Unzucht zu treiben. So gibt es bei dir Leute, die in gleicher Weise an der Lehre der Nikolaiten festhalten." (Offb 2,14-15) Offenbar gab es Christen in der Gemeinde, die es nicht als notwendig ansahen, mit den heidnischen Kulten zu brechen. Sie meinten, dass ihr Glaube über diesen äußerlichen Dingen stehe und ihr Christsein davon nicht betroffen sei. Man nannte sie Nikolaiten, weil die Anhänger der Irrlehre sich auf Nikolaus beriefen, vielleicht Nikolaus von Antiochia, der zu den sieben Armenpflegern gehörte (Apg 6,5). Das Sendschreiben endet mit einem der Gemeinde wohlvertrauten Bild: Die Sieger bei sportlichen Wettkämpfen erhielten – neben einem Kranz – eine Marmortafel, auf der ihr Name eingemeißelt war. Den Christen, die überwinden, wird zugesagt, dass sie einen weißen Stein erhalten, auf dem ein neuer Namen steht (Offb 2,17).

Sehenswürdigkeiten in Pergamon

Wer einen Eindruck erhalten will von der einstigen Pracht und Größe der Stadt, muss sich zur Besichtigung der vier Ausgrabungsgebiete genügend Zeit nehmen. Das Deutsche Archäologische Institut hat zahlreiche Tafeln aufgestellt, die den Rundgang durch die Ruinen erleichtern und Erläuterungen geben.

Das Asklepieion ❶
Man beginnt mit der Besichtigung am besten bei den Ausgrabungen des weitgehend ins 2. Jahrhundert n. Chr. gehörenden Asklepieions, das etwas südwestlich von Bergama liegt. An der einstigen Kuranlage und Wallfahrtsstätte beeindrucken zunächst die wiedererrichteten Säulen links und rechts der Zugangsstraße, die auch als heilige Straße bezeichnet wird. Vor dem heiligen Bezirk des Asklepieions steht fast unauffällig der untere Teil einer Säule mit der Schlange, die sich um die Säule windet. Sie erinnert an den Schlangenstab, das Symbol des Asklepios.

Abb. 28 Bergama und das antike Pergamon

❶ Asklepieion; ❷ Oberer Burgberg; Ⓟ Parkplatz; Ⓐ Zeus- oder Pergamonaltar; Ⓑ Theater; Ⓒ Athena-Heiligtum, Bibliothek; Ⓓ Trajantempel; Ⓔ Magazine; Ⓕ Paläste; Ⓖ Burgtor; ❸ Unterer Burgberg; ❹ Heutige Stadt Bergama und Rote Halle

Abb. 29 Pergamon, die Säule mit dem Schlangenstab im Asklepieion

Das Heiligtum mit den Tempeln, Säulenhallen und einer Bibliothek wurde um eine Quelle angelegt, deren Wasser durch einen 70 Meter langen Tunnel abfloss; dieser ist bis heute sehr gut erhalten und kann bequem begangen werden. Nördlich des Heiligtums fällt das sehr schön restaurierte Theater auf, das 3.500 Sitzplätze hatte. Heute finden dort die Festspiele von Bergama statt.

Der obere Burgberg ❷

Vom Asklepieion aus sieht man auf der anderen Seite der Stadt die Ruinen des oberen Burgberges. Deren Besichtigung ist ohne Zweifel der Höhepunkt des Besuches von Pergamon. Vom Parkplatz Ⓟ des oberen Burgbergs geht man erst zum Zeusaltar. Bei den drei Kieferbäumen ist die Terrasse, auf der der Zeusaltar stand, gut zu erkennen Ⓐ.

Eumenes II. ließ den Altar, den man meist als Pergamonaltar bezeichnet, zwischen 180 und 160 v. Chr. zu Ehren des Zeus und der Athena und als Dank für seinen Sieg über die Galater (183) errichten. Die Byzantiner brachen im 8. Jahrhundert große Teile des Altars ab und bauten mit den Steinen eine Festung. Mit Erlaubnis des Osmanischen Reiches wurden die Reste des Altars 1878-86 freigelegt und im Pergamonmuseum in Berlin wieder aufgebaut. Der Zeusaltar zählt zu den größten bildhauerischen Meisterwerken der antiken Welt.

Der Rundgang führt dann vom Pergamonaltar weiter zum Theater Ⓑ, das an den Hang angelegt ist. Die Lage am Westhang des Burgbergs gewährte am ehesten Schutz vor den starken Winden. Das steilste Theater der griechischen Welt bot etwa 10.000 Zuschauern Platz. Über die Stufen des Theaters gelangt man weiter auf den Burgberg.

Man kommt an den spärlichen Resten des Athena-Heiligtums Ⓒ vorbei, dessen rekonstruierter Torbau ebenfalls im Pergamonmuseum in Berlin steht. Im Bezirk des Athena-Heiligtums befand sich die berühmte Bibliothek von Pergamon. Mit 200.000 Schriften wetteiferten die Pergamener mit der Bibliothek von Alexandria. Deshalb sollen die Ägypter die Lieferung von Papyrus eingestellt haben. In Pergamon begann man dann damit, aus ungegerbten tierischen Häuten „Papier aus Pergamon" her-

Abb. 30 Die Terrasse mit den Fundamenten des Zeusaltars in Pergamon

zustellen; der Name Pergamentpapier hat sich bis heute erhalten. Oberhalb des Athena-Heiligtums ragen die wiederhergestellten Säulen des Trajantempels **D** empor. Kaiser Trajan (93-117 n. Chr.) hat den Bau begonnen, sein Nachfolger Hadrian (117-138) ließ ihn vollenden. Die Rekonstruktion des Tempels erlaubt eine gute Vorstellung von der einstigen Größe und Pracht des Bauwerks. Einmalig schön ist auch das Panorama, das sich den Besuchern vom Trajantempel über die Ausgrabungen des oberen Burgbergs bis hinunter zur Stadt Bergama bietet.

Oberhalb des Trajantempels haben die Archäologen vier Bauten **E** freigelegt, die als Magazine dienten. Auf dem Rückweg zum Parkplatz kommt man zunächst an den ehemaligen Palästen **F** der Könige Pergamons aus dem 3. und 2. Jh. v. Chr. vorbei, dann verlässt man die ehemalige Stadt durch das Tor **G** in der Mauer der Akropolis.

Der untere Burgberg 3

Das Ruinenfeld des unteren Burgbergs erstreckt sich auf verschieden hohen Terrassen vom Heiligtum der Demeter, der Göttin des Ackerbaus und der Feldfrucht, über die Gymnasien bis zum unteren Marktplatz.

Sehenswürdigkeiten in Bergama 4

In der Stadt Bergama liegt die mächtige Ruine der Kızıl Avlu, der Roten Halle. Sie hat ihren Namen nach den Mauern mit den roten Ziegelsteinen erhalten. Das riesige Gebäude wurde wahrscheinlich im 2. Jahrhundert n. Chr. als Heiligtum erstellt, aber man weiß nicht sicher, welcher Gottheit es geweiht war. Teilweise wird die Rote Halle als Tempel der ägyptischen Götter bezeichnet, weil Statuen mit ägyptischem Einfluss gefunden wurden. Die Christen haben später in die Halle eine Kirche eingebaut und dort das Grab des Antipas, des treuen Zeugen und Märtyrers (Offb 2,13), verehrt.

Von der Roten Halle ist es nicht mehr weit zum Museum von Bergama. Dort findet man ausgewählte Exponate, die bei den Ausgrabungen gefunden wurden. Die Aufmerksamkeit der Besucher gilt besonders der lebensgroßen Statue des Kaisers Hadrian (117-138 n. Chr.), die in der Bibliothek des Asklepieions gestanden hat.

Auf dem Weg zum Museum laden die Händler die Besucher der Stadt ein, in ihren Geschäften die Teppiche zu bewundern, die in den Dörfern bei Bergama geknüpft werden.

5. Akhisar – Thyatira

Die aufstrebende Kreisstadt Akhisar liegt 80 Kilometer nordöstlich von İzmir an der Straße über Manisa nach Bursa. Der Name der Stadt, Weiße Burg, geht zurück auf eine alte Burg in Akhisar, die in der byzantinischen Zeit an der Stelle des jetzigen Krankenhauses stand. Der neutestamentliche Name Thyatira kann mit „das große Verlangen des Attis" übersetzt werden (siehe Seite 167). Den Namen Thyatira erhielt die Stadt im 3. Jahrhundert v. Chr.

In der frühchristlichen Zeit war Thyatira ein bedeutendes Geschäftszentrum und wegen des Handels mit Wolle und dem Luxusartikel Purpur bekannt. 1992 fand man bei Ausgrabungen Aufzeichnungen, die die Zunft der Wollhändler belegen. Dort wird auch berichtet, dass Thyatira und Sardes in Konkurrenz standen mit den Städten Hierapolis, Laodizea und Kolossä. Der sehr teure Farbstoff aus dem Saft der Purpurschnecke wurde vor allem an die Römer verkauft, die ihn für Amtsabzeichen verwendeten. Die wohlhabende Purpurhändlerin Lydia stammte aus Thyatira. Sie lauschte in ihrem Wohnort Philippi den Worten des Paulus und „der Herr tat ihr das Herz auf". Dann ließ sie sich und alle, die zu ihrem Haus in Philippi gehörten, taufen. Damit war der Grundstein für die erste Gemeinde in Europa (Apg 16,14-15) gelegt. Wahrscheinlich handelte Lydia in Philippi mit Purpur aus Thyatira.

Das vierte Sendschreiben der Offenbarung (Offb 2,18-29) lobt die Christen in Thyatira. „Ich kenne deine Werke, deine Liebe und deinen Glauben, dein Dienen und Ausharren, und ich weiß, dass du in letzter Zeit mehr getan hast als am Anfang (V. 19)." Ermahnt wird die Gemeinde, weil sie das Weib Isebel

Abb. 31 Ruinen eines Gebäudes mit Apsis in Akhisar

– wahrscheinlich ist der Name eine Anspielung auf die Gegnerin des Elija – gewähren ließ und damit den alten heidnischen Praktiken des Götzenopferessens und der Hurerei Raum gewährte. Man weiß nicht, welche Frau mit Isebel gemeint ist. Denkbar ist eine einflussreiche Geschäftsfrau, die heidnische Praktiken mit christlichen Tugenden in Einklang bringen wollte.

Seit einigen Jahren werden in der Stadtmitte Ausgrabungen durchgeführt. Freigelegt wurden eine römische Säulenhalle und die Reste eines Tempels. Auch die Umfassungsmauern eines Gebäudes mit einer Apsis, in dem man eine Kirche zu erkennen meint, sind erhalten geblieben. Der Nachweis, dass der interessante Bau in der Stadtmitte von Akhisar als Kirche diente, konnte aber nicht erbracht werden. In dem Gebäude, dessen Grundriss an eine Basilika erinnert, könnte auch eine Markthalle, die Börse oder das Gericht untergebracht gewesen sein.

An der Südfront der Ulu Cami, der Großen Moschee, sind deutlich die Außenmauern einer alten Kirche zu erkennen. Im Garten des Krankenhauses steht ein prächtiger Marmorsarkophag mit einer griechischen Inschrift, die besagt, dass der Prunksarg einer Familie aus Thyatira gehört. Weitere Funde aus Akhisar sind im Museum von Manisa ausgestellt.

6. Sardes

Neben der Fernverkehrsstraße von İzmir nach Ankara entdeckt man nach etwa 70 Kilometer zwischen Turgutlu und Salihli beim Dorf Sart eine mächtige Ruine. Was zunächst an die Kulisse eines Filmes erinnert, ist die wiederaufgebaute Fassade des Gymnasiums von Sardes. Seit 1958 amerikanische Archäologen frühere Ausgrabungen wieder aufgenommen haben, lohnt sich der Besuch der früheren Hauptstadt des lydischen Reiches. An die Gemeinde in Sardes ist das fünfte Sendschreiben in der Offenbarung gerichtet.

Sardes in der Geschichte

Als Johannes gegen Ende des 1. Jahrhunderts an die Christen in Sardes schrieb, hatte die Stadt ihren Höhepunkt längst überschritten. Das lydische Reich erreichte im 7. und 6. Jahrhundert unter König Gyges (um 690-645) bis zur Zeit des Königs Krösus (590-546 v. Chr.) seine Blütezeit. Der Machtbereich der Lyder reichte von der Ägäis bis nach Kappodozien. Sprichwörtlich war der Reichtum der Lyder unter dem König Krösus, an den die Redewendung „reich wie Krösus" erinnert.

Der Reichtum ging vornehmlich zurück auf die Goldgewinnung aus dem antiken Fluss Paktalos. Der Paktalos, ein nur 25 Kilometer langes Gewässer, das die Türken treffender Sart-Flüsschen nennen, entspringt im Tmolos-Gebirge, heute Boz Dağlar, und enthielt Goldstaub. Er führte durch Sardes und mündete nördlich von Sardes in den Hermos, der heute Gediz heißt. Gleichzeitig wurden wohl auch aus Gruben Edelmetalle gewonnen. Die erste Prägung von Münzen geht auf die Lyder zurück, in Sardes soll das moderne Zahlungsmittel erstmals verwendet worden sein. Bekannt war die Stadt ebenfalls für ihre Wollindustrie.

Als Krösus 546 den Fluss Halys, den Kızılırmak, in Kappadozien überschreiten wollte, um gegen den Perserkönig Kyros II. zu kämpfen, wurde er besiegt (siehe S. 175). Damit war das Ende des Lydischen Reiches eingeleitet. Sardes wurde zum Hauptsitz der persischen Statthalter.

Im Jahr 334 nahm Alexander der Große die Stadt ein. Von 180 bis 133 gehörte Sardes zum Königreich Pergamon und fiel mit diesem 133 v. Chr. an die Römer.

Im Alten Testament erscheint Sardes beim Propheten Obadja mit dem Namen Sefarad. Der Prophet sieht in einer Vision die Rettung Israels und prophezeit, dass die ehemals von Jerusalem nach Sefarad Verbannten zurückkehren und die Städte im Südland besitzen werden. Sefarad wird mit Sardes in Verbindung gebracht, denn während der Perserherrschaft wurden Juden dorthin verschleppt (Obd 20).

Johannes greift im Sendschreiben an Sardes auf ein Bild zurück, das der Gemeinde dort von der Verarbeitung der Wolle bekannt war. Er verspricht den Christen, die ihre Kleider nicht besudelt haben, weiße Gewänder als ein Zeichen der Erlangung des ewigen Lebens. Wahrscheinlich sind Gemeindeglieder angesprochen, die den geschlechtlichen Praktiken der Antike widerstanden (Offb 3,1-6). Im 2. Jahrhundert wird der Bischof Melito von Sardes (gest. um 190) als ein großes Licht bezeichnet. Er schrieb zu elementaren Themen des christlichen Glaubens und führte eine engagierte Auseinandersetzung mit den Montanisten. Im byzantinischen Reich hatte die Stadt im 4. Jahrhundert als Bischofssitz nochmals Bedeutung.

Gegen Ende des 12. Jahrhunderts nahmen die selçukischen Türken die Stadt ein, endgültig zerstört wurde Sardes 1402 von den Mongolen unter Timurlenk.

Besichtigung von Sardes

An die jüdische Kolonie in Sardes erinnert heute die sehr schön restaurierte Synagoge aus dem 3. Jahrhundert nach Christus. Sie liegt bei der wiederaufgerichteten Fassade des Gymnasiums und ist wegen der Mosaiken und den Verkleidungen der Wände mit Marmor besonders sehenswert.

Beim Gymnasium wurde die prunkvolle Säulenfassade wieder aufgebaut. Sie ist in ihrer Art einmalig in Westanatolien; deshalb gilt diesem Bauwerk das erste Interesse der Besucher von Sardes.

Abb. 32 Die Synagoge in Sardes

In diesem Bereich der Ausgrabungen konnten die Archäologen auch eine byzantinische Ladenstraße freilegen, auf einem Stein ist ein Kreuz eingemeißelt. Zwischen der ehemaligen Einkaufsstraße und der Hauptstraße entdeckte man Teile der persischen Königsstraße, die von Sardes über Gordion – bei Ankara – nach Susa in Persien führte.

Auf der anderen Seite der Fernverkehrsstraße von İzmir nach Ankara findet man ungefähr einen Kilometer hinter dem Dorf Sart die Ruinen des mächtigen Tempels der Artemis mit den Maßen 100 x 48 Meter. Etwa 500 Jahre wurde an dem Tempel gebaut, vom 4. Jahrhundert v. Chr. bis zum 2. Jahrhundert n. Chr., trotzdem wurde er nie fertiggestellt. Zwei Säulen stehen bis heute unbeschädigt. An der Südostecke des Tempels wurde später eine Kirche errichtet, deren Reste gut zu erkennen sind.

Die Hügelgräber bei Sardes

Auf der Fahrt von Sardes nach Akhisar entdeckt man nach etwa 10 Kilometer beim Marmarasee links und rechts der Straße zahlreiche Hügel. An den Bin Höyük, tausend Tumuli, genannten Hügelgräbern fahren die Besucher von Sardes meist

Abb. 33 Die Säulenfassade des Gymnasiums in Sardes

vorbei, obwohl dieses große lydische Gräberfeld 90 Hügelgräber aufweist, wovon drei wegen ihrer Größe die Aufmerksamkeit erwecken. Es sind die Ruhestätten von lydischen Herrschern, darunter das Grab von König Gyges. Der Grabhügel von Gyges

Abb. 34 Der Artemistempel in Sardes mit den Resten der angebauten Kirche

wird heute Karnıyarık Tepesi, Hügel der durch Mord kaputten Sippe, genannt. Vielleicht soll mit dem Namen an die Tragödie des lydischen Königs Kandaules, seiner Gemahlin Rhodope und seines Freundes und Günstlinges Gyges erinnert werden, von denen Friedrich Hebbels Drama „Gyges und sein Ring“ handelt. Der Grabhügel von Gyges ist 50 Meter hoch und hat einen Durchmesser von 200 Meter. Von seiner Spitze hat man eine schöne Aussicht über den größten Friedhof mit Hügelgräbern Kleinasiens bis zur Akropolis von Sardes.

7. **Alaşehir** – Philadelphia

Alaşehir liegt auf halbem Weg zwischen İzmir und Denizli, 40 Kilometer östlich von Sardes. Die Stadt gehört zu den aufstrebenden Kreisstädten im Einzugsgebiet von İzmir. Alaşehir heißt übersetzt „Bunte Stadt.“ Gelegentlich wird Alaşehir mit „Gottesstadt“ wiedergegeben. Der Gottesname im Islam ist aber „Allah“ und wird nie in profanen Ausdrücken verwendet. „Ala“ dagegen ist ein häufig gebrauchtes Wort, das man in Verbindung mit Tieren, Pflanzen und Bergen findet, wenn etwas Belebendes beschrieben werden soll.

Der Name der neutestamentlichen Stadt geht zurück auf den pergamenischen König Attalos II. (159-138 v. Chr.). Er war der Nachfolger seines Bruders Eumenes II. und führte die Regierungsgeschäfte in dessen Sinn weiter. Schon in der Regierungszeit seines Bruders war er dessen rechte Hand und ihm treu zugetan. Die Bevölkerung gab ihm deshalb den Namen Attolos Philadelphos, „der den Bruder liebenden Attalos“. Anstelle einer lydischen Siedlung gründete er die neue Stadt, die dann zu seinen Ehren den Namen Philadelphia, Bruderliebe, erhielt.

Das sechste Sendschreiben in der Offenbarung (Offb 3,7-13) berichtet von der Gemeinde nur Gutes: „Ich kenne deine Werke, und ich habe vor die eine Tür geöffnet, die niemand mehr schließen kann. Du hast nur geringe Kraft, und dennoch hast du an meinem Wort festgehalten und meinen Namen nicht verleugnet." (V. 8) Auf Auseinandersetzungen mit den Juden der Stadt deutet die Formulierung „Leute aus der Synagoge des Satans" (V. 9) hin. Wahrscheinlich tauchten ähnliche Behinderungen und Verleumdungen auf wie bei der Gemeinde in der nahe gelegenen Stadt Smyrna, denn auch im Sendschreiben an Smyrna (Offb 2,9) wird von Juden gesprochen, die „eine Synagoge des Satans sind". Auf eine Sitte in der antiken Welt könnte der in Aussicht gestellte Siegespreis anspielen. „Wer siegt, den werde ich zu einer Säule in meinem Tempel machen und er wird immer darin bleiben und ich werde auf ihn den Namen meines Gottes schreiben..." (Offb 3,12). Dieses Bild erinnerte die Christen in Philadelphia an die heidnischen Priester, für die nach Ablauf ihrer Amtszeit Ehrenschriften mit ihrem Namen und den Leistungen im Tempelbezirk aufgestellt wurden. Der erste Bischof der christlichen Gemeinde Demetrius soll vom Apostel Johannes selbst eingesetzt worden sein.

Ignatius von Antiochia war zwischen 110 und 115 als Gefangener auf dem Weg nach Rom. Von Troas aus hat er – wie schon vor ihm Johannes – nach Philadelphia einen Brief geschrieben haben, in dem er der Gemeinde ein gutes Zeugnis ausstellte und sie dennoch vor Spaltung und Irrlehren warnte sowie zur Einheit, besonders mit dem Bischof, ermahnte.

Die Erinnerungen an die Stadt Philadelphia sind in Alaşehir spärlich. Lediglich Teile der byzantinischen Stadtmauer und die Reste einer Basilika, die auf das 6. Jahrhun-

Aus dem Brief des Ignatius an die Gemeinde in Philadelphia:

Als Kinder des wahren, göttlichen Lichtes
meidet Spaltung und üble Lehren.
Wo der Hirte ist,
da schart euch um ihn wie seine Schafe.
Denn viele heimtückische Wölfe
reißen mit böser Lust Menschen,
die für Gott streiten.
Aber wenn ihr eins seid,
haben sie keine Chance.

Berger/Nord,
Das Neue Testament und die frühchristlichen Schriften

Abb. 35 Ruine der Johannes-Basilika in Alaşehir

dert zurückgehen soll, sind erhalten. Seit einigen Jahren wird das Gelände der Kirche geschützt und Ausgrabungen werden durchgeführt. Die Basilika trägt den Namen von Johannes.

8. **Pamukkale** – Hierapolis

Der Name Pamukkale, Baumwollschloss, wird verständlich, wenn man von Denizli nach Pamukkale hinauffährt. Aus der Ebene ragen die schillernd weißen Kalksinterterrassen empor. Die vielfach übereinandergetürmten Terrassen rühren von einer nahegelegenen rund 40 Grad heißen Quelle her, die eine Ergiebigkeit von 200 bis 250 Liter/Sekunde hat und gelöstes Kalziumbikarbonat enthält. Dieses setzt sich beim Abfließen ins Tal ab, dabei entsteht glitzernder Kalkstein. Im Laufe von Jahrtausenden hat dieser Vorgang den Aufbau der einst 60 Meter hohen und 2,5 Kilometer langen Kalksinterterrassen bewirkt, die von weitem wie duftige Watteflocken aussehen.

Pamukkale ist in den zurückliegenden Jahren zu einem Anziehungspunkt für Touristen geworden, die von der ägaischen Küste oder vom Mittelmeer aus Fahrten nach Anatolien unternehmen. Die Zunahme des Tourismus ging einher mit der teilweisen Zerstörung des Naturwunders. Eine Straße wurde mitten durch die Terrassen gebaut und zahlreiche Hotels mit Schwimmbecken errichtet, die direkt mit dem Wasser der Quelle gespeist wurden. In den Swimmingpools fand dann – unfreiwillig – der chemische Prozess des Absetzens statt. Dieser Teil des Quellwassers lief zwar noch über die Terrassen, konnte aber nicht mehr die ständige Erneuerung der einst blühend weißen Kaskaden bewirken. Hinzu kam, dass täglich unzählige Touristen ohne Einschränkungen die Terrassen betreten konnten und dabei den frisch angesetzten Kalkstein zerstörten.

Durch gezielte Maßnahmen wurde diese Entwicklung jetzt gestoppt: Zunächst wurde die Straße durch die Terrassen beseitigt, an ihrer Stelle bilden sich bereits neue Kaskaden; danach wurde verboten, die Terrassen zu betreten und schließlich wird der Neubau von Hotelanlagen nur noch unterhalb der Kaskaden im Dorf Pamukkale oder fünf Kilometer entfernt in Karahayıt bei einer eisenhaltigen Thermalquelle erlaubt. Schließlich hat man noch die Hotels oberhalb der Sinterterrassen abgebrochen. Lediglich das Motel Pamukkale Ⓑ blieb erhalten. Der Swimmingpool des Motels liegt direkt bei der Quelle, wer dort badet, findet römische Säulen im Thermalwasser. Auch die Sinterterrassen etwas südlich des Motels dürfen die Besucher betreten.

Der Katalog von Schutzmaßnahmen zur Wiederherstellung und Erhaltung des Naturwunders zeigt bereits Erfolge. Die natürliche Schönheit kehrt langsam wieder zurück.

Hierapolis in der Geschichte und in der Zeit des frühen Christentums

Oberhalb der Kalksinterterrassen liegen die Ruinen der römischen Stadt Hierapolis. Eumenes II. (197-159 v. Chr.), der Herrscher von Pergamon, gründete um 190 v. Chr. die Stadt und nannte sie Hiera, nach der Gattin des mythischen Stammvaters Telophos von Pergamon. Aus Hiera wurde Hierapolis, heilige Stadt. Die als heilkräftig bekannten heißen Quellen lockten bestimmt schon vor dieser Zeit Menschen an. Im 2. und 3. Jh. n. Chr. erlebte die Stadt als römisches Heilbad ihre Blütezeit. In Hierapolis lebte auch eine starke jüdische Gemeinde, die das Recht auf Selbstverwaltung hatte. Berichtet wird von einem Unternehmer mit Namen Flavius Zeuxis, der 72 mal die Seereise von Kleinasien nach Italien gemacht haben soll. Auf ein buntes Völkergemisch, das in Hierapolis – und den Nachbarstädten Kolossä und Laodicea – lebte, lassen die Sätze des Apostels aus dem Kolosserbrief schließen: „Ihr seid zu einem neuen Menschen geworden, der nach dem Bild seines Schöpfers erneuert wird, um ihn zu erkennen. Wo das geschieht, gibt es nicht mehr Griechen oder Juden, Beschnittene oder Unbeschnittene, Fremde, Skythen, Sklaven oder Freie, sondern Christus ist alles und in allem“ (Kol 3,10-11). Die Gründung der Gemeinde geht vermutlich auch auf Epaphras den Mitarbeiter des Apostels Paulus aus Kolossä zurück, obwohl Hierapolis im Neuen Testament lediglich im Zusammenhang mit Kolossä und Laodicea bei den Ermahnungen und Grüßen (Kol 4,13) am Schluss des Kolosserbriefes erwähnt wird.

Außerhalb der ehemaligen Stadtmauern findet man oberhalb des Theaters die als Martyrium des Apostels Philippus bezeichnete Kirche. Meist wird die Kirche als Gedächtniskirche des Apostels Philippus angegeben, der in Hierapolis gewirkt haben und dort beerdigt worden sein soll. Mit ziemlicher Sicherheit war der Apostel Philippus nicht in Hierapolis, man wird mehr an den Armenpfleger Philippus (Apg 6,5) denken können. Philippus, den man auch den Diakon nennt, wirkte als Evangelist (Apg 8), und nach der Rückkehr von der dritten Missionsreise hielt sich Paulus mit seinen Begleiter in dessen Haus in Cäsarea auf. Er wird in der Apostelgeschichte ausdrücklich als Evangelist bezeichnet, der „vier Töchter, prophetisch begabte Jungfrauen" hatte (Apg 21,8-9). Wahrscheinlich ließ sich Philippus später mit seinen vier Töchtern in Hierapolis nieder. Die prophetisch begabten Jungfrauen erreichten in Hierapolis ein hohes Ansehen. Auf sie beriefen sich später die Montanisten, eine enthusiastische Bewegung mit rigoroser Weltverneinung, die sich in der Mitte des zweiten Jahrhunderts von Phrygien aus verbreitete. Selbst der Bischof Polykrates von Ephesus (189-198) erwähnt zwei der vier Töchter des Philippus, die als Jungfrauen in Hierapolis im hohen Alter lebten und dort starben. Auch Philippus hat nach Polykrates seine letzte Ruhe in Hierapolis gefunden. Aber schon Polykrates verwechselt den Apostel Philippus mit dem Armenpfleger und Evangelisten, von dem die Apostelgeschichte berichtet.

Mit dem Bischof Papias lebte und wirkte noch eine bekannte Persönlichkeit in Hierapolis. Seine Aufzeichnungen über „Ergänzungen der Evangelien aus mündlicher Tradition" oder „Erklärungen der Worte des Herrn unter Heranziehung der mündlichen Tradition" entstanden um 140 und werden als Papiasfragmente bezeichnet, da sie unvollständig erhalten sind. Die Wirksamkeit von Papias fällt in eine Zeit, in welcher der urchristlicher Enthusiasmus zurückging und die Entwicklung der jungen Christenheit feste Formen annahm.

Noch einmal wird in der Anfangszeit der Kirche ein Bischof von Hierapolis erwähnt. Claudius Apollinarius lebte in der Regierungszeit von Kaiser Marc Aurel (161-180), die mit einer Bedrückung der Christen verbunden war. Er war eine starke Persönlichkeit mit einer fundierten Bildung und schrieb über elementare Themen des christlichen Glaubens, um diesen in der Verfolgungszeit zu verteidigen. Da er auch eine Schrift an die Juden richtete, kann man davon ausgehen, dass das Verhältnis zwischen den Christen und Juden nicht gut war. Schließlich nahm er die Auseinandersetzung mit dem Montanismus auf. In einer Schrift verurteilte er die Irrlehre der Phrygier und unter seinem Vorsitz tagten 26 Bischöfe in Hierapolis, die führende Montanisten aus der Kirche ausschlossen.

Die Ausgrabungen von Hierapolis

Die eindrucksvollen Ruinen von Hierapolis erstrecken sich über eine Länge von eineinhalb Kilometer vom heutigen Mittelpunkt bei der Therme mit dem Museum Ⓐ bis zum ausgedehnten Gräberfeld, der Hauptnekropole Ⓛ der antiken Stadt.

In der Therme Ⓐ befindet sich das sehenswerte Museum mit Funden aus Hierapolis und der Nachbarstadt Laodizea. Man folgt nun der Straße zum Theater und kommt am Motel Pamukkale mit der Hauptquelle Ⓑ vorbei. In diesem Bereich liegen auch die Ruinen einer Kirche Ⓒ. Danach erkennt man die Anlage eines Brunnens Ⓓ und kommt zu den Resten des Apollontempels Ⓔ mit dem Heiligtum des Unterweltgottes Pluton, dem Plutonium.

Das Plutonium ist das zweite Naturwunder von Hierapolis, das die Besucher allerdings heute kaum noch aufsuchen. Aus einer Öffnung, die früher als Geisterhöhle bezeichnet wurde, strömen giftige Gase aus, die für Menschen und Tiere tödlich sind. In der Antike diente das Plutonium religiösen Kulten, es ernährte die Priesterschaft der Stadt gut. Im 4. Jh. sollen die Christen den Erdspalt zugeschüttet haben. Die italienischen Archäologen haben die Öffnung wieder freigelegt, ein Schild verweist auf die Gefahr, die von den giftigen Gasen ausgeht, der Eingang hinter dem Gitter ist verschlossen.

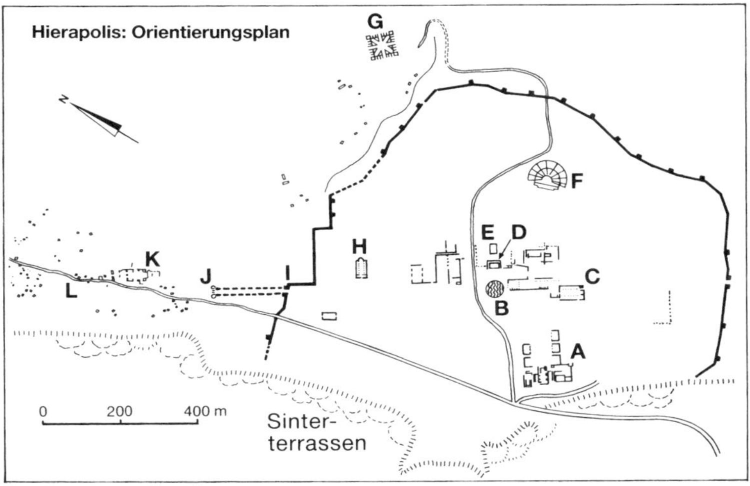

A Therme
B Nymphäum
C 1. große Kirche
D Brunnen
E Apollontempel
F Theater
G Sog. Martyrium des Apostels Philippus
H 2. große Kirche
I Nordtor
J Ehrenbogen für Domitian
K Nordthermen
L Hauptnekropole

Abb. 36 Pamukkale – Hierapolis

Ein kleiner Weg führt vom Apollontempel zum gut erhaltenen Theater Ⓕ, in dem etwa 10.000 Zuschauer Platz fanden. Einen guten Eindruck der früheren Pracht vermittelt das restaurierte Bühnenhaus. Nun folgt man dem Fahrweg, der vom Theater hinauf zum Martyrium des Apostels Philippus führt. Ein eindrucksvolles Erlebnis ist es, über die etwa 30 Sitzreihen des Theaters zu diesem Weg hochzusteigen, die Anstrengung wird mit einem schönen Blick über das Theater, das Ruinenfeld von Hierapolis bis zur Ebene des Lykos-Tales entlohnt.

Die Ruinen der als Martyrium des Apostels Philippus Ⓖ bezeichneten Kirche lassen das Gebäude aus dem 4. oder 5. Jahrhundert, das einen achteckigen Grundriss hatte und von quadratischen Außenmauern umgeben war, gut erkennen. Die Außenmauern bestanden auf jeder Seite der Kirche aus acht quadratischen Räumen mit jeweils fünf Meter Seitenlänge, die nur von außen zugänglich waren und wohl der Unterbringung der Pilger dienten. Auf jeder Seite der Außenmauern befand sich in der Mitte ein nach innen geöffneter Raum, der als Eingang diente. Das Gebäude wurde im 5. oder 6. Jahrhundert durch einen Brand zerstört.

Vom Martyrium des Apostels Philippus kann man über den am Theater vorbeiführenden Fahrweg zurückgehen, interessanter aber ist es, dem Fußweg zu folgen, der etwa entlang den früheren Stadtmauern – von denen wenig zu sehen ist – abwärts zu den Ausgrabungen der antiken Stadt führt.

Im Zentrum der alten Stadt befinden sich nicht weit entfernt von der antiken Hauptstraße die Ruinen einer dreischiffigen Säulenbasilika **H** aus dem 6. Jahrhundert mit den Maßen 53 x 35 Meter.

Nun folgt man der antiken Hauptstraße, die wie mit dem Lineal gezogen durch das Ruinengelände führt. Durch das gut erhaltene Nordtor **I** der Stadtmauer, auch byzantinisches Tor genannt, erreicht man den Ehrenbogen des Domitian **J** mit den drei Durchgängen. In die Nordthermen **K** haben die Christen im 5. Jh. eine Basilika eingebaut.

Das Interesse der Besucher gilt nun der Hauptnekropole, dem ausgedehnten Gräberfeld von Hierapolis **L**, das mit etwa 1200 Gräbern zu den größten in Kleinasien zählt. Hier trifft man die wichtigsten Grabformen der Antike an, sie reichen vom einfachen Sarkophag über Grabhäuser und kleine Grabtempel bis zum Tumulus. Etwa 300 Inschriften erzählen über das Leben der Verstorbenen. Victor Schulze, der die christlichen Stätten in Kleinasien bereiste, stellte 1922 beeindruckend fest: „Die Wohnstätten der Lebenden sind untergegangen, die der Toten ragen noch in die Gegenwart hinein."

Die etwas anstrengende Besichtigung beendet man am besten mit einem Glas türkischen Tee im schattigen Café des Motels Pamukkale bei der Quelle.

Zu einem besonderen Erlebnis wird der Besuch der Ruinen an Sonntagen, wenn Familien aus der benachbarten Stadt Denizli zum Picknick nach Pamukkale hochkommen und Leben in die Ruinen von Hierapolis einzieht.

Abb. 37 Sarkophag auf dem antiken Gräberfeld in Hierapolis

9. Laodizea

Die Ausgrabungen der in der Antike zur Landschaft Phrygien gehörenden Stadt liegen nicht weit nach dem Stadtrand von Denizli nahe der Hauptstraße, die von der Stadt nach Pamukkale hinaufführt. Obwohl sich das nahegelegene Pamukkale mit den Kalksinterterrassen zu einem Zentrum des Tourismus in der Türkei entwickelt hat, kommen nur vereinzelt Touristen nach Laodizea. Dabei ist der Besuch der antiken Stadt Laodizea mit dem ausgedehnten Ruinenfeld lohnend. Zwischen den Dörfern Goncalı und Eskihisar dehnt sich das alte Stadtgebiet mit einer Fläche von mehr als einem Quadratkilometer aus.

Gegründet wurde die Stadt zwischen 261 und 253 an der Stelle einer früheren Siedlung von Antiochus II. (261-246 v. Chr.), der diese nach seiner Frau Laodike benannte. Als er sich später von ihr trennte, ließ sie ihn ermorden.

Der Geschichtsschreiber Strabon (65 v. Chr. bis 26. n. Chr.) nannte die Stadt eine bedeutende und reiche Stadt. Laodizea nahm für 25 weitere Städte zentrale Aufgaben wahr.

Die Gemeinde in Laodizea ist die Empfängerin des siebten Sendschreibens in der Offenbarung (Offb 3,14-22). Sie scheint eine reiche und selbstzufriedene Gemeinde gewesen zu sein, der geraten wird: „Kaufe von mir Gold, das im Feuer geläutert ist, damit du reich wirst; und kaufe von mir weiße Kleider, und zieh sie an, damit du nicht nackt dastehst und dich schämen musst, und kaufe Salbe für deine Augen, damit du sehen kannst“ (Offb 3,18). Die drei Aufforderungen enthalten Bilder, die die Christen in Laodizea verstanden. Das Bankwesen der Stadt mit den Goldvorräten hatte einen guten Ruf, die Woll- und Textilindustrie war leistungsfähig und die Augensalben, die von den Ärzten in Laodizea gemischt wurden, waren berühmt für ihre Heilkraft. Zum Stolz der Bevölkerung von Laodizea trug auch bei, dass die Bürgerschaft es fertiggebracht hatte, die Stadt nach einem verheerenden Erdbeben 60 n. Chr. ohne fremde Hilfe wieder aufzubauen. Johannes warnt in seinem Sendschreiben die Gemeinde vor einem Selbstbewusstsein, das in den eigenen Leistungen begründet ist.

Laodizea entwickelte sich zu einer angesehenen Gemeinde in der Provinz Asien. Als sich in der jungen Christenheit ein Streit über den Termin des Osterfestes entzündete, wurde zwischen 165 und 175 eine Synode zur Klärung der Frage nach Laodizea einberufen. Die verschiedenen Auffassungen bestanden aber bis zum Konzil von Nicäa im Jahr 325 weiter. Bei diesem Konzil führte der Bischof von Laodizea die Bischöfe von Phrygien an.

Im Jahr 360 wurde in Laodizea ein Konzil für Phrygien und die benachbarten Diözesen abgehalten. Die Beschlüsse der lokalen Synode lassen einen Rückschluss auf den Zustand der Gemeinden zu. Die Geistlichen durften sich nicht mehr an Geldgeschäften mit überhöhten Zinsforderungen beteiligen, weiterhin war ihnen nicht mehr erlaubt, Beschwörungsformeln zu gebrauchen sowie Amulette anzufertigen und zu verkaufen. Der Aufenthalt in Wirtschaften und das Reisen ohne Anlass wurden angeprangert. Ebenso verurteilten die Bischöfe, dass Geistliche und Laien gemeinsam mit Frauen badeten. Abschätzend beurteilte die Synode die Laien als Massen, die von der Wahl der Bischöfe auszuschließen seien, es sei denn, sie können sich durch ihren Lebenswandel und Einstellung in theologischen Fragen dafür qualifizieren. Auch die Anrufung und Verehrung der Engel wurde verurteilt und die Teilnahme an Festen der Juden verboten.

Im Jahr 1190 kam das Heer des dritten Kreuzzuges unter Friedrich Barbarossa nach Laodizea. Dort war das Ende des byzantinischen Herrschaftsbereiches, es begann der Machtbereich der türkischen Selçuken. Außerhalb der Stadt Laodizea wurde ein Markt abgehalten, das deutsche Heer des Kaisers konnte sich gut versorgen und einen Tag Rast einlegen.

Als die Kreuzritter, die Byzantiner und die selçukischen Türken im Westen Anatoliens aufeinander trafen, hatte die Stadt ihre Blütezeit schon lange hinter sich. Der Abstieg der Stadt begann 494 durch ein schweres Erdbeben. Endgültig verlassen wurde Laodizea im 13. Jahrhundert, nachdem die Türken ihre Herrschaft in diesem Gebiet durchgesetzt hatten. Die Bevölkerung ließ sich vor allem in Denizli nieder.

Die interessanten Ruinen von Laodizea befinden sich auf einer flachen Anhöhe. Man betritt das Ausgrabungsfeld durch das

Abb. 38 Ruinen des Gymnasiums oder einer Therme in Laodizea

ehemalige Stadttor beim Dorf Goncalı. Von dort erreicht man das kleine und das große Theater, die gut erhalten sind. Ungefähr in der Mitte der Anhöhe sind die Reste des Rathauses, eines Tempels und die Grundmauern einiger Gebäude freigelegt, deren Bedeutung ungeklärt ist. Geht man nun weiter Richtung Eskihisar, erkennt man an den versinterten Rohren die Ruinen eines Komplexes, der als Badeanlage oder Gymnasium gedeutet wird. Schließlich erreicht man noch das Stadion, das eine außergewöhnliche Länge von 380 m aufweist und auch für Gladiatorenkämpfe diente. Auf dem Rückweg kommt man nördlich des Stadions an einem weiteren Stadttor, dem Ephesustor, vorbei. Deutlich erkennt man die frühere Form des dreifachen Bogens mit den flankierenden Türmen.

Ein hübsches Bild ist der Blick über die ehemaligen Sitzreihen des kleinen Theaters bis zu den entfernt liegenden weißen Sinterterrassen von Pamukkale.

10. Kolossä

Rund 15 Kilometer hinter Denizli an der Hauptstraße Richtung Ankara zeigt ein kleines Schild nach rechts die Ortslage von Kolossä an. Von dort sind es nur einige Kilometer auf einer gut befahrbaren Straße, bis man auf der rechten Seite den Stadthügel der antiken Stadt erkennt.

Kolossä gehört zum antiken Städtedreieck von Hierapolis und Laodizea am Lykosfluss. Der Fluss, die Türken nennen das Gewässer Çürüksu, Flüsschen des seichten Wassers, mündet westlich von Denizli bei Sarayköy in den Mäander. Auf türkischen Landkarten wird dieser heute mit Büyük Menderes, Großer Menderes, bezeichnet.

Kolossä lag im südwestlichen Teil der Landschaft Phrygien, die der Verwaltung der römischen Provinz Asien unterstand. Als der Apostel Paulus, vielleicht auch einer seiner Schüler, den Brief an die Gemeinde in Kolossä schrieb, war die glanzvolle Zeit der Stadt bereits Geschichte geworden. Noch um 480 v. Chr. sprach der persische König Xerxes, der auf seinem Zug nach Griechenland durch Kolossä zog, von einer großen Stadt. Xenophon, der griechische Geschichtsschreiber, charakterisierte um 400 v. Chr. die Stadt als volkreich, blühend und groß. Später hat Kolossä dann seine Bedeutung an Hierapolis und Laodizea verloren. Der Geograph und Geschichtsschreiber Strabon (63 v. Chr. bis 26 n. Chr.) bezeichnete Kolossä schon um die Zeitenwende nur noch als Städtchen. Um 700 n. Chr. war Kolossä endgültig verlassen, die Bevölkerung hatte sich einige Kilometer südlich in Honaz niedergelassen.

Kolossä im Neuen Testament und in der frühen Christenheit

Der Brief an die Kolosser und der Philemonbrief gewähren Einblicke in die Anfänge des Christentums. Die Gründung der Gemeinde in Kolossä dürfte in der Zeit des Aufenthaltes des Apostels in Ephesus anzusetzen sein. Er hat die Gemeinde offenbar nicht selbst gegründet, denn er kennt die Kolosser nicht (Kol 2,1; Phlm 22). Wahrscheinlich gehen die Anfänge der Gemeinde auf die Tätigkeit von Epaphras, einen Mitarbeiter des Paulus, zurück, dessen Heimat Kolossä oder bei Kolossä gewesen sein dürfte (Kol 1,7; 4,12; Phlm 23).

Philemon, der Empfänger des kürzesten Paulusbriefes, scheint ein angesehenes Glied der Gemeinde gewesen zu sein, denn Paulus erwähnt seinen Sklaven Onemius als einen lieben Bruder und Landsmann der Kolosser (Kol 4,9). Wegen des entlaufenen Sklaven Onemius hat Paulus den Philemonbrief geschrieben; deshalb wohnte wohl auch Philemon mit seiner Familie in Kolossä. In diesem persönlichen Schreiben nennt Paulus im Briefeingang Archippus (V. 2) bei den Empfängern, dieser hatte ein Amt in der Gemeinde in Kolossä auszufüllen (Kol 4,17). Auch Epaphras, der Gründer der Gemeinde von Kolossä, der mit Paulus zusammen im Gefängnis ist, lässt Grüße an Philemon ausrichten (V. 23).

Das enge Verhältnis zwischen den drei Städten Kolossä, Laodizea und Hierapolis kommt in den Wünschen von Paulus zum Ausdruck, den Kolosserbrief in Laodizea und sein – verlorengegangenes – Schreiben an die Laodizäer in Kolossä lesen zu lassen. An die Gemeinde in Laodizea lässt er Grüße ausrichten (Kol 4,15-16). Ebenfalls am Schluss des Kolosserbriefes grüßt der Apostel die drei Gemeinden im Auftrag seines Mitarbeiters. „Es grüßt euch euer Epaphras, der Knecht Christi Jesu ... Ich bezeuge, dass er sich große Mühe gibt um euch und um die Gläubigen in Laodizea und Hierapolis“ (Kol 4,12-13).

In Kolossä war die Verehrung des Erzengels Michael verbreitet. Sie geht zurück auf eine Legende, nach der es den Aposteln Philippus und Johannes gelang, den Erzengel Michael zur Wundertätigkeit herauszufordern. Es entstand eine Heilquelle, über die dann eine kleine Kirche gebaut wurde, die den Namen des Erzengels erhielt. Später wurde eine große Kirche erbaut und Michael gewidmet. Ob die Verehrung der Engel, vor welcher der Apostel Paulus ausdrücklich warnt (Kol 2,18), mit dem Kult um den Erzengel Michael zu tun hat, wird eine offene Frage bleiben. Jedenfalls ging die Engelverehrung in Kolossä und Umgebung weiter, bis sie bei einer örtlichen Synode im 4. Jahrhundert abgelehnt wurde. In Phrygien und Pisidien gab es damals zahlreiche

Michaelsheiligtümer, wahrscheinlich ein Zeichen dafür, dass mehrere Orte die Wundertätigkeit des Engels beanspruchten. In Honaz, der Nachfolgestadt von Kolossä, stand ebenfalls eine prächtige Michaelskirche. In ihrer Umgebung wurden noch im 12. Jahrhundert Märkte abgehalten, die auch Besucher von weit her anlockten.

Kolossä heute

Der Stadthügel von Kolossä ist rund 250 Meter lang und 150 Meter breit. Obwohl bisher keine Ausgrabungen durchgeführt wurden, lohnt es sich, auf den Hügel hinaufzusteigen und einen Blick über die Ortslage von Kolossä bis zum kleinen Städtchen Honaz zu werfen. Vereinzelt entdeckt man Reste von Mauern und Säulen. Der obere Teil des Siedlungshügels war wohl die Akropolis. Reste einer Kirche wurden am Ufer des Çürüksu, dem antiken Lykos, gefunden.

11. Aphrodisias

Wer von Pamukkale nach Ephesus fährt, sollte sich Zeit nehmen für einen Abstecher zu den Ausgrabungen von Aphrodisias bei Karacasu. Um die antike Stadt freilegen zu können, wurde in den zurückliegenden Jahren das Dorf Geyre, das teilweise auf der alten Stadt Aphrodisias entstanden war, abgerissen und nördlich der Stadt neu aufgebaut. Heute gehören die Ausgrabungen von Aphrodisias zu den sehenswertesten in Westanatolien.

Die Stadt erhielt ihren Namen nach Aphrodite, der Göttin der Liebe und der Schönheit. Zahlreiche Orte trugen den Namen der Liebesgöttin, Aphrodisias in der Landschaft Karien war wohl der berühmteste. Der Kult der Liebesgöttin ist vermutlich orientalischer Herkunft, auch das Alte Testament enthält Hinweise auf diesen Kult. So wird über den König Salomo berichtet, dass er Astarte, die Göttin der Sidonier verehrte. Der Geschichtsschreiber stellt nüchtern fest: „Salomo tat, was dem Herrn missfiel." (1 Kön 11,5-6) Die Christen der Stadt Aphrodisias lehnten den

Abb. 39 Der Eingang zum Heiligtum der Aphrodite in Aphrodisias

Kult ab, sie wandelten den Aphroditetempel im 5. Jahrhundert in eine Kirche um und gaben 680 der Stadt den Namen Stauropolis, Stadt des Kreuzes. Schon vorher hatte das Christentum in Aphrodisias Fuß gefasst. Die Geistlichen erscheinen in den Namenslisten der ökumenischen Konzile. Die Christen der Stadt widmeten der im Jahr 385 verstorbenen Gattin des Kaisers Theodosius des Großen, Flavia Faccilla, eine Statue. Die Gläubigen verehrten sie als „glaubenseifrige Christin" (*Schultze*, Kleinasien). Im 5. Jahrhundert wurde Aphrodisias Bischofssitz.

Beim Rundgang durch das ausgedehnte Ruinenfeld in einer herrlichen Landschaft beeindrucken das restaurierte Theater, der freigelegte Aphroditetempel mit einigen aufrecht stehenden Säulen – die eingebaute Kirche kann man noch erkennen – und das sehr gut erhaltene Stadion sowie das Odeion, der Konzertsaal, der wahrscheinlich gleichzeitig Ratssaal war. Die Archäologen haben die Front der Eingangshalle zum Aphrodite-Heiligtum wieder erstellt, sie vermittelt den Besuchern einen lebendigen Eindruck der einstigen Pracht. An die christliche Geschichte der Stadt erinnern die Reste von drei Kirchen und des Bischofspalastes.

Aphrodisias war eine Hochburg römischer Bildhauerkunst, im Museum werden die schönsten Skulpturen gezeigt, dazu gehört auch eine Kopie der Kultstatue aus dem Tempel der Aphrodite.

12. **Bodrum** – Halikarnassos

Bodrum, der heutige Name der antiken Stadt Halikarnassos, heißt wörtlich übersetzt Keller. Der eigenartige Name geht auf das Johanniterkastell St. Peter, Petronium, zurück, das das Stadtbild beherrscht. Aus Petronium wurde im Türkischen der Name Bodrum geformt. Das Kastell der Kreuzritter, das auf einer Halbinsel in den Hafen hineinragt, ist heute die größte Sehenswürdigkeit der Stadt. Es wurde im 15. Jahrhundert vom Deutschen Ritter Heinrich Schlegelhold erbaut, als Baumaterial diente das verfallene Grabmahl des Mausolos. In der Festung ist heute ein interessantes Museum untergebracht, in dem archäologische Funde aus der Umgebung von Bodrum gezeigt werden und das sich besonders der Präsentation der Unterwasserarchäologie widmet.

Vom mächtigen Grabmahl des Mausolos, das zu den Sieben Weltwundern der Antike zählte, sind die Grundmauern freigelegt. Es wurde errichtet für König Mausolos (377-353 v. Chr.), einen Statthalter in der persischen Herrschaftszeit, der Halikarnassos zu seiner Hauptstadt machte und großzügig ausbaute. Auf den Bau für Mausolos geht die Bezeichnung „Mausoleum“ für ein prächtiges Grabmal zurück.

Abb. 40 Bodrum, Grabmal des Mausolos in Halikarnassos, Rekonstruktion

Halikarnassos gehörte zu den Städten, deren jüdische Bevölkerung 135 v. Chr. unter den Schutz des römischen Edikts gestellt wurde (1 Makk 15,23).

Zu den Sehenswürdigkeiten der Stadt zählt das restaurierte Theater. Von den oberen Reihen hat man einen sehr schönen

Blick über die Stadt mit den weiß gestrichenen Häusern, der vorgelagerten Bucht und den Hafen, in dem zahlreiche große Segeljachten vor Anker liegen. Bodrum ist heute ein mondäner Ferienort für Türken, die Rang und Namen im Showgeschäft haben. Die Attraktivität der Stadt und ihrer Umgebung als Urlaubsdomizil für ausländische Touristen hat zugenommen, nachdem in der Nähe von Bodrum ein Flughafen eröffnet wurde.

13. Knidos

Knidos liegt westlich des bekannten Badeortes Marmaris am Ende der rund 60 Kilometer langen Halbinsel Reşadiye. Die kurvenreiche Fahrt dorthin führt durch herrliche Landschaften über die Kreisstadt Datça und eröffnet links und rechts der Straße Ausblicke auf die südliche Ägäis.

Die Reise des gefangenen Apostels Paulus nach Rom in den Jahren 59/60 führte an Knidos vorbei. Die Fahrt begann in Cäsarea mit einem Schiff aus Adramyttium, heute Edremit an der Nordägäis, das die Städte an der kleinasiatischen Küste anlaufen sollte. Über Sidon und – wegen des Gegenwindes – östlich an Zypern vorbei erreichte das Schiff die Küste Kleinasiens, segelte dann entlang der Küsten von Zilizien und Pamphylien und erreichte schließlich Myra in Lyzien. Es bereitet keine Probleme, die Route des Schiffes entlang der türkischen Mittelmeerküste nachzuvollziehen. Im Bereich des Küstenabschnittes zwischen Silifke und İçel (Mersin) wird das Segelschiff von der Ostküste Zyperns aus Zilizien erreicht haben. Dann ging die Fahrt entlang der Küste von Pamphylien mit den heutigen Städten Anamur sowie Alanya und vorbei an Antalya nach Myra in Lyzien. Myra heißt heute Kale, wird aber meist noch Demre genannt. Dort brachte der Hauptmann der Begleittruppe des Kaisers die Gefangenen in ein Schiff aus Alexandria, das nach Italien unterwegs war. Schon die Weiterfahrt von Myra gestaltete sich wegen der Gegenwinde beschwerlich, das Schiff kam nur langsam voran und erreichte mit Mühe die Höhe von Knidos (Apg 27,1-7). Im Anschluss an die genaue Reisebeschreibung entlang der Küsten berichtet Lukas vom Seesturm und Schiffbruch vor Malta.

Knidos war auf dem Landweg nur sehr schwer zu erreichen. Auch heute kommt man bequemer mit dem Schiff in die antike Stadt, da die Asphaltstraße bei Datça endet, dann aber noch 30 Kilometer auf einer Schotterstraße zurückzulegen sind. Knidos war hauptsächlich eine Hafenstadt, die Anlage von zwei Häfen ist gut zu sehen. Das ausgedehnte Ruinenfeld ist wegen seiner Lage an den Berghängen interessant. Die antiken Bauten haben aber stark darunter gelitten, dass Knidos in den letzten Jahrhunderten als Steinbruch diente. Trotzdem konnten die Reste einer byzantinischen Kirche gesichert werden und die Grundmauern des Tempels der Aphrodite, einem Rundbau, wurden teilweise wiederhergestellt. In ihm stand die berühmte Aphrodite, die um 360 v. Chr. der Bildhauer Praxiteles schuf, sie gilt als sein vollkommenstes Werk und ist im Pariser Louvre ausgestellt.

Beim Gang durch das Ruinenfeld sieht man die Schiffe vor der Landspitze. Meist sind es Touristen, die zwischen den Küsten und den vorgelagerten Inseln der Südägäis mit ihren kilometerlangen Stränden und einsamen Buchten entlangfahren und die Gelegenheit zum Wassersport nutzen. Die Urlauber mit ihren modernen Motorseglern befinden sich dabei auf der Route, die der Apostel Paulus bei seiner stürmischen Fahrt von Myra Richtung Italien einschlug.

Inneranatolien: Galatien, Lykaonien, Pisidien, Phrygien und Kappadozien

Abb. 41 Inneranatolien

❶ *Büyük Nefes Köyü* – Tavium; ❷ *Ankara* – Ancyra; ❸ *Boğazköy* – Hattuscha; ❹ *Konya* – Ikonion; ❺ *Lystra*; ❻ *Derbe*; ❼ *Yalvaç* – Antiochia in Pisidien; ❽ *Yassıhöyük* – Gordion; ❽a *Ballıhisar* – Pessinus; ❾ Kappadozien; ❾a *Niksar* – Neocäsarea

Die antiken Landschaften, die weite Teile der heutigen Region Zentralanatolien einnahmen, hatten für die Ausbreitung des Christentums große Bedeutung. Während Orte in Galatien, Phrygien, Lykaonien und Pisidien Stationen des paulinischen Wirkens waren, verlagerte sich das Zentrum der Christenheit später mehr nach Kappadozien. Die phantastische Landschaft von Kappadozien mit den zahlreichen Höhlenkirchen vermittelt einen lebendigen Eindruck vom Glauben und Leben der byzantinischen Christen. Dagegen erinnert beim Besuch der Stätten des Wirkens von Paulus nur wenig an die Zeit des Völkerapostels.

Konya entstand an der Stelle der antiken Stadt Ikonion. Deshalb blieb das alte Ikonion nicht erhalten. Von Lystra und Derbe konnte lediglich die Ortslage bestimmt werden. Lystra aber hat für das Leben von Paulus eine besondere Bedeutung, da er dort Timotheus, seinen engsten Mitarbeiter, gewann. Lediglich im pisidischen Antiochia wurden frühere Ausgrabungen wieder aufgenommen. Auch in Ankara, der Hauptstadt der Türkei, sind nur wenige Erinnerungen an das galatische Ancyra anzutreffen.

Die phrygischen Städte wie Gordion und Pessinus, sind einen Besuch wert. Allerdings sind sie in der Apostelgeschichte nicht ausdrücklich erwähnt.

Trotzdem ist sicher, dass Paulus eine enge Beziehung zu den ersten Christen in der heutigen inneren Türkei hatte, denn dort gründete er Gemeinden und besuchte sie bei seinen Missionsreisen. Der Galaterbrief ist ein Zeugnis der Verbundenheit des Apostels mit den Gemeinden in dieser Region. Paulus führt eine engagierte Auseinandersetzung mit den Christen in Galatien. Er warnt die zur Freiheit berufenen Christen davor, in ein Leben zurückzufallen, das dem alttestamentlichen Gesetz gerecht werden will.

1. Galatien

Der Name Galatien leitet sich ab von den Galliern, den keltischen Volksstämmen, die im 3. Jh. v. Chr. aus Mitteleuropa nach Zentralanatolien einwanderten.

Drei galatische Stämme ließen sich in Mittelanatolien nieder: Die Trokmer siedelten mehr im östlichen Teil von Mittelanatolien an den Grenzen zu Kappadozien und Pontus. Ihre Hauptstadt war Tavium, rund 140 Kilometer östlich von Ankara und 25 Kilometer westlich von Yozgat beim Dorf Büyük Nefes Köyü ❶.

Die Tolistoagier ließen sich zwischen Ankara und Eskişehir nieder. Ihre Hauptstadt wurde Pessinus, 15 Kilometer südlich von Sivrihisar beim Dorf Ballıhisar.

Die Tektosagen wählten den mittleren Abschnitt und machten Ancyra zu ihrem Zentrum.

Im Jahre 25 v. Chr. schuf Augustus die römische Provinz Galatien, die galatischen Stämme verloren weitgehend ihre Unabhängigkeit. Die neue Provinz ging über die Grenzen der seitherigen Siedlungsgebiete der galatischen Stämme hinaus und umfaßte Teile der Landschaften Pontus und Paphlagonien zwischen Ankara und dem Schwarzen Meer – sowie Phrygien und Lykaonien mit Konya und den südlich von Konya gelegenen Städten Lystra und Derbe. Ancyra wurde zur Hauptstadt der neuen Provinz.

Der Apostel Paulus in Galatien

Auf allen drei Missionsreisen hat Paulus Inneranatolien aufgesucht. Bei der ersten Reise kam er von der Südküste, von Perge bei Antalya. In Antiochia in Pisidien, Ikonion, Lystra und Derbe verkündete der Apostel das Evangelium und gründete erste Gemeinden (Apg 13; 14). Auf der zweiten und dritten Reise führte die Route des Paulus von seiner Muttergemeinde Antiochia am Orontes, heute Antakya, wahrscheinlich über seine Heimatstadt Tarsus durch die zilizische Pforte ins Innere Anatoliens. Die Orte Lystra und Derbe erwähnt Lukas bei der zweiten Reise noch, dann folgt der allgemeine Hinweis, dass Paulus und seine Begleiter durch Phrygien und Galatien nach Westen zogen (Apg 15,41; 16,1.6). Der Bericht von der dritten Missionsreise beschränkt sich auf die Feststellung „sie durchwanderten zuerst das galatische Land, dann Phrygien“ (Apg 18,23).

Während also die Apostelgeschichte den Weg, den Paulus und seine Begleiter bei der ersten Reise einschlugen, genau überliefert, sind die Angaben für die Route durch Inneranatolien bei der zweiten und dritten Reise ziemlich offen gehalten. Deshalb gibt es zwei Meinungen darüber, in welchem Gebiet die Empfänger des Galaterbriefes, einem Rundbrief des Apostels an die Gemeinden in Galatien, zu suchen sind.

Die südgalatische Theorie oder die Provinzhypothese

Diese Auffassung geht davon aus, dass die im Süden der römischen Provinz gelegenen lykaonischen Gemeinden mit den Städten Ikonion, Lystra und Derbe sowie die Christen in Antiochia in Pisidien und seiner Umgebung, die Paulus bei seiner ersten Reise gründete, als Empfänger des Galaterbriefes anzusehen sind. Der Galaterbrief lässt keinen Zweifel daran, dass die Gründung der Gemeinden in Galatien das Werk des Apostels war. Mit persönlicher Betroffenheit und großem Engagement setzt sich der Apostel im Galaterbrief gegen die Verfälschung des Evangeliums ein, das von ihm verkündigt wurde. Nachdem die Apostelgeschichte von keinen Gemeindegründungen bei der zweiten und dritten Reise in Galatien berichtet, sondern es bei der Feststellung belässt, dass Paulus und seine Begleiter durch Galatien und Phrygien zogen und alle Jünger stärkten, behauptet die südgalatische Theorie, dass Paulus an die lykaonischen und pisidischen Gemeinden den Galaterbrief richtete. Als Beweis dient auch Galater 4,13: „Ihr wisst, dass ich krank und schwach war, als ich euch zum erstenmal das Evangelium verkündigte." Paulus sollte in Lystra gesteinigt werden, seine Peiniger ließen erst von ihm ab, als sie meinten, er sei tot. Er stand aber wieder auf und zog von dort, wahrscheinlich körperlich geschwächt, nach Derbe weiter.

Die nordgalatische Theorie oder die Landschaftshypothese

Nach dieser Meinung waren die Gemeinden in der Landschaft Galatien mit dem Zentrum Ancyra die Empfänger des Galaterbriefes. Für die nordgalatische Theorie spricht, dass der Apostel die Pisidier in Antiochia und Umgebung sowie Lykaonier in

Ikonion, Lystra und Derbe kaum als „unvernünftige Galatier“ (Gal 3,1) bezeichnet haben wird. Als Paulus in Lystra wirkte, sprach das Volk den lykaonischen Dialekt (Apg 14,11). Sollte der Apostel die Lykaonier später als Galater bezeichnet haben? Wahrscheinlicher erscheint, dass Paulus die Empfänger seines Briefes mit der ihnen vertrauten Volkszugehörigkeit angeredet hat. Schließlich gebraucht auch die Apostelgeschichte (16,6-7; 18,23) bei der Beschreibung der Missionsreisen mit Galatien, Phrygien und Mysien die Namen von Landschaften. Für die nordgalatische Theorie spricht auch, dass der Galaterbrief an Christen geschrieben wurde, die aus dem Heidentum kamen. Bei der Missionstätigkeit des Paulus in Pisidien und Lykaonien berichtet Lukas, zumindest von Antiochia und Ikonion, von der Begegnung und Auseinandersetzung mit dem Judentum (Apg 13; 14) und betont, dass Juden in Ikonion gläubig wurden (Apg 14,1). Schließlich fällt noch auf, dass im Galaterbrief kein Gruß von Timotheus enthalten ist. Ein Paulusbrief, der auch an die Gemeinde von Lystra, der Heimatgemeinde des Timotheus, und an Ikonion gerichtet war, in der dieser einen guten Ruf hatte (Apg 16,2), ist ohne Grüße des Mitarbeiters kaum denkbar.

Die Argumente sprechen mehr für die nordgalatische These: Die Empfänger des Galaterbriefes waren wohl die christlichen Gemeinden in der Landschaft Galatien mit dem Zentrum Ancyra. Paulus hat wahrscheinlich bei der zweiten Reise die Gemeinden gegründet und bei der dritten Reise wieder besucht.

2. Ankara – Ancyra

Der Name der türkischen Hauptstadt spiegelt den antiken Namen Ancyra wieder. Ankara ist heute nach İstanbul die zweitgrößte Stadt der Türkei. Atatürk hat 1923 die damals unbedeutende Provinzstadt zur Hauptstadt erklärt. Ministerien und Botschaften, zentrale Verwaltungsbehörden und Bürohochhäuser prägen das heutige Bild Ankaras.

Dennoch findet man zwischen dem Ulus-Platz und der Burg zahlreiche Erinnerungen an das antike Ancyra.

Die Sehenswürdigkeiten von Ankara

Das Museum für Anatolische Kulturen, auch Hethiter-Museum genannt, zeigt die Abfolge der Kulturen in Anatolien. Die Besucher des Museums finden auf engstem Raum Erinnerungen an unterschiedlichste Perioden von der Steinzeit bis zum Römischen Reich. Einen breiten Raum nehmen ausgewählte Exponate der anatolischen Hethiter ein.

Auf dem steilen Anstieg zum Museum für Anatolische Kulturen sind links der Straße seit einigen Jahren die Reste des römischen Theaters freigelegt.

Der Burgberg von Ankara gehört zu den ältesten Siedlungsgebieten der Stadt. Dort befand sich die Akropolis. Innerhalb der riesigen Burganlage wurden zahlreiche einfache Häuser errichtet und ein weitgehend in sich abgeschlossenes Stadtviertel entstand, das treffend Hisar, die Burg, heißt. Besondere Aufmerksamkeit erwecken bei den Besuchern die Burgmauern mit den antiken Säulen, Steinen und Inschriften. Von den oberen Mauern hat man einen herrlichen Blick über das alte Ancyra zur modernen Stadt Ankara.

Beim Ulus-Platz befinden sich die Ausgrabungen der Thermen des Kaisers Caracalla (211-217 n. Chr.), meist kurz als „Römische Bäder“ bezeichnet. Sie zeigen sehr schön die Anlage von antiken Bädern. An die christliche Periode der Geschichte von Ankara erinnern die dort aufgestellten Grabsteine und Säulenfragmente mit Inschriften.

Direkt neben der Haci-Bayram-Moschee steht die sehr gut erhaltene Anlage des Augustustempels. Die dort in Stein festgehaltene Beschreibung der Taten des Augustus (63 v. Chr. – 14 n. Chr.) heißt auch „Monumentum Ancyranum,“ das Denkmal von Ankara. Der Text enthält den Rechenschaftsbericht des Kaisers Augustus und stellt diesem voran: „Abschrift der Taten des Gott gewordenen Augustus, durch die er den Erdkreis der Herrschaft des römischen Volkes unterwarf, sowie der Ausgaben, die er für den römischen Staat und das römische Volk machte, wie solches auf zwei ehernen, zu Rom aufgestellten Pfeilern aufgeschrieben ist“ (*Schede und Schulz,*

Ankara und Augustus, Archäologisches Institut Istanbul, 1937).

Das Testament des Augustus wurde in die Wände aller Augustus-Tempel im Römischen Reich eingemeißelt. Erhalten ist das einzigartig geschichtliche Dokument nur noch in Ankara. Bestimmt hat dazu die seltene Geschichte der Anbetungsstätten auf diesem Platz beigetragen. Vor der römischen Zeit befand sich dort ein Tempel, der der phrygischen Gottheit Men geweiht war. Ungefähr 25-20 v. Chr. entstand aus dem phrygische Heiligtum der Augustustempel. Die Christen Ancyras wandelten den Tempel vermutlich im 4. Jahrhundert in eine Kirche um. Im 15. Jahrhundert haben die Türken dann die Kirche in einen Moscheenkomplex einbezogen. Dieser wechselhaften Geschichte ist es zu verdanken, dass eines der bedeutendsten Dokumente der Antike nahezu unbeschädigt erhalten blieb.

Von besonderem Interesse ist die Erwähnung der Volkszählung, die Augustus im Jahr 8 v. Chr. anordnete. Wahrscheinlich ist die Erfassung der Bewohner des Römischen Reiches angesprochen, auf die der Evangelist Lukas in seinem Bericht von der Geburt Jesu (Lk 2,1) verweist und die Maria mit Josef veranlassten, von Nazaret nach Betlehem zu ziehen.

Abb. 42 Rekonstruktion des Augustustempels in Ankara

Ancyra war für die junge Christenheit eine bedeutende Stadt. Sogar als Tagungsort des ersten ökumenischen Konzils (325) war die Bischofskirche in Ancyra im Gespräch. Doch hat dann Kaiser Konstantin die Kirchenväter nach Nicäa, İznik, einbestellt, weil dort im Palast des Kaisers die Zusammenkunft als seine Veranstaltung galt und die geringere Entfernung von der künftigen Hauptstadt Konstantinopel ihm die persönliche Teilnahme leichter ermöglichte. In Ancyra wäre das Konzil eine kirchliche Angelegenheit unter der Leitung des Bischofs Marcell (etwa 280-373) gewesen.

An den theologischen Auseinandersetzungen, die dem ersten Konzil in Nicäa im 4. Jahrhundert folgten, beteiligten sich weiterhin die Bischöfe von Ancyra. Sie beriefen selbst Synoden ein, die sich mit den theologischen Fragen rund um das nizänische Glaubensbekenntnis beschäftigten. Das Ansehen der Stadt in der byzantinischen Periode wird daran deutlich, dass Ancyra in der kirchlichen Hierarchie des Patriarchats Konstantinopel an der vierten Stelle stand.

Die Existenz von Kirchen ist vom 4. Jahrhundert an nachgewiesen. Eine davon wird als neue Kirche bezeichnet, daraus kann auf eine vorherige Kirche geschlossen werden. Aus der Zeit des 6. und 7. Jahrhunderts sind Berichte über drei Klöster überliefert.

Im Jahr 1073 wurde Ankara von den türkischen Selçuken eingenommen. Die griechisch-orthodoxe Metropolie Ankara bestand bis zum griechisch-türkischen Bevölkerungsaustausch 1923 fort.

Ankara – die Hauptstadt der Republik Türkei

Der Besuch des Mausoleums von Atatürk, Anıt Kabir, lenkt den Blick auf die heutige Türkei. Die türkische Regierung ließ die monumentale Anlage in den Jahren 1944-53 nach den Plänen von Emin Onat erbauen. Der türkische Architekt war ein Schüler von Paul Bonatz (1877-1956), der den Hauptbahnhof von Stuttgart plante und selbst der Jury angehörte. Er lehrte 1943-1953 an der Universität in İstanbul. Atatürk wurde am 10. November 1953, fünfzehn Jahre nach seinem Tod, von der vorübergehenden Ruhestätte im Ethnographischen Museum in Ankara feierlich ins Mausoleum überführt.

Mustafa Kemal wurde 1881 in Thessaloniki geboren. Er gehörte der „jungtürkischen Bewegung“ an, die in Thessaloniki ihren Mittelpunkt hatte und gegen die Regierung des Sultans in İstanbul opponierte. Nach dem Zusammenbruch des Osmanischen Reiches, eine Folge des Ersten Weltkrieges, sollte Anatolien weitgehend unter den Siegermächten aufgeteilt werden, die Teile des Landes besetzten. Lediglich ein kleines Gebiet in Zentralanatolien war für die Türken vorgesehen. Mustafa Kemal organisierte den Widerstand gegen die Aufteilung des Landes und rief das Volk zum Befreiungskrieg auf. Am 29. Oktober 1923 wurde die Türkische Republik, Türkiye Cumhuriyeti, ausgerufen, Mustafa Kemal war ihr erster Präsident. 1934 erhielt er den Ehrennamen Atatürk, Vater der Türken.

Am 29. Oktober 2003 beging man in Ankara und in zahlreichen Städten des Landes mit festlichen Veranstaltungen den 80. Jahrestag der Republikgründung. Die Festredner erinnerten an die Leistung Atatürks, dem es gelang, aus den drei Weltanschauungen, türkische Nationalität, westliche Zivilisation und islamische Glaubensgemeinschaft, die türkische Republik als laizistischen und demokratischen Staat zu prägen.

Heute fällt den Besuchern des Landes auf, dass Atatürk offenbar allgegenwärtig ist. Sein Bild hängt in jedem Laden, in allen Dienstzimmern sieht man das Porträt des Staatsgründers, auf jedem Schulhof und öffentlichen Platz steht ein Denkmal Atatürks. Die Verehrung Atatürks wirkt auf ausländische Besucher befremdend. In der Türkei ist seine Popularität nahezu ungebrochen, weil Atatürk in den Jahren 1923-1934 mit radikalen Reformen die Grundlagen für eine moderne Gesellschaft legte. Er beseitigte das Sultanat, die „Herrschaft von Gottes Gnaden“ und schuf eine demokratische Verfassung. Die arabische Schrift, die für die türkische Sprache ungeeignet ist, wurde durch ein leicht abgewandeltes lateinisches Alphabet ersetzt, der Gebrauch der arabischen Sprache auf den religiösen Bereich beschränkt. Atatürk führte die allgemeine Schulpflicht und das Wahlrecht für Männer und Frauen ein. Das Straf- und Zivilrecht der Türkei, das an europäische Rechtsordnungen angelehnt ist, geht ebenfalls auf ihn zurück. Ataürk verordnete den Männern das Tragen eines Hutes anstelle des Feses und verbot den Frauen den Schleier. Schließlich wurde noch der Sonntag – nicht der islamische Freitag – zum wöchentlichen Feiertag erklärt. Die Durchsetzung der Reformen war stark an die Person Atatürks gebunden, der ohne Zweifel eine charismatische Führungspersönlichkeit war.

In der neuen türkischen Republik war der Islam nicht mehr Staatsreligion, der Laizismus, die Auflösung der Einheit von Staat und Religion, gehört zu den Grundlagen des Staates. Dieses Verfassungsprinzip ist nur zu verstehen auf dem Hintergrund der Erfahrungen des Osmanischen Reiches, in dem die Religion als Werkzeug der Politik missbraucht wurde. In der Türkei ist für die religiösen Belange das „Amt für religiöse Angelegenheiten" zuständig, das direkt dem Ministerpräsidenten untersteht.

Heute ist in der türkischen Gesellschaft die Debatte über den Laizismus aufgebrochen. Die Diskussion ist nicht gleichbedeutend mit Fundamentalismus, wenn auch solche Tendenzen nicht übersehen werden können. Im Vordergrund der Auseinandersetzung, die auch die Anhänger Atatürks führen, steht die Frage nach der Liberalisierung des Laizismus, also einer neuen Definition des Verhältnisses zwischen Staat und Religion. Diese Debatte setzte bereits vor über 30 Jahren ein, als man den niedrigen Bildungsgrad der Theologen und die damit verbundene Ablehnung durch die Bürger der modernen Türkei erkannte. Sie führte zu einem neuen Aufbau der Ausbildung von Theologen, die Prediger größerer Moscheen absolvieren nun ein Studium an einer theologischen Fakultät. Auch an den Schulen wurde der Religionsunterricht neu eingeführt, das Fach heißt „Religiöse Kultur und Ethik".

Die mächtige Kocatepe-Moschee in Ankara ist ein sichtbarer Beweis für ein verändertes Verständnis der Religion. In der Hauptstadt Ankara fehlte eine repräsentative Moschee, die im Stadtbild auffällt. Nach zwanzigjähriger Bauzeit wurde die Kocatepe-Moschee 1988 eröffnet. Sie ist die größte Moschee der Türkei, 20.000 Gläubige können sich dort zum Gebet versammeln. Eine fortgeschriebene Definition des Laizismus und die veränderte Aufgabenstellung der Religion und ihrer Institutionen in der Gesellschaft kann nach dem Verständnis fortschrittlicher Türken durchaus einen Missbrauch der Religion für politische Zwecke verhindern. Denn die Instrumentalisierung der Religion für politische Ziele ist wohl leichter möglich, wenn es nicht gelingt, große Teile der Bevölkerung am Wohlstand teilhaben zu lassen.

Neben der aufgebrochenen Neuorientierung in den Fragen der Religionsausübung erlebt die Türkei derzeit eine stärkere Betonung der eigenen Identität der ethnischen Gruppen, die in Anatolien leben. Auch die Aleviten, eine islamische Richtung, die sich von der Mehrheit der Sunniten durch freiere Glaubenspraxis unterscheidet, fordern mehr Einfluss in der religiösen Verwaltung.

Schließlich fordern Intellektuelle, aber ebenso weite Teile der jungen Generation, bei der eine bessere Schulbildung Auswirkungen zeigt, mehr Teilhabe an den gesellschaftlichen Entscheidungsprozessen auf allen Ebenen. Die Akzeptanz eines Demokratiebegriffes, der nicht auf die klassischen politischen Bereiche beschränkt bleibt, gehört zu den jüngsten Herausforderungen der Gesellschaft.

Aus der geographischen Lage der Türkei ergibt sich eine weitere Aufgabe der Politik. Ein Teil des Staatsgebietes liegt in Europa, im Nordosten grenzt das Land an die Staaten im Kaukasus und an den Iran, im Südosten beginnt die arabische Welt. Für die Politiker scheint sich die Geschichte zu bestätigen, denn es war nie einfach, Kleinasien zu regieren.

3. Die Hethiter

Das altorientalische Großreich der Hethiter bestimmte in der Mitte des zweiten Jahrtausends die Geschichte Anatoliens. Die Ruinen von Tempeln, freigelegte Kultplätze und zahlreiche Felsreliefs erinnern an die hethitische Kultur. Im Museum für anatolische Kulturen in Ankara findet man die reichste Sammlung hethitischer Altertümer. Das Alte Testament erwähnt die Hethiter vielfach, dabei fällt die Unterscheidung zwischen den Hethitern Kleinasiens und Kanaans zunächst nicht leicht.

Die Hethiter in Kanaan

Der Name Hethiter wurde mit der Übersetzung der Bibel geprägt. Er geht zurück auf Het, den Sohn Kanaans (Gen 10,15). Kanaan war ein Sohn des Ham, der wiederum als einer der drei Söhne von Noach genannt wird.

Die Hethiter erscheinen als Bevölkerungsgruppe in Kanaan. Abraham verhandelte mit den Hethitern in Hebron um das Recht eines Erbbegräbnisses für Sara, die Hethiter bezeichnen ihn als einen Fremden (Gen 23). Esau kränkte seine Eltern, weil er fremde, hethitische Frauen heiratete (Gen 26,34-35). Die Hethiter waren also vorisraelitische Bewohner Kanaans, die die Israeliten bei der Landnahme antrafen. Sie werden auch noch in der Königszeit Israels erwähnt. Urija, der Mann der Batseba, den David beseitigen ließ, um den Ehebruch zu vertuschen, war ein Hethiter (2 Sam 11).

Die Hethiter Kanaans dürfen nicht mit den Hethitern Kleinasiens verwechselt werden. Zur gleichen Bezeichnung kann es gekommen sein, weil die Hethiter Kanaans mit den ebenfalls dort lebenden Horitern verwandt oder gar identisch sein könnten (Gen 14,6;36,20ff; Dtn 2,12.22), deren Reich um 1360 v. Chr. von den Hethitern vernichtet wurde.

Die kleinasiatischen Hethiter

Die Überreste von Hattuscha, der Hauptstadt der kleinasiatischen Hethiter, befinden sich rund 200 Kilometer östlich von Ankara zwischen Yozgat und Çorum beim Dorf Boğazköy ❸. Zwei Kilometer davon entfernt liegt das Felsheiligtum Yazılıkaya, beschriebener Fels. Die in Felsen gehauenen Reliefs waren das Ziel von Prozessionen.

Abb. 43 Hattuscha, zwölf Götter im Felsheiligtum Yazılıkaya

Vor allem den Ausgrabungen in Hattuscha ist es zu verdanken, dass man heute über das Volk der Hethiter sehr gut Bescheid weiß. Sie herrschten von 1650 an knapp 500 Jahre über weite Teile Anatoliens. Um 1200 zerstörten europäische Völker, zu denen auch die Phryger gehörten, das hethische Reich. Hattuscha ging in Flammen unter.

Bei der Besichtigung beeindruckt die Anlage der alten Stadt mit einer Ausdehnung von mehreren Quadratkilometern in einem Gelände von 300 Metern Höhenunterschied. Besonders sehenswert sind die Stadtmauern mit den Toren sowie die Ausgrabungen der Burg und des Tempels. Der Besuch des Felsheiligtums Yazılıkaya vermittelt einen Eindruck der Götterwelt der Hethiter.

Rund 30 Kilometer nördlich von Hattuscha liegen die weniger bekannten Ausgrabungen von Alaca Höyük, bunter Tumulus. Besonders interessant sind dort die Sphingen eines Stadttores. Die aus riesigen Monolithen gehauenen Fabelwesen erinnern an ägyptische Darstellungen. Zahlreiche Funde von Alaca Höyük sind im Museum für Anatolische Kulturen in Ankara ausgestellt.

Zwischen Malatya in der östlichen Türkei und İzmir hat man zahlreiche hethitische Felsreliefs gefunden. Sie zeigen sowohl das Verbreitungsgebiet der Hethiter in Anatolien als auch die Durchdringung von Anatolien mit hethitischer Kultur in der Mitte des zweiten Jahrtausends vor Christus. Sogar in Troja wurde 1995 ein Siegelring mit hethitischen Inschriften gefunden.

Die späthethitischen Stadtstaaten im Alten Testament

Nach dem Untergang des hethitischen Großreiches existierten in Mittel- und Südostanatolien späthethitische Stadtstaaten von 1200 bis 700 v. Chr., die in der Geschichtsschreibung Israels am Rande erscheinen.

König Salomo (um 970-930 v. Chr.) hatte viele ausländische Frauen, unter ihnen waren auch hethitische (1 Kön 11,1). Hier werden die Hethiterinnen ausdrücklich als ausländische Frauen genannt, deren Heimat wohl in den späthethitischen Stadtstaaten zu suchen ist. Bestimmt hat Salomo mit den Verbindungen politische Absichten verfolgt.

Salomo war nicht alleine wegen seiner Weisheit berühmt. Er entwickelte intensive Handelsbeziehungen zu den Völkern im Umfeld Israels und kam zu großem Reichtum. Dabei kam ihm die günstige Lage Israels zwischen Ägypten und Kleinasien zu-

Abb. 44 Hethitische Steinmetzwerkstatt mit unvollendeten Skulpturen in Yesemek zwischen Antakya und Gaziantep

gute, denn er kaufte Wagen und Pferde in Ägypten und verkaufte diese an die Könige der Hethiter weiter (1 Kön 10,29). Bei den hier erwähnten Königen der Hethiter können nur die Machthaber in den – anatolischen – hethitischen Stadtstaaten gemeint sein.

In einer militärischen Auseinandersetzung zwischen den Aramäern und Israel im 9. Jahrhundert entschied die Furcht vor den hethitischen Stadtstaaten im Norden und den Ägyptern im Süden. Vier aussätzige Männer, die resigniert zum Lager der Aramäer liefen, stellten fest, dass dieses verlassen war. Denn „der Herr hatte (die Aramäer) nämlich das Rollen von Wagen, das Getrampel von Pferden und das Lärmen eines großen Heeres vernehmen lassen, so dass einer zum anderen sagte: Der König von Israel hat die Könige der Hethiter und die Könige von Ägypten gegen uns angeworben, um uns überfallen zu lassen" (2 Kön 7,6).

Zu den bekanntesten und mächtigsten späthethitischen Stadtstaaten gehörte Karkemisch, türkisch Karkamış. Die Ausgrabungen von Karkemisch liegen ungefähr auf halbem Weg zwischen Gaziantep und Şanlı Urfa südlich von Birecik an der syrischen Grenze.

Die Anlage der Stadt am Ufer des Euphrat ermöglichte die Kontrolle des Übergangs über den Euphrat. Karkemisch bewahrte lange seine Selbständigkeit. Erst 717 v. Chr. nahmen die Assyrer die Stadt ein.

Die Truppen Nebukadnezzars besiegten 605 v. Chr. bei Karkemisch den Pharao Necho von Ägypten. Joschija, der König von Juda, stellte sich zuvor dem Pharao in der Ebene Megiddo – bei Haifa – entgegen, wurde aber von dessen Bogenschützen tödlich getroffen (2 Kön 23,29-30; 2 Chr 35,20-24).

Die interessantesten Reliefs der späthethitischen Periode sind im Museum für Anatolische Kulturen in Ankara weitgehend in der Reihenfolge präsentiert, in der sie ursprünglich in Karkemisch standen.

4. **Konya** – Ikonion

Rund 250 Kilometer südlich von Ankara liegt die Großstadt Konya. Die Fahrt von Ankara nach Konya führt vorbei am Salzsee durch die Steppe des anatolischen Hochlandes.

Konya ist die türkische Form von Ikonion. Die Stadt Ikonion wurde im 4. Jahrhundert n. Chr. politisches und kirchliches Zentrum der Landschaft Lykaonien.

Der heutige Regierungsbezirk Konya hat nahezu die Größe der Schweiz und ist eine der Kornkammern der Türkei. Insofern knüpft Konya an der Tradition der antiken Stadt an. Ikonion galt als wohlhabendes Zentrum eines reichen landwirtschaftlichen Anbaugebietes.

Konya liegt auf einer Höhe von knapp über 1.000 Metern in einer fruchtbaren Ebene. Lediglich westlich von Konya, Richtung Antiochia in Pisidien, wird die Ebene durch den 2.000 m hohen Boz Dağ, den bräunlichen Berg, begrenzt. Konya gehört zu den Städten der Türkei, die sich schnell entwickeln, etwa eine Million Menschen leben in der Stadt. Wie in der Antike kreuzen sich auch heute in Konya Hauptstraßen der Türkei, und die Bagdad-Bahn fährt von İstanbul kommend über Konya durch die zilizische Pforte und Mesopotamien ihrem Ziel entgegen.

Ikonion im Neuen Testament und in der christlichen Überlieferung

Als Paulus und Barnabas auf der ersten Missionsreise aus Antiochia in Pisidien vertrieben wurden „schüttelten sie den Staub von ihren Füßen und zogen nach Ikonion" (Apg 13,51). Wie gewohnt, gingen sie auch dort in die Synagoge. In Ikonion hatten sie Gelegenheit, längere Zeit zu wirken. Obwohl nicht ausdrücklich überliefert, kann man davon ausgehen, dass Paulus und sein Begleiter auch in der Umgebung von Ikonion das Evangelium verkündigten. Schließlich kam es zu einer Spaltung, die von einer Gruppierung der Juden ausging, die Paulus und seine Verkündigung ablehnten: „... die einen hielten zu den Juden, die anderen zu den Aposteln. Als die Apostel merkten, dass die Heiden und die Juden zusammen mit ihren Führern entschlossen waren, sie zu misshandeln und zu steinigen, flohen sie in die Städte von Lykaonien, Lystra und Derbe und in deren Umgebung“ (Apg 14,4-6).

Nach dem Aufenthalt im Süden Lykaoniens wählte Paulus einen weiten Rückweg zur Heimatgemeinde in Antiochia am Orontes. Kürzer wäre die Route durch die zilizische Pforte über seine Heimatstadt Tarsus gewesen. Der Weg von Derbe führte Paulus und Barnabas wieder nach Lystra, Ikonion und Antiochia in Pisidien. An diesen Orten hatten sich Gemeinden gebildet, für die wohl eine organisatorische Struktur notwendig war, deshalb setzten sie Gemeindeleiter, Älteste, ein (Apg 14,21-23).

Auf der zweiten Missionsreise kam Paulus mit Silas nach Lykaonien auf dem direkten Weg über das Taurus-Gebirge. Die Apostelgeschichte berichtet von dem Besuch der Gemeinden in Derbe und Lystra. Ikonion wird im Zusammenhang mit dem jungen Timotheus erwähnt, den Paulus als Begleiter mitnehmen wollte: „Er war Paulus von den Brüdern in Lystra und Ikonion empfohlen worden“ (Apg 16,1-2).

Nicht sicher ist, ob Paulus bei der dritten Missionsreise die ihm vertrauten Orte und Gemeinden in Lykaonien aufgesucht hat. Die Route, die Paulus durch das galatische Land genommen hat, ist abhängig von dem Verständnis der Landschaft Galatien (Apg 18,23). Vorstellbar ist, dass Paulus, nachdem er die zilizische Pforte hinter sich gelassen hatte, nicht westlich über Lykaonien nach Galatien zog, sondern den nördlichen Weg über Ankara einschlug.

Jedenfalls erinnerte sich Paulus nachhaltig an seine Wirksamkeit in den Städten Lykaoniens zurück. An Timotheus aus Lystra, der sein Lieblingsschüler wurde, schreibt er „von den Verfolgungen und Leiden, denen ich in Antiochia, Ikonion und Lystra ausgesetzt war“ (2 Tim 3,11).

Während des Aufenthaltes des Apostels in Ikonion soll sich die tragische Geschichte der Jungfrau Thekla ereignet haben. Thekla war ein schönes, verlobtes Mädchen aus einem reichen Elternhaus. Sie hörte Paulus predigen und war von der Predigt über das jungfräuliche Leben und von der Person des Paulus so fasziniert, dass sie sich von ihrem Elternhaus und ihrem Verlobten trennte. Ihr Verlobter wollte sie zurückgewinnen, er sah nach vergeblichen Bemühungen nur noch die Möglichkeit, den Statthalter einzuschalten, weil Paulus die Stadt der Ikonier und seine Verlobte verdorben habe. Der Statthalter ließ Paulus geißeln und zur Stadt hinauswerfen, Thekla sollte im Theater von Ikonion verbrannt werden. Sie wurde aber wunderbar gerettet – denn „obwohl ein mächtiges Feuer aufleuchtete, berührte das Feuer sie nicht" – und folgte Paulus nach Antiochia in Pisidien. Als sie wegen ihrer Schönheit von einem der ersten Männer der Stadt begehrt wurde und diesen erniedrigend abwies, geriet sie erneut in Schwierigkeiten. Paulus, auf dessen Hilfe sie hoffte, schämte sich wegen ihr und leugnete, sie zu kennen. Thekla wurde dem Statthalter vorgeführt, verurteilt und ins Stadion zum Tierkampf gebracht. Dort wurde sie auf wunderbare Weise durch eine Löwin, die sich neben ihr niederließ, bewahrt und schließlich freigelassen. Die Sehnsucht nach Paulus trieb sie nach Myra, wo sie auch Paulus fand. Später kehrte sie nach Ikonion zurück, denn sie wollte dort sein, wo sie einst Paulus kennen gelernt hatte. Ihren Lebensabend verbrachte sie in Seleucia in Isaurien, heute Silifke am Mittelmeer. An die Jungfrau Thekla erinnern die Ruinen der Thekla-Basilika in Meriamlık bei Silifke.

Die tragische Liebe der jungen Thekla zu Paulus ist in den Paulus-Akten überliefert, einem Reisebericht, der im Stil eines Romans die Missionsreisen des Apostels beschreibt. Es war wohl ein Gemeindeältester aus Kleinasien, der um das Jahr 200 die Tätigkeit von Paulus mit Einfallsreichtum ausschmückte.

Die Paulus-Akten enthalten auch eine Beschreibung der Person des Apostels, wie ihn sein Gastgeber gesehen hat, als er Paulus vor Ikonion erwartete: „... ein Mann klein von Gestalt, mit kahlem Kopf und krummen Beinen, in edler Haltung mit zusammengewachsenen Augenbrauen und einer klein wenig hervortretenden Nase" (*Schindler*, Apokryphen zum Alten und Neuen Testament). Die Darstellungen des Apostels in der Kunst orientieren sich meist an dieser Beschreibung seiner Gestalt.

Zuverlässiger als die Legenden in den Paulus-Akten ist die Überlieferung über Bischof Kelsos aus Ikonion. Er gehörte zu den Bischöfen, die im dritten Jahrhundert Laien aufforderten, zu predigen.

Enge Verbindungen bestanden zwischen Ikonion und der Nachbarprovinz Kappadozien. Von Nazianz in Kappadozien stammte der Bischof Amphilochios (geb. um 350). Er war mehr ein Pragmatiker; die Auseinandersetzung über theologische Fragen überließ er seinem Freund und Zeitgenossen Basilius dem Großen. „Heller als alle Sterne leuchtet ein frommes Leben", so formulierte Amphilochios und legte Wert auf das alte Wort, dass die Furcht Gottes der Weisheit Anfang sei (Spr 1,7).

Auszug aus dem in Versform geschriebenen
Kanon des Amphilochios von Ikonium (nach 394):

Anerkenne nur vier Evangelisten,
Matthäus, dann Markus, rechne Lukas dazu
als dritten, und zähle drauf Johannes als vierten und letzten,
Aber den ersten in der Qualität seiner Lehre,
Denn diesen nenn ich mit Recht einen Donnersohn,
Der das Wort Gottes lautstark verkündigte.
Und erkenne auch das zweite Buch des Lukas an,
Das der katholischen Apostelgeschichte.
Rechne dazu das auserwählte Gefäß,
Den Herold der Heiden, den Apostel
Paulus, der weise an die Kirchen schrieb.
Zweimal sieben Briefe: an die Römer einen,
Dazu muss man zwei an die Korinther zählen,
Den an die Galater und den an die Epheser, danach
Den an die Philipper, dann den einen, geschrieben
An die Kolosser, zwei an die Thessalonicher,
Zwei an Timotheus, und an Titus und Philemon
Je einen, und einen an die Hebräer.
Aber einige halten den Brief an die Hebräer für falsch,
Sie reden nicht gut, denn die Gnade ist echt.

Metzger, Der Kanon des Neuen Testaments

Die Kreuzritter in Konya

Das Heer des dritten Kreuzzuges eroberte Konya nach langem und entbehrungsreichem Marsch durch West- und Mittelanatolien unter Friedrich Barbarossa im Mai 1190. Christliche und muslimische Bevölkerung, Männer, Frauen und Kinder fielen den Kreuzrittern zum Opfer. Das Heer der Kreuzritter erholte sich in Konya von den Verlusten und Strapazen der zurückliegenden Monate. Die Soldaten des Kaisers erneuerten ihre Ausrüstung, kauften 6.000 Pferde sowie eine große Zahl von Eseln und deckten sich mit Lebensmitteln ein. Nachdem das Heer freies Geleit durch Lykaonien erhalten hatte, zogen die Kreuzritter von Konya über Karaman Richtung Silifke am Mittelmeer.

Am 10. Juni 1190 ertrank Friedrich Barbarossa als er den Fluss Saleph, heute Göksu, d. h. Himmelswasser, überqueren wollte, um den Weg nach Silifke abzukürzen.

Die wichtigsten Sehenswürdigkeiten in Konya

Die wichtigsten Sehenswürdigkeiten von Konya gehören in die selçukische Periode der türkischen Geschichte in Anatolien. Die Selçuken eroberten Konya 1077 von den Byzantinern. Mit ihrer Herrschaft war die Grundlage zur Entwicklung der Stadt gegeben, die ihren Höhepunkt im 13. Jahrhundert nach dem Weiterzug der Kreuzritter erreichte. Die christliche Gemeinde konnte ihre Aktivitäten weiter entfalten. Der Neubau einer Georgskirche bei Konya ist überliefert. Konya war bis zum griechisch-türkischen Bevölkerungsaustausch 1923 der Sitz eines griechisch-orthodoxen Metropoliten.

Das Wahrzeichen von Konya ist das Mevlâna-Kloster mit dem charakteristischen grünen Turm über dem Grabmahl des islamischen Mystikers Celâleddin Rumi (1207-73). Obwohl das Kloster in ein Museum umgewandelt wurde, ist es das Ziel von Pilgern aus der ganzen Türkei. Es gehört zu den wenigen Orten in der Türkei, in denen man Muslime und interessierte Touristen gleichzeitig antrifft.

Abb. 45 Die Alâeddin-Moschee

Am anderen Ende der Hauptstraße von Konya, der Alâeddin Caddesi, liegt der Stadthügel. Er trägt, wie die Hauptstraße und die Moschee auf dem Hügel, den Namen des Selçukischen Herrschers Alâeddin Keykûbad I. (1219-1236). Die Alâeddin-Moschee gehört zu dem Typ der Pfeilerhallenmoscheen, der in der Türkei selten anzutreffen ist.

Die zwei bekannten Medresen, frühere Koranhochschulen, Büyük-Karatay-Medresesi und die İnce-Minare-Medresesi, liegen nördlich des Alâeddin-Hügels. Beide Bauwerke sind ausgezeichnete Beispiele selçukischer Architektur, sie dienen heute als Museen.

Etwas abseits von diesen Sehenswürdigkeiten liegt das Archäologische Museum. Besonders beeindruckend ist die Sammlung römischer Sarkophage. Dort sind aber auch die zwei Steine aufgestellt, die die Lokalisierung von Lystra und Derbe ermöglichten.

Nur wenig bekannt ist die St.-Pauls-Kirche in der Nähe des Alâeddin-Hügels. Dieses Gotteshaus wird von italienischen Ordensschwestern unterhalten. Ein Bild von Thekla mit der zahmen Löwin erinnert an die reiche christliche Geschichte und Tradition von Konya.

5. Lystra

Lystra liegt etwa 35 Kilometer südlich von Konya beim Dorf Hatunsaray. Die spärlichen Erinnerungen an Lystra wurden auf dem Hügel Zoldera, 1,5 Kilometer nordwestlich von Hatunsaray, gefunden.

Der Apostel Paulus floh mit Barnabas von Konya nach Lystra, weil „die Heiden und die Juden zusammen mit ihren Führern entschlossen waren, sie zu misshandeln und zu steinigen" (Apg 14,5).

Es fällt auf, dass Paulus und Barnabas nach dem Bericht der Apostelgeschichte keine Synagoge aufgesucht haben. Wahrscheinlich waren in diesem Teil Lykaoniens nur wenig Juden beheimatet. Vielleicht hat der Apostel auf einem freien Platz geredet. Ein von Geburt an gehbehinderter Mann wurde von der Rede ergriffen und durch den Zuspruch von Paulus geheilt. „Als die Menge sah, was Paulus getan hatte, fing sie an zu schreien und rief auf lykaonisch: Die Götter sind in Menschengestalt zu uns herabgestiegen. Und sie nannten Barnabas Zeus, den Paulus aber Hermes, weil er der Wortführer war." Der Zeuspriester von Lystra brachte Stiere und Kränze vom Zeustempel außerhalb der Stadt an die Stadttore und wollte mit dem Volk ein Opferfest für die offenbar leibhaftig anwesenden Götter veranstalten. Paulus und Barnabas mischten sich unter die Menge, dann ergriff wohl Paulus lautstark das Wort. Nur wenige Sätze seiner Rede sind überliefert; interessant aber ist, dass der Apostel in Lystra zum erstenmal eine Rede hielt, die nicht bei der jüdischen Überlieferung einsetzte, sondern die Gedankenwelt der Lykaonier, der Heiden, aufgriff.

Obwohl Paulus ausrief „wir sind nur Menschen, von gleicher Art wie ihr", waren die Menschen in Lystra nur schwer davon abzubringen, Paulus und Barnabas Opfer darzubringen (Apg 14,8-18).

In der Überlieferung der Bewohner Lystras spielte eine alte Geschichte eine große Rolle: Der Göttervater Zeus hatte seine göttliche Wohnung verlassen und war zusammen mit Hermes unterwegs wie ein Sterblicher. Als sie an einem Abend Verpflegung und Unterkunft suchten, fanden sie überall verschlossene Türen vor. Nur das Hirtenpaar Philemon und Baukis gewährte den Göttlichen in Menschengestalt in ihrer ärmlichen Hütte Gastfreundschaft. Am nächsten Morgen offenbarten sich Zeus und Hermes. Sie forderten das Ehepaar auf, mit ihnen auf den nächsten Berg zu gehen. Die Beiden gingen mit – und retteten ihr Leben. Denn die Ebene wurde von einer Flut überschwemmt, und alle, die Zeus und Hermes abgewiesen hatten, kamen um. Eine weitere Belohnung wurde dem gastfreundlichen Hirtenpaar zuteil: Ihr kleines, bescheidenes Hüttchen wurde in einen Tempel umgewandelt. Dort konnten sie gemeinsam leben, bis sie, wie sie es sich gewünscht hatten, beide an einem Tag starben.

An diese alte Sage könnten die Menschen in Lystra gedacht haben, als sie Paulus und Barnabas göttliche Ehrung zuteil werden lassen wollten.

Die Apostelgeschichte berichtet aber einem radikalen Stimmungsumschwung. „Von Antiochia und Ikonion aber kamen Juden und überredeten die Volksmenge. Und sie steinigten Paulus und schleiften ihn zur Stadt hinaus, in der Meinung, er sei tot.“ (Apg 14,19)

Dieses Erlebnis hat Paulus nicht so schnell vergessen. Vielleicht spielt er darauf an, wenn er später schreibt: „Ich war oft auf Reisen, gefährdet durch Flüsse, gefährdet durch Räuber, gefährdet durch das eigene Volk (der Juden), gefährdet durch Heiden, gefährdet in der Stadt.“ (2 Tim 2,10) Ein Hinweis auf den Versuch der Steinigung ist vielleicht auch die Feststellung an die Gemeinden in Galatien: „In Zukunft soll mir niemand mehr solche Schwierigkeiten bereiten. Denn ich trage die Zeichen Jesu an meinem Leib.“ (Gal 6,17)

Paulus überlebte die Steinigung und zog am nächsten Tag mit Barnabas Richtung Osten nach Derbe. Die Stadt lag etwas abseits im südöstlichsten Teil des galatischen Herrschaftsbereichs an der Grenze zu Kappadozien. Dort konnten sie sich sicherer fühlen.

Auf der zweiten Missionsreise kamen Paulus und Silas über Derbe nach Lystra. Dort begegneten sie Timotheus, dem Sohn einer gläubig gewordenen Jüdin und eines Griechen. Der junge Timotheus hatte in der eigenen Gemeinde und im naheliegenden Ikonion einen guten Ruf. „Paulus wollte ihn als Begleiter mitnehmen und ließ ihn mit Rücksicht auf die Juden, die in jener Gegend wohnten, beschneiden." (Apg 16,1-3) Paulus scheint die Familie des Timotheus gekannt zu haben, denn er schreibt von dessen aufrichtigen Glauben, „der schon in deiner Großmutter Lois und in deiner Mutter Eunike lebendig war" (2 Tim 1,5).

Timotheus wurde zu einem treuen Begleiter von Paulus. Kein Name ist so eng mit dem des Apostels verbunden, wie der des jungen Timotheus aus Lystra in Lykaonien. Er wird erwähnt in Ephesus, Thessalonich, Korinth und Mazedonien. In einem Atemzug mit Paulus erscheint Timotheus in den Grußbotschaften im Zweiten Korintherbrief, in den Briefen an die Philipper und Kolosser sowie in beiden Thessalonicherbriefen. Auch am Ende des Römerbriefes erscheint er unter den Mitarbeitern des Paulus, die Grüße an Gemeinde übermitteln lassen. Der Verfasser des Hebräerbriefes (13,23) berichtet davon, dass Timotheus freigelassen wurde, und bringt die Hoffnung zum Ausdruck, die Empfänger des Briefes zusammen mit Timotheus zu besuchen. Auch die Briefe des Paulus an Timotheus sind Zeugnis für ein enges Verhältnis, das Paulus zu Timotheus hatte. Die Tradition machte Timotheus zum ersten Bischof von Ephesus.

Die Lokalisierung von Lystra

Lystra hatte unter den Einfällen der Araber im 7. Jahrhundert zu leiden. Trotzdem erscheint die Stadt in der Kirchengeschichte bis zum 12. Jahrhundert. Vermutlich hat der Mongolenfürst Timur Lenk mit seinen Heeren 1402 Lystra endgültig zerstört. Die Stadt geriet danach gänzlich in Vergessenheit.

1885 entdeckte man auf dem Hügel Zoldera bei Hatunsaray den Altarstein, der heute im Museum von Konya aufbewahrt wird. Die Inschrift ließ die Lokalisierung von Lystra zu: „Geminia Lystra, die glückliche, da sie eine julianische Kolonie ist, weihte dem göttlichen Augustus Cäcar (diesen Altar) auf Beschluß des Stadtrates."

Bis zum 19. Jahrhundert wurden auf dem Siedlungshügel Erinnerungen an alte Gebäude gefunden. Berichtet wird von Resten einer kleinen Kirche und eines Brunnens, den die Christen aus Konya verehrten. Heute sind auf dem Hügel keine Siedlungsreste von Lystra vorhanden.

In den älteren Gebäuden von Hatunsaray, Frauenschloss, sind antike Steine eingemauert, die wohl von den Ruinen aus Lystra stammen. Weitere Steine, die mit ihren Inschriften an die Geschichte von Lystra erinnern, sind auf einem Platz in Hatunsaray aufgestellt.

Mit dem Fund und der Auswertung des Altarsteines bei Hatunsaray ist die Annahme, dass Lystra bei İllistra, dem heutigen Yollarbaşı, 17 km westlich von Karaman gelegen hat, nicht mehr haltbar. Diese Annahme war begründet in der Ähnlichkeit des antiken und späteren Namens und durch Funde aus der hellenistischen, römischen und byzantinischen Periode.

Wäre Lystra bei İllistra zu suchen, müssten die spärlichen Funde und der Altarstein vom Hügel bei Hatunsaray Erinnerungen an eine Koloniestadt sein, die von İllistra aus verwaltet wurde. Es gibt derzeit keine Anhaltspunkte, die für diese Theorie sprechen. Deshalb kann man davon ausgehen, dass der Hügel Zoldera bei Hatunsaray im Zentrum der antiken Stadt Lystra lag.

6. Derbe

Paulus hat wohl den Mordversuch in Lystra nicht ohne schwere Verletzungen überlebt, denn seine Peiniger ließen erst von ihm ab, als sie der Meinung waren, dass Paulus tot sei.

„Als aber die Jünger ihn umringten, stand er auf und ging in die Stadt. Am nächsten Tag zog er mit Barnabas nach Derbe weiter.“ (Apg 14,20) Dort bestand für Paulus eher die Gelegenheit, sich ohne Furcht vor weiteren Verfolgungen von den Folgen der Steinigung in Lystra zu erholen. Der Bericht über den Aufenthalt ist kurz: „Als sie dieser Stadt das Evangelium verkündet und viele Jünger gewonnen hatten, kehrten sie nach Lystra, Ikonion und Antiochia zurück.“ (Apg 14,21)

Bei der zweiten Reise erwähnt die Apostelgeschichte Derbe mehr am Rande. „Er zog durch Syrien und Zilizien und stärkte die Gemeinden. Er kam auch nach Derbe und nach Lystra“ (Apg 15,41; 16,1).

Die Ortslage von Derbe

Derbe war in der Antike ein wichtiges Zentrum im Norden des Taurusgebirges. In der Kirchengeschichte wurde die Stadt Bischofssitz und ist bis ins 9. Jahrhundert urkundlich erwähnt. Durch die Arabereinfälle im 7. Jahrhundert verloren Derbe und seine Umgebung aber an Bedeutung. Endgültig zerstört wurde die Stadt 1402 durch die Heere des Mongolen Timur Lenk.

Bis zur Mitte des 20. Jahrhunderts war man bei der Lokalisierung von Derbe auf Vermutungen angewiesen. Schließlich wurde 1957 auf einem unscheinbaren Hügel mit dem Namen Kertihöyük der Stein entdeckt, der die Lokalisierung von Derbe zuließ. Der Hügel Kertihöyük, zu übersetzen in etwa mit Kerbe-Tumulus, liegt rund 20 km nordöstlich von Karaman bei Ekinözü, nicht weit entfernt der Hauptstraße nach Ereğli. Ein Kilometer nördlich von Ekinözü erhebt sich ein 450 m langer und 250 m breiter Hügel, der heute als Zentrum der antiken Stadt Derbe angesehen werden kann. In den Stein, der in Kertihöyük gefunden wurde und jetzt im Archäologischen Museum in Konya steht, ist u. a. eingemeißelt: „...die Stadtverwaltung und das Volk von Derbe... zur Zeit da Antonius Pius und Cornelius regierten und Aulus Lilius die Stadtgeschäfte führte sowie Sestillianus Bischof war...“ Die Inschrift auf diesem Stein stammt aus dem Jahr 157 nach Christus.

In der Nähe von Ekinözü, beim Dorf Suduragı, wurde ein weiterer Stein gefunden, der die Inschrift von Derbe trägt. Er stammt aus dem 4. bis 6. Jahrhundert und ist im Archäologischen Museum in Karaman ausgestellt. Die Inschrift lautet: „Hier ruht Michael, der von Gott geliebte Bischof von Derbe. 8. Juni des 14. Jahres von Indiction“ (Indiction: Schätzungen des Grundbesitzes, die ab der Zeit Konstantin des Großen – 330 n. Chr. – in 15jährigem Abstand durchgeführt wurden).

Der Besuch des Hügels von Derbe ist enttäuschend, da bis heute keine Ausgrabungen vorgenommen wurden.

Der Kirchenbezirk Binbir-Kilise, Tausend-und-eine-Kirche

In der beeindruckenden Berglandschaft des Karadağ, Schwarzer Berg, beim Dorf Kılbasan rund 40 km nördlich von Karaman findet man nahezu 50 Kirchenruinen aus dem 4. bis 10. Jahrhundert. Sie belegen die Existenz eines Kirchen- und Klosterkomplexes bei Derbe.

Ziemlich gut erhalten ist die Basilika im Dorf Madenşehir in den Ausläufern der Karadağ-Berge. Mit rund 60 m Länge und 25 m Breite war die Kirche wahrscheinlich die Hauptkirche der frühchristlichen Stadt. Sehr gut zu sehen ist die Anlage der Kirche als dreischiffige Basilika. Zahlreiche weitere Kirchenruinen befinden sich in der Nähe des Ortes. Im Dorf Madenşehir erinnern viele Steine, die in die Häuser eingemauert wurden, an die frühere byzantinische Siedlung. Ein alter Sarkophag wird heute als Wasserbecken benutzt.

Damit die für die weitere Erforschung der Geschichte des Bezirkes notwendige Bausubstanz erhalten bleibt, steht Madenşehir seit einigen Jahren unter Denkmalschutz.

Abb. 46 Eine Kircheruine in Binbir-Kilise

Sechs Kilometer oberhalb von Madenşehir liegen die Ruinen der früheren Oberstadt von Binbir-Kilise, heute Üçkuyu. Hier leben nur noch wenige Familien. Das weitgehend verlassene Dorf erinnert mit seinen zahlreichen Ruinen an eine Geisterstadt.

Am Rande des ehemaligen Dorfes befindet sich ein hethitisches Relief. Es belegt, dass Lykaonien im hethitischen Reich Bedeutung hatte. Auf dem Gipfel des Karadağs – die Besucher erkennen den Berg mit dem Fernsehsender vom weitem – sind noch eine hethitische Weihinschrift und die Ruinen eines Klosters erhalten.

In der Kirchengeschichte erscheint Binbir-Kilise unter dem Namen Barata. Die Stadt war auf dem Konzil in Nicäa 325 vertreten. Nachdem Barata ein Zentrum der byzantinischen Christen war, hat man Derbe auch mit Barata identifiziert. Diese Behauptung kann aber nur aufrecht erhalten werden, wenn man davon ausgeht, dass Kertihöyük, wo der Stein mit der Derbe-Inschrift gefunden wurde, eine Kolonie von Barata war. Anderenfalls müsste man annehmen, dass der Stein von Barata nach Kertihöyük verschleppt wurde. Dies ist aber bei einem Gewicht des Steines von 1.200 kg wenig wahrscheinlich.

Die Annahme, dass die neutestamentliche Stadt Derbe in Binbir-Kilise, dem byzantinischen Barata, zu suchen ist, setzt weiter voraus, dass die Siedlungen bei Barata von einer Art Zentrale in Kertihöyük aus verwaltet wurden.

Diese Frage ist derzeit nicht eindeutig zu beantworten. Deshalb muss auch offen bleiben, ob das neutestamentliche Derbe die früheren Ansiedlungen um den Hügel Kertihöyük meint oder die Gegend des späteren Kirchenbezirkes von Binbir-Kilise in den Bergen nördlich des Dorfes Kılbasan.

Binbir-Kilise liegt abseits der üblichen Touren durch Inneranatolien. Ein Besuch der Kirchenruinen in den abgeschiedenen Bergen gehört aber zu den Höhepunkten einer Besichtigung von Konya und seiner Umgebung. Zum Besuch der Kirchen in die Berglandschaft des Karadağs ist kein besonderes Fahrzeug notwendig. Doch ist zu empfehlen, beim Museum in Karaman, Karaman Müzesi, oder bei der Gemeindeverwaltung, Belediye, in Kılbasan nach einem Begleiter zu fragen.

Die Fahrt nach Ekinözü zum Stadthügel von Derbe kann man mit einem Abstecher nach Taşkale, rund 35 Kilometer östlich von Karaman, verbinden. Die Felswand des Dorfes birgt eine bis zu fünf Stockwerken hohe frühere Höhlensiedlung, deren Kammern heute meist als Vorratsräume benutzt werden.

7. **Yalvaç** – Antiochia in Pisidien

Das ausgedehnte Ruinenfeld von Antiochia in Pisidien liegt an der Touristenroute von Konya nach Pamukkale ein Kilometer nördlich der Kreisstadt Yalvaç. Die nächsten größeren Städte sind Afyon im Nordwesten und Isparta im Südwesten.

In der Antike trugen 16 Orte den Namen Antiochia. Zwei davon erscheinen im Neuen Testament. Antiochia am Orontes, die heutige Großstadt Antakya an der syrischen Grenze, war die Muttergemeinde und Missionsbasis der Apostel Paulus und Petrus. Durch die Tätigkeit von Paulus in Inneranatolien, im pisidischen Antiochia, entstand die erste Gemeinde in Kleinasien, von der die Apostelgeschichte berichtet.

Seleukos I. (312-280 v. Chr.), einer der Nachfolger Aexander des Großen, vielleicht auch sein Sohn Antiochos I. (280-261), gründete um 280 v. Chr. die Stadt. Im Zusammenhang mit den Gebietsreformen von Kaiser Augustus wurde Antiochia 25 v. Chr. zu einer römischen Kolonie in der Provinz Galatien.

Antiochia lag an römischen Handelswegen. Entlang dieser wurden an strategisch wichtigen Orten Städte angesiedelt oder ausgebaut, um Vorüberziehende zu beobachten und auf alle Entwicklungen schnell reagieren zu können. Kaiser Augustus entsandte 12 v. Chr. einen gewissen Quirinius nach Antiochia, um einen Aufstand niederzuschlagen. Quirinius erledigte seinen Auftrag. Später finden wir ihn in der Weihnachtsgeschichte als Statthalter von Syrien wieder, der den Befehl des Augustus, „alle Welt zu schätzen", umsetzte.

In Antiochia lebte ein buntes Gemisch von Völkern. Ethnisch und religiös gehörte die Stadt zu Phrygien. In der Umgebung von Antiochia fand man zahlreiche Erinnerungen an die phrygische Gottheit Men. Dazu gehören nicht allein die Münzen, von denen heute zahlreiche im Museum von Yalvaç ausgestellt sind. In fünf Kilometer Entfernung von Antiochia liegen auf dem Hügel „Gemen Korusu" die Ruinen eines der Gottheit Men geweihten Tempels. Bis ins vierte Jahrhundert nach Christus war die Verehrung der Mondgottheit Men anzutreffen. Die Christen verwendeten dann die gut bearbeiteten Steine des Tempels, um damit eine Kirche zu bauen.

Antiochia gehörte bis zum Anfang des vierten Jahrhunderts zur Provinz Galatien. Um 310 n. Chr. entstand eine eigene Provinz Pisidien, deren Hauptort Antiochia wurde. Im 8. Jahrhundert wurde Antiochia von den Arabern erobert. 1097 kamen die Ritter des ersten Kreuzzuges vorbei und rasteten in der Stadt und der Umgebung. Ab der zweiten Hälfte des 13. Jahrhunderts wurde die Stadt endgültig zugunsten der neuen Siedlung Yalvaç aufgegeben.

Zahlreiche Bausteine aus Antiochia wurden zum Aufbau von Yalvaç verwendet. Besonders in die Devlethanı-Moschee sind antike Bauteile eingebaut.

Der Apostel Paulus in Antiochia

Die erste Missionsreise (etwa 47-49) führte Paulus und Barnabas von Antiochia am Orontes über Zypern nach Perge bei Antalya. Von Perge aus zogen sie nördlich durch das Taurus-Gebirge. Ihr Weg wird sie wohl dem Fluss Kestros, Aksu-Çayı, entlang bis zur Stadt Eğirdir geführt haben. Der heutige Namen Eğirdir ist die türkische Form der früheren Bezeichnung Akroterion. Von Eğirdir führte die Route danach dem Ufer des gleichnamigen Sees entlang Richtung Antiochia (Apg 13,13-14). Der Eğirdir-See liegt knapp 1.000 Meter hoch in herrlicher Lage, er gehört zu den innerantolischen Seen, die vom Tourismus noch nicht entdeckt wurden.

In Antiochia lebten nicht mehr als 10.000 Menschen. Deshalb wird immer wieder die Frage aufgeworfen, warum der Apostel ins Innere Kleinasiens zog. Als Ziel seiner Missionstätigkeit wählte er sonst die volksreichen Küstenstädte. Letztlich wird diese Frage offen bleiben müssen, denn die Antwort, dass Paulus krank gewesen sei und das trockene Klima in Anatolien auf über 1.000 Meter Höhe dem Meeresklima vorgezogen habe, kann nicht zufrieden stellen. Schließlich verbrachte der Apostel bei der zweiten und dritten Reise lange Zeit in Hafenstädten wie Ephesus und Korinth.

Die Archäologen haben nun einen Stein mit der Inschrift der Familie von Sergius Paulus, dem Statthalter auf Zypern, gefunden. Den römischen Verwalter erlebten Paulus und Barnabas als aufgeschlossenen Mann (Apg 13,4-12). Vielleicht gab er den Aposteln ein Empfehlungsschreiben mit, das ihnen bei den Bürgern im pisidischen Antiochia leichter Zugang verschaffte.

Am Sabbat gingen Paulus und Barnabas ihrer Gewohnheit folgend in Antiochia in die Synagoge. „Nach der Lesung aus dem Gesetz und den Propheten schickten die Synagogenvorsteher zu ihnen und ließen ihnen sagen. Brüder, wenn ihr ein Wort des Trostes für das Volk habt, so redet." Paulus ergriff danach das Wort und legte die Geschichte Gottes mit seinem Volk dar, die sich in Jesus Christus erfüllte. Die Rede im pisidischen Antiochia ist die erste große Rede von Paulus, die Lukas in der Apostelgeschichte überliefert (Apg 13,15-41).

Der Eindruck, den die von Paulus verkündigte Botschaft hinterließ, war wohl groß, denn die Antiochier baten die Apostel, nochmals über diese Botschaft zu sprechen. „Am nächsten Sabbat versammelte sich fast die ganze Stadt, um das Wort des Herrn zu hören. Als aber die Juden die Scharen sahen, wurden sie eifersüchtig, widersprachen den Worten des Paulus und stießen Lästerungen aus."

An dieser Stelle berichtet Lukas von einer entscheidenden heilsgeschichtlichen Erfüllung: „Paulus und Barnabas erklärten freimütig: Euch mußte das Wort Gottes zuerst verkündigt werden. Da ihr es aber zurückstoßt und euch des ewigen Lebens unwürdig zeigt, wenden wir uns jetzt an die Heiden. Denn so hat uns der Herr aufgetragen." Paulus begründet die Hinwendung zu den Heiden mit der Weissagung des Propheten Jesaja (49,6): „Ich habe dich zum Licht für die Völker gemacht, bis an das Ende der Erde sollst du das Heil sein“ (Apg 13,42-47). Nicht allein in Antiochia wurden Phrygier, Griechen und römische Veteranen Anhänger des neuen Glaubens. Auch in den Dörfern der Umgebung verbreitete sich die neue Lehre. Die Juden sahen wohl ihren Glauben und ihr Judentum gefährdet. Sie beeinflussten angesehene Frauen in Antiochia, die der jüdischen Diasporagemeinde nahe standen. Diese wiederum brachten die Verantwortlichen der Stadt dazu, die Apostel auszuweisen. Paulus und Barnabas zogen deshalb weiter nach Ikonion (Apg 13,50-51). Ihre Gegner ließen sie nicht in Frieden ziehen. Zusammen mit den Juden aus Ikonion verfolgten sie Paulus und Barnabas bis nach Lystra und überredeten dort das Volk, so dass Paulus gesteinigt werden sollte (Apg 14,19-20).

Auch dieses Erlebnis hinderte Paulus und Barnabas nicht daran, auf dem Rückweg aus lykaonischen Städten die Gemeinde in Antiochia aufzusuchen, ihr Mut zuzusprechen und Gemeindeleiter einzusetzen (Apg 14,21-23).

Das Ruinenfeld von Antiochia

Im ausgedehnten Ruinenfeld sind in den letzten Jahren die Ausgrabungen wieder aufgenommen worden. Die Besucher können sich einen Eindruck von den Stadtmauern machen, die mit einer Länge von rund 3.000 und einer Stärke von 1,50 bis 5,50 Meter ein Gebiet von 47 Hektar vor Feinden schützten. Über die antike Säulenstraße gelangt man erst zum Theater. Die Ausgrabungen dauern noch an. Wahrscheinlich ging die alte Straße früher unter den Sitzreihen des Theaters durch. In das Theater von Antiochia verlegt der Verfasser der Paulus-Akten die wundersame Rettung der Jungfrau Thekla, die Paulus von Ikonion, Konya, nach Antiochia mitgenommen hatte (siehe Seite 148). Folgt man weiter der antiken Straße, kommt man zu den Resten des Augustus-Tempels an der höchstgelegenen Stelle der Stadt. Teile des Tempels wurden einst aus dem Felsen herausgehauen. Von dort sollte man zu den Badeanlagen der alten Stadt weitergehen. Das in Antiochia gefundene Nymphäum gehört zu den größten erhaltenen römischen Bädern der Antike. In der Nähe der Badeanlagen wurden die Grundmauern einer Kirche freigelegt. Auf dem Rückweg findet man die Fundamente von zwei weiteren Kirchen, die an die christliche Geschichte der Stadt erinnern. Die größere der Kirchen hatte eine Länge von 70 und eine Breite von 26 Metern. Bei den Ausgrabungen wurden Mosaiken aus dem 4. Jahrhundert gefunden. In Erinnerung an den Völkerapostel gab man ihr den Namen St.-Pauls-Kirche. Neuere Ausgrabungen haben erbracht, dass die Kirche auf den Grundmauern einer Synagoge erbaut wurde.

Außerhalb der Stadtmauern sieht man noch 11 Bögen des Aquäduktes. In der Antike bildete es mit 21 Bögen einen Teil der 10 Kilometer langen Wasserleitung zur Stadt.

Im interessanten Museum von Yalvaç gilt die Aufmerksamkeit dem Stein mit der Inschrift Sergius Paulus und einem Taufstein, der ebenfalls in Antiochia gefunden wurde. Eine Inschrift erinnert an den Apostel Paulus. Die Besucher des kleinen Museums denken dann an die große Rede des Völkerapostels und an den Weg des Evangeliums zu den Heiden. In den Kapiteln 9-11 des Römerbriefes hat Paulus das heilsgeschichtliche Ereignis theologisch nachvollzogen, das im etwas abseits gelegenen Antiochia in Pisidien, bei der anatolischen Kreisstadt Yalvaç, seinen Anfang nahm.

8. Phrygien

Die Hauptstraße von Ankara nach İzmir im Westen der Türkei führt durch das phrygische Hochland. Nur wenige Besucher der Türkei schenken diesem Gebiet ihre Aufmerksamkeit. Dabei sind die alten Städte Gordion und Pessinus durchaus einen Besuch wert. Auch die Felsmonumente sind teilweise sehr gut erhalten und vermitteln einen nachhaltigen Eindruck der phrygischen Kultur.

Die Phrygier sind wahrscheinlich um 1200 v. Chr. von Thrakien und Mazedonien nach Kleinasien eingewandert und waren vom 9. bis zum Anfang des 6. Jh. eine politische Macht in Inneranatolien.

Die historische Landschaft Phrygien lag mehr im zentralen Westanatolien. Eine Abgrenzung zu den benachbarten Provinzen ist nicht eindeutig festzulegen. Die Grenzen des phrygischen Einflussgebietes sind abhängig vom gewählten Zeitraum sowie von kulturellen, sprachlichen und ethnischen Kriterien.

Das Kerngebiet der Landschaft Phrygien ist die Region, die durch die Städte Eskişehir – Kütahya – Uşak – Denizli – Isparta – Akşehir und Sivrihisar eingegrenzt wird.

Yassıhöyük – Gordion ❽

Die Ausgrabungen von Gordion liegen zwischen Eskişehir und Ankara rund 10 km nördlich der Kreisstadt Polatlı beim Dorf Yassıhöyük. Im 8. Jh. v. Chr. wurde Gordion die Hauptstadt Phrygiens. Die Stadt trägt den Namen des Gründers, mit ihm und seinem Sohn Midas setzte im 8. Jh. eine Blüte der phrygischen Kultur ein. Seine Berühmtheit verdankt Gordion aber Alexander dem Großen. Der Legende nach hat Alexander der Große 334 v. Chr. dort den gordischen Knoten mit dem Schwert durchschlagen. Damit war der Weg nach Asien frei. Der gordische Knoten soll kunstvoll am Joch eines Wagens geknüpft gewesen sein, mit der Lösung dieses Knotens war die Herrschaft über Asien verbunden.

Neben den Ausgrabungen des Siedlungshügels der Stadt ist das sogenannte Midasgrab die größte Sehenswürdigkeit von Gordion. Wahrscheinlich ist es die Ruhestätte von König Midas, dem bedeutendsten Herrscher der Phryger. Das Grab in der Form eines Tumulus ist 53 m hoch und hat einen Umfang von 350 Metern. Zur Aufschüttung des Tumulus waren 1,5 Millionen Kubikmeter Erde erforderlich. In die Grabkammer führt ein offener Gang von 70 m Länge und danach ein ebenfalls 70 Meter langer Stollen. Die Grabfunde, die sich im Museum für Anatolische Kulturen in Ankara befinden, sind für ihre hoch entwickelten Metallarbeiten und kunstvollen Holzschnitzereien bekannt.

Bereits zur römischen Zeit hatte Gordion jedoch seine Bedeutung verloren; in der byzantinischen Periode war die Stadt schon in die Geschichte eingegangen.

Abb. 47 Das Midasgrab in Gordion, im Vordergrund die antike Straße

Die Wächter des sehenswerten Museums zeigen den Besuchern die freigelegten Reste der alten Straße beim Tumulus. Auf diesem Weg könnten der Apostel Paulus und seine Begleiter bei der zweiten und dritten Reise durch Galatien und Phyrgien gezogen sein (Apg 16,6; 18,23). Die alte Straße führte von Ankara über Gordion nach Pessinus, der späteren kirchlichen und politischen Metropole.

Ballıhisar – Pessinus ❽a

Die Ausgrabungen von Pessinus liegen 13 Kilometer südöstlich von Sivrihisar zwischen Eskişehir und Ankara. Obwohl das heutige Dorf Ballıhisar an der Stelle der alten Stadt erbaut wurde, kamen Erinnerungen an Pessinus ans Tageslicht. Von besonderem Interesse sind die Fundamente des Tempels. Er war der Kybele geweiht und das wichtigste phrygische Kultzentrum. Kybele galt als Spenderin des Lebens und war ein Symbol der Fruchtbarkeit. Verehrt wurde sie als große Mutter der Natur, der Tiere, der Menschen und Götter. Der Legende nach liebte Kybele den Attis, den Enkel der Flussgottheit Sangarios. Attis aber wollte die Königstochter von Pessinus heiraten. Kybele durchkreuzte diesen Plan und brachte die Hochzeitsgäste zur Verwirrung. Attis floh ins Gebirge, entmannte sich und starb an der Verletzung. Er stand aber wieder vom Tode auf und wurde von Priestern gefunden, die deshalb orgiastische Freudentänze aufführten. Dieses Ritual wurde zur Erinnerung an das Ereignis jährlich wiederholt.

Vielleicht spielt der Apostel Paulus im Galaterbrief auf die rituelle Kastration an, die den Galatern bekannt war, als er ihnen einschärfte, die Freiheit in Christus gegen Irrlehren zu bewahren und seine Ermahnungen etwas sarkastisch abschloss: „Diese Leute, die Unruhe bei euch stiften, sollen sich doch gleich entmannen lassen“ (Gal 5,12).

Phrygien war auch zur Heimat von Juden geworden. Das Pfingstwunder in Jerusalem erlebten Juden aus Phrygien (Apg 2,10).

In der byzantinischen Zeit war Pessinus eine kirchliche Metropole. Die Hauptkirche der Stadt hieß Hagia Sophia. Die Stadt war vermutlich mit einer Mauer umgeben, außerhalb der Stadt befand sich die Myriangeloi-Kirche. Bei ökumenischen Konzilen der frühen Christenheit vertraten die Bischöfe von Pessinus ihre Metropolis. Grabsteine mit dem Zeichen des Kreuzes, die im Garten des kleinen Museums aufgestellt sind, erinnern an die christliche Geschichte von Pessinus.

Rund 30 Kilometer nördlich von Afyon beim Dorf Ayazini findet man eine große in Felsen gehauene Kirche. Die als Hamam, Bad, bezeichnete Kreuzkuppelkirche gehört zum größten Komplex byzantinischer Höhlenwohnungen und Kirchen im phrygischen Hochland.

Die phrygischen Felsfassaden

Charakteristische Merkmale der phrygischen Kultur sind die Felsmonumente und Felsfassaden im Hochland zwischen Eskişehir und Afyon. Sie bildeten den Eingang zu Kulträumen und Grabkammern. In zahlreichen Monumenten fällt die Gestalt von Löwen auf. Kybele erschien begleitet von Löwen, denn die Kraft der Löwen war allein Kybele beigestellt. Die geometrischen Konstruktionen der Felsfassaden erinnern an die Formen der phrygischen Holzschnitzereien. Später fand man die geometrischen Motive auch auf christlichen Grabsteinen. Heute tauchen sie auf bei Teppichen und Kelims. Das bedeutsamste Felsmonument ist zwischen Eskişehir und Afyon zu finden. Das als Midas-Monument bezeichnete Heiligtum liegt beim Dorf Yazılıkaya, beschriebener

Abb. 48 Die Göttin Kybele, Archäologisches Museum İstanbul

Felsen, es besteht aus einer Kultfassade von 16 Meter Breite und 17 Meter Höhe. Das Midas-Monument liegt am Anfang des großen Ausgrabungsgebietes der phrygischen Stadt Midas Şehri, einem Zentrum des Kybele-Kultes.

Der Name der Kybele lebt im türkischen Mädchennamen Sibel weiter.

Die Montanisten

Die montanistische Bewegung entstand ungefähr 150 n. Chr. in Phrygien. Sie geht auf Montanus von Ardabau, einen ehemaligen Kybelepriester, zurück. Das Dorf Ardabau konnte bis heute nicht lokalisiert werden. Vermutlich lag Ardabau zwischen Denizli und Uşak bei der heutigen Kreisstadt Çivril, denn dort befand sich später das Zentrum der Montanisten. In seiner Heimat soll Montanus die Vision gehabt haben, dass das Wort Jesu: „Ich werde den Vater bitten, und er wird euch einen anderen Beistand geben" (Joh 14,16), in ihm sich erfülle. Von seinen Anhängern forderte er Weltverneinung und strengste Askese. Dazu gehörten Fastenvorschriften und das Gebot, nur noch trockene Speisen zu verzehren. Ein zeitweiliges Eheverbot wurde später wieder aufgehoben.

Der große Zuspruch, den Montanus fand, hängt mit dem Ausbleiben der erwarteten Wiederkunft Jesu und einer aufkommenden Duldsamkeit in sittlichen Fragen zusammen. Montanus rief seine Anhänger zusammen, in den kleinen Orten Pepuza und Tymion erwarteten sie das neue Jerusalem. Pepuza wurde zum Zentrum der Montanisten.

Die Lage von Tymion wurde bei den Großdörfern Bekilli oder Karbasan vermutet; Pepuza könnte bei Karahallı zu finden sein. Die Orte liegen zwischen Denizli und Uşak, 20 bis 30 Kilometer westlich von Çivril in Westanatolien.

Diese Vermutungen haben sich nun bestätigt, nachdem ein Team von internationalen Forschern im Jahr 2001 aufgrund einer antiken Beschreibung in einem unzugänglichen Flusstal dieser Gegend das lange Zeit verschollen geglaubte Hauptkloster der Montanisten gefunden haben.

> Wir stapften durch eine abgelegene Schlucht, durch eine schlammige Flussebene und kletterten eine steile Böschung empor, durchnässt von einem Gewitterregen. So kamen wir zu einem in seiner Größe eindrucksvollen, aus dem Felsen gehauenen Kloster mit byzantinischen Graffiti. Weiter östlich fanden wir die Spuren einer ausgedehnten Siedlung und einer Nekropole. Da es weder einen bekannten Beweis für die Existenz eines Klosters an der anderweitig vorgeschlagenen Stelle gibt noch in der gesamten Gegend, in welcher Pepuza gelegen haben muss, stellte die Existenz dieses Klosters nahe der Reste einer ansehnlichen Stadt einen guten Grund dar, die unbekannte Stätte als das alte Pepuza zu identifizieren.
>
> *Peter Lampe* in „Zeitschrift für Antikes Christentum", Heft 6, Jg. 2002, *eigene Übersetzung*

Besonders hervorgetreten unter den Montanisten sind zwei Frauen, Priscilla und Maximilla. Sie waren von den Reden des Montanus so fasziniert, dass sie ihre Ehemänner verließen und dem Ruf nach Pepuza folgten; forthin verstanden sie sich als Prophetinnen des Montanus. Sie sahen sich als geistige Erben der prophetisch begabten Töchter des Evangelisten Philippus (Apg 21,8-9), der später in Hierapolis, Pamukkale, lebte. Maximilla hatte prophezeit, dass es nach ihr keine Prophetie mehr geben werde, sondern mit ihrem Ableben die Wiederkunft Christi verbunden sei. Im Jahr 179 starb Maximilla; ihr Tod stürzte die Montanisten in eine Krise. Unabhängig davon haben aber die Montanisten weiter großen Zuspruch gefunden. Sie breiteten sich bis Syrien und Gallien (Lyon) aus. Montanisten waren in Nordafrika (Karthago) ebenso zu finden wie in Rom. Vielleicht spielt dabei der Übergang von der Isolierung der Gemeinden zu einer Konsolidierung und Anerkennung in der Gesellschaft eine nicht unerhebliche Rolle. Selbst Tertullian (160-220), der Schöpfer der lateinischen Kirchensprache und Kirchenschriftsteller, gehörte anfangs zu den Anhängern des Montanus.

Die Überwindung des Montanismus war für die junge Kirche von zentraler Bedeutung. Die Bischöfe Appolinarius aus Hierapolis und Melito aus Sardes verfassten Schriften, in denen sie den Montanismus verurteilten. Eine Provinzsynode, die in Hierapolis tagte, schloss die Montanisten von der Kirche aus. Ende des 4. und Anfang des 5. Jahrhunderts wurden die Montanisten auch von der Reichskirche ausgeschlossen; gleichzeitig verloren sie elementare Bürgerrechte: Sie durften keine Versammlungen abhalten, ihr Privat- und Kirchenvermögen wurde eingezogen und vor Gericht waren sie fortan rechtlos. Diese Maßnahmen kamen dem Ausschluss aus der Gesellschaft gleich.

Ein Johannes aus Ephesus hat in kaiserlichem Auftrag die Kirche in Pepuza niedergebrannt und die heiligen Reliquien des Montanus und seiner Prophetinnen vernichtet. Trotzdem bestand die Bewegung in Phrygien bis zum 8. Jahrhundert fort.

Die Novatianer

In Phrygien waren die Anhänger von Novatian, dem ersten lateinisch schreibenden römischen Theologen anzutreffen. Novatian hatte 251 die Bischofswahl in Rom verloren. Gegenstand der Auseinandersetzung der Wahl war die Frage der Wiederaufnahme von Abtrünnigen in die Gemeinde. Novatian lehnte diese Möglichkeit ab. Die Anhänger von Novatian breiteten sich in Südfrankreich, Nordafrika und Kleinasien aus. Im Jahr 368 wurde im phrygischen Pazon eine Synode der Novatianer abgehalten. Dabei wurde beschlossen, das Osterfest nach jüdischem Kalender zu terminieren.

Die Ortslage von Pazon konnte nicht endgültig lokalisiert werden. Sie wird an der Quelle des Flusses Sakarya in der Nähe Çifteler nordöstlich von Eskişehir beim Dorf Turkmenköy vermutet.

In einem Briefwechsel zwischen Basilius dem Großen aus Cäsarea und Amphiliochios aus Ikonion ist überliefert, dass die Novatianer keine echten Sektierer seien, sondern lediglich eine andere Richtung verträten.

9. Kappadozien

In der Mitte der Türkei, rund 300 Kilometer südöstlich von Ankara, liegt die Landschaft Kappadozien, die sich zum touristischen Zentrum Inneranatoliens entwickelt hat.

Das Gebiet von Kappadozien mit den phantastischen Landschaftsbildern aus ausgewaschenem Tuff liegt im mittleren Bereich des inneranatolischen Hochlandes innerhalb der Region zwischen Kayseri im Osten, Niğde im Süden, Aksaray im Westen und Kırşehir im Norden. Kappadozien gleicht einer Mondlandschaft, der türkische Namen für die bizarren Formen der kappadozischen Tuffsteinkegel ist „Peribacaları," Feenkamine. Dieser Begriff steht für ein Mysterium, das die Natur in vielen Millionen Jahren erschaffen hat.

Für alle Kulturen, die in Kappadozien siedelten, bildete der weiche Tuffstein die beste Voraussetzung für Wohn- und Vorratsräume. Diese konnten ohne großen Aufwand aus den Felsen herausgehauen werden, sie waren im Sommer kühl und schützten vor der Kälte der strengen Winter eines Gebietes, das knapp über 1.000 Meter hoch liegt. Gleichzeitig ist der warme Boden aus Tuffstein sehr fruchtbar. Auch heute gehört Kappadozien zu den bevorzugten Weinbaugebieten der Türkei. Der weiche vulkanische Boden eignete sich auch zum Ausbau von unterirdischen Rückzugsgebieten. So entstanden unterirdische Städte, die eine Welt für sich bilden.

Entstehung des Naturwunders

Kappadozien ist innerhalb von vielen Millionen Jahren durch vulkanische Tätigkeit entstanden. Weithin sichtbar sind die ehemaligen großen Vulkane Erciyes Dağı bei Kayseri und Hasan Dağı bei Aksaray. Mit einer Höhe von 3.916 Meter ist der Erciyes Dağı der höchste Berg in Zentralanatolien, der Hasan Dağı hat eine Höhe von 3.253 Meter. Ein Vulkan war wahrscheinlich bis in die historische Zeit tätig. In Çatal Höyük, rund 50 Kilometer südlich von Konya, wurden Wandmalereien entdeckt, die einen aktiven Vulkan im Hintergrund zeigen. Die Wandmalereien

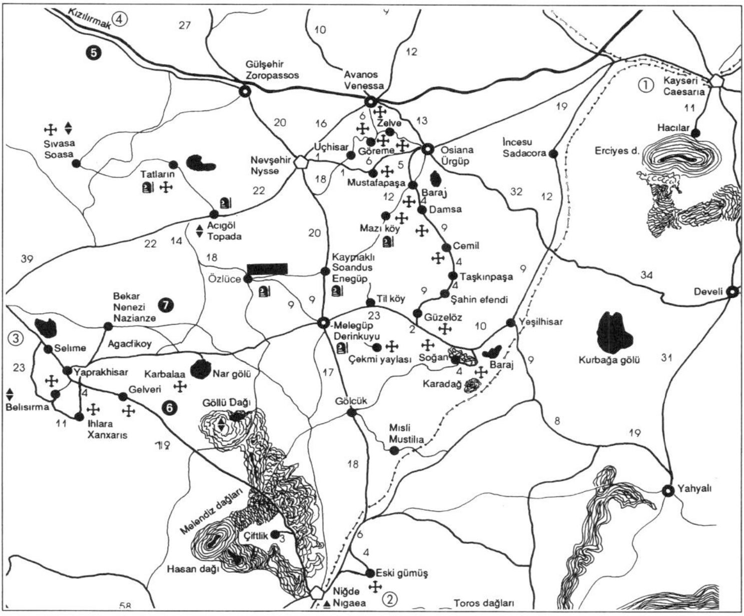

Abb. 49 Kappadozien

Kappadozien: Die Region zwischen
① Kayseri; ② Niğde; ③ Aksaray; ④ Kırşehir; ❺ Nyssa; ❻ Güzelyurt;
❼ Nazianz; ✢ Felsenkirchen; Unterirdische Städte

werden auf das Jahr 6.600 v. Chr. datiert. Verschiedene Vulkanausbrüche hinterließen mehrere Tuffschichten mit unterschiedlicher Stärke und Festigkeit. Durch Erosion entstand dann eine Gegend, die einer Mondlandschaft gleicht. Die unterschiedliche Farbenpalette der kappadozischen Landschaft lässt diese wie eine Welt zwischen Traum und Wirklichkeit erscheinen.

Überragt werden die kappadozischen Felsformationen durch die Burgberge von Uçhisar und Ortahisar. Diese kann man treffend als „Wolkenkratzer“ oder „Hochhäuser der Antike“ bezeichnen. Ortahisar und Uçhisar liegen im Kerngebiet von Kappadozien zwischen Ürgüp und Nevşehir. Vom Burgberg in Uçhisar hat man einen schönen Überblick über das Tal von Göreme.

Die alttestamentliche Zeit

Die Großfürsten und Herrschaftsgebiete Gog und Magog, Meschech und Tubal, Gomer und Togarma, die der Prophet Ezechiel (Ez 27; 32; 38–39) in seinen Weissagungen erwähnt, werden im Gebiet und Umfeld von Kappadozien vermutet.

Die in den prophetischen Schriften genannten Völker lassen sich nicht eindeutig lokalisieren. Angesprochen sind Völker, die aus der Sicht des Volkes Israel außerhalb der Grenzen des eigenen Erfahrungsbereiches wohnten. Die Völker Anatoliens erscheinen im Alten Testament als Bedrohung Israels vom äußersten Norden (Ez 38,15).

Zahlreiche Erinnerungen sind in Kappadozien an das Reich der Hethiter zu finden. Zwischen Güzelyurt und Gölcük, beim Dorf Kömürcü, liegt der über 2.000 Meter hohe ehemalige Vulkan Göllüdağı. Dort liegen die Reste einer alten hethitischen Stadt. Sie ist nicht ausgegraben, lediglich die Löwen der Tore wurden nach Kayseri ins Museum gebracht.

Rund 70 Kilometer südlich von Kayseri bei der Kreisstadt Develi befindet sich das dreiteilige Relief von Fıraktin. Es zeigt den hethitischen König Hattuschili, der dem Wettergott des Him-

Abb. 50 Tuffsteinkegel in Kappadozien

mels opfert. Eine Nachbildung des Reliefs steht im Garten des Museums von Kayseri.

Krösus, dem reichen König der Lyder, widerfuhr in Kappadozien die entscheidende Niederlage. Die Grenze zwischen dem Reich der Lyder und der Perser bildete der Fluss Halys, der heutige Kızılırmak. Er fließt im Norden durch Kappadozien, die Touristen fahren in Avanos über den Fluss. Krösus holte einen Orakelspruch von Delphi und Amphiaraos (bei Athen) ein. Diese sollen gleichlautend ausgefallen sein: „Wenn du den Halys überschreitest, wirst du ein großes Reich zerstören." Er legte den Spruch des Orakels zu seinen Gunsten aus und überquerte mit seinen Truppen den Halys. Danach schlug der Perserkönig Kyrus II. das Heer des Krösus bei Hattuscha (siehe Seite 142) vernichtend und nahm Krösus gefangen (546 v. Chr.). Die Perser zerstörten das lydische Reich und dehnten ihre Herrschaft in Kleinasien bis zur Westküste aus.

Kappadozien im Neuen Testament

In keinem Gebiet der Türkei findet man auf engstem Raum so zahlreiche Erinnerungen an das frühe Christentum wie in Kappadozien, obwohl Kappadozien im Neuen Testament nur zweimal am Rande erwähnt ist. Das Pfingstwunder in Jerusalem erlebten auch Juden aus Kappadozien (Apg 2,9), die Christen in Kappadozien gehörten zu den Empfängern des ersten Petrusbriefes (1 Petr 1,1).

Wenig wahrscheinlich ist, dass Paulus Kappadozien besucht hat. Das Wirken des Apostels in Kappadozien ist nur denkbar, wenn bei der stichwortartigen Nennung der Gebiete „galatisches Land und Phrygien" (Apg 18,23), die Paulus bei der dritten Missionsreise durchquerte, unter Galatien die Landschaft, also nicht die römischen Provinz, angenommen wird. Die Landschaftstheorie dürfte wohl zutreffen. Aber selbst dann ist nicht gesagt, dass Paulus in Kappadozien gewirkt hat. Der Weg nach Kappadozien hätte den Apostel, nachdem er die zilizische Pforte und das Taurusgebirge überwunden hatte, von Tyana (Kemerhisar bei Niğde) über Cäsarea (Kayseri) nördlich Richtung Tavium, dem

Hauptort der galatischen Trokmer (Büyük Nefes Köyü bei Yozgat), geführt. Von dort müsste Paulus dann nach Westen über Ankara und weiter nach Phrygien gezogen sein. Wahrscheinlicher aber ist, dass Paulus an der Provinz Kappadozien, in der es keine nennenswerte Stadt gab, vorbeigezogen ist und von Tyana direkt Richtung Ankara gezogen ist, denn er wollte wohl Ephesus bald erreichen.

Kappadozien – ein Zentrum der jungen Christenheit

Obwohl also die Bedeutung Kappadozien zur Zeit der Apostel nicht eindeutig ist, hat Kappadozien auf die Entwicklung der frühen Christenheit großen Einfluss gehabt. So ist auch die Legende zu verstehen, dass der Soldat, der Jesus am Kreuz mit dem Speer in die Seite stieß (Joh 19,34), der Hauptmann Longinius gewesen sei, der später der erste Bischof von Kappadozien wurde.

Zuverlässiger ist die Überlieferung über Wulfila, den Gründer des gotischen Christentums und Übersetzer der heiligen Schriften für die Goten (311-383). Seine christlichen Großeltern wurden im Jahr 260 aus einem Dorf bei Şereflikoçhisar am Salzsee verschleppt.

In den Aufzeichnungen des Konzils von Nicäa (325) erscheinen sieben kappadozische Bischöfe als Vertreter der Provinz.

Drei Bischöfe aus Kappadozien, Basilius der Große, Gregor von Nazianz und Gregor von Nyssa nehmen in der Kirchengeschichte als die „drei großen Kappadozier" einen festen Platz ein. Sie haben in den theologischen Auseinandersetzungen der jungen Christenheit, zu denen die Beschlüsse von Nicäa führten, die entscheidende Weiterarbeit geleistet, die schließlich beim zweiten ökumenischen Konzil 381 in Konstantinopel angenommen wurden.

Die drei Kappadozier leisteten einen wichtigen Beitrag zur Entwicklung einer christlichen Festpraxis, die möglich wurde, nachdem mit der Politik Kaiser Konstantins (306-337) ein neues Verhältnis zwischen Kirche und Staat entstanden war.

Basilius der Große (330-379) war Bischof von Cäsarea, der heutigen Großstadt Kayseri.

Der 6. Januar 372 ist das erste sicher überlieferte Epiphaniefest in Kappadozien. Valens nimmt an diesem Tag an der Liturgiefeier des Basilius in der Kirche von Cäsarea teil. Nach der Einführung des Weihnachtsfestes 380 durch Gregor von Nazianz in Konstantinopel, 386 durch Gregor von Nyssa in Kappadozien und durch Johannes Chrysostomos in Antiochia, wird dort zum ersten Mal in der Geschichte der Reichskirche am 25. Dezember die Geburt und am 6. Januar die Taufe Jesu gefeiert. Epiphanie wird damit zum großen Tauffest. Kaiser Valens regierte von 364-378.

Rexer, Die Festtheologie Gregors von Nyssa

Gregor von Nyssa (335-394), der Bruder und Schüler von Basilius, wirkte im Nordwesten von Kappadozien. Die Ortslage von Nyssa, rund 30 Kilometer südwestlich von Kırşehir beim Dorf Harmandalı, ist gesichert. Die Befestigung der Stadt und drei Tore sind in Ansätzen noch zu erkennen. In Anlehnung an die natürliche Beschaffenheit wird das Gebiet „Büyükkale und Küçükkale Tepe" genannt „Hügel der großen und kleinen Burg."

Die Heimat der Familie von Basilius dem Großen und Gregor von Nyssa war Neocäsarea im Pontusgebirge. Neocäsarea ist heute die türkische Kreisstadt Niksar ❾a zwischen Tokat und Ünye am Schwarzen Meer. Geboren wurde Basilius in Cäsarea, dem heutigen Kayseri. Die abgelegene Heimat der Eltern im Pontusgebirge schätzte der Asket aus Kappadozien, wie er auch bezeichnet wird, als Möglichkeit zur Stille und dem Alleinsein.

Gregor von Nazianz (329-390), der dritte große Kappadozier, wurde in Arianzos geboren. Arianzos liegt vermutlich zwischen Aksaray und Gölcük bei Sivrihisar vier Kilometer westlich von Güzelyurt. Die Familie von Gregor hatte dort ein Landgut. Sein Vater war Bischof von Nazianz. Die Ortslage von Nazianz befindet sich vier Kilometer nördlich von Bekârlar. Der heutige Ort liegt auf halbem Weg an der Landstraße von Aksaray nach Derinkuyu. Die Stelle der alten Stadt ist durch eine selçukische

Abb. 51 Die Gregorkirche, heute Kilise-Moschee, in Güzelyurt

Türbe zu erkennen. Wenige Mauerreste sind zwischen zwei Hügeln noch auszumachen. Seine frühe Kindheit soll Gregor von Nazianz in Diokaisareia verbracht haben. Diokaisareia ist das heutige Tilköy sieben Kilometer nordöstlich von Derinkuyu an der Straße nach Yeşilhisar.

Im Gefolge von kirchenpolitischen Auseinandersetzungen wurde Gregor von Nazianz gegen seinen Willen zum Bischof von Sasima ernannt. Dieses Amt konnte er aber nicht antreten, weil ihm verweigert wurde, den Ort zu betreten. Gregor empfand es aber auch als Zumutung, in das abgelegene Städtchen zu gehen. Sasime heißt heute Hasanköy und liegt bei Gölcük. In den Jahren 380-381 hatte er das Amt des Metropoliten in Konstantinopel inne, dort saß er beim zweiten ökumenischen Konzil (381) vor. Die theologischen Auseinandersetzungen veranlassten ihn schließlich, den Vorsitz abzugeben und von seinem Amt als Metropolit zurückzutreten.

Nach seiner Wirkungszeit in Konstantinopel kehrte Gregor nach Kappadozien zurück und wurde Nachfolger seines Vaters als Bischof von Nazianz. Er wohnte wieder in Arianzos und griff von dort aus in die kirchlichen Fragen von Nazianz ein.

In der Nähe von Arianzos, bei Sivrihisar, sieht man bei der von Güzelyurt kommenden Straße die Ruine der Kızıl Kilise, der Roten Kirche. Der Fußweg zu der einsam gelegenen, gut erhaltenen, frühbyzantinischen Kirche lohnt sich. Man hat sie als Grabeskirche von Gregor gedeutet. Wahrscheinlicher ist, dass die Kirche den Märtyrern von Arianzos geweiht war.

Der Hauptort des Gebietes ist Güzelyurt, schöne Heimat. Bestimmt hat Gregor von Nazianz auch in Güzelyurt gewirkt. In Güzelyurt und der näheren Umgebung sind typisch kappadozische Felsenkirchen erhalten. Auch die Kirchenruinen jüngeren Datums in der Umgebung von Güzelyurt sind sehr sehenswert. Güzelyurt ist eine sehenswerte, etwas romantische Kleinstadt, die vom Tourismus wenig berührt wird.

Der Bilderstreit

Kappadozien hat auch in besonderer Weise Einsiedler angezogen. Die kappadozische Landschaft schuf den idealen äußeren Rahmen, um in der Askese die Nähe zu Gott zu erfahren. Deshalb gehört Kappadozien zu den Landschaften der Kirchengeschichte, in denen das Mönchtum seine Prägung erhalten hat. Viele der Mönche Kappadoziens lebten von der künstlerischen Gestaltung der Höhlenkirchen. Deshalb waren die Mönchsgemeinschaften Kappadoziens vom Ikonoklasmus, dem Streit um die Verehrung der Darstellung von Heiligen, besonders hart betroffen. Während noch die frühen Christen in alttestamentlicher Tradition eine Darstellung Heiliger ablehnte, gewannen die Ikonen als Andachtsbilder ab dem 5. Jahrhundert zunehmend an Bedeutung. Die Verehrung der Bilder Christi, der Jungfrau Maria und der Heiligen führte zu heftigen Auseinandersetzungen. Im Jahre 726 befahl Kaiser Leon III., alle Ikonen aus den Kirchen zu entfernen und zu vernichten. In Teilen des byzantinischen Reiches führte dieser Befehl zu großen Streitereien. In diesen bürgerkriegsähnlichen Zuständen waren die Mönche Kappadoziens Opfer und Täter zugleich.

Beim siebten ökumenischen Konzil in Nicäa 787 hob Kaiserin Irene den Ikonoklasmus auf. Der Streit darüber dauerte aber noch an, bis Kaiserin Theodora 843 die Bilderverehrung wieder erlaubte und den Mönch Methodios, der selbst zu den Bilderverehrern zählte, zum Patriarchen von Konstantinopel wählen ließ.

Der Religionsfrieden nach Beendigung des Bilderstreits führte zu einem schöpferischen Wirken der kappadozischen Mönche. Nun entwickelte sich Kappadozien zu einem Zentrum der byzantinischen Kunst. Die Heiligendarstellungen in den kappadozischen Kirchen und Klöstern stammen fast ausnahmslos aus der Zeit nach dem Ikonoklasmus bis ins 13. Jahrhundert.

Ausnahmen bilden einige Kirchen, dazu gehört die Barbara-Kirche in Göreme, die weitgehend mit Ornamenten ausgemalt ist. Diese sind in der Zeit des Ikonoklasmus entstanden. Soweit Bilder zu erkennen sind, wie das Christusbild in der Apsis, sind diese nach der Periode des Bilderstreites entstanden.

Kappadozien nach der Eroberung durch die türkischen Selçuken

In der byzantinischen Zeit verstand man unter Kappadozien das Gebiet, das durch den Tuz Golü, den Salzsee, im Westen, den Euphrat im Osten, die hohen Taurusberge im Süden sowie durch die heutigen Städte Sivas und Yozgat im Norden begrenzt war.

Die byzantinischen Christen Kappadoziens litten unter den Überfällen der Araber im 7. und 8. Jahrhundert. Die unterirdischen Städte erwiesen sich bei diesen Einfällen als ein ideales Rückzugsgebiet.

Der Sieg des Selçuken Alp Arslan über den byzantinischen Kaiser Romanos IV. Diogenes in Malazgirt beim Van-See öffnete den Selçuken im Jahr 1071 die Tore nach Anatolien. Sie nahmen auch Kappadozien ein.

Die Politik der Selçuken war geprägt durch hohe Bildung und Toleranz. Als Beweis des Fortschrittes, der mit den Selçuken nach Anatolien kam, kann die Çifte Medresesi in Kayseri genannt werden, die als erste Medizinschule und erstes Krankenhaus auf anatolischem Boden gilt.

Das kirchliche Leben in Kappadozien erfuhr durch die Selçuken wenig Einschränkungen. So ist auch zu erklären, dass in der

St. Georgs-Kirche oder Kırkdamaltı-Kilisesi, die Kirche unter den vierzig Dächern, im Ihlara-Tal Darstellungen und Inschriften zu sehen sind, die einen christlichen Offizier und seine georgische Frau zusammen mit dem heiligen Georg zeigen. Der Offizier trägt Kaftan und Turban, er steht also im Dienste der Selçuken. Sein Name ist Basileios, seine Frau heißt Tamara; die beiden sind als Stifter der Kirche ausgewiesen. Auch der selçukische Sultan Mesut II. ist dargestellt. Die Darstellungen werden in die Zeit um 1290 datiert, also rund 200 Jahre nach der Einnahme Kappadoziens durch die Selçuken. Sie sind sowohl ein Beweis des guten Zusammenlebens von Christen und Muslimen als auch der Toleranz der islamischen Selçuken als Machthaber.

Die Felsenkirchen

Zwischen 600 und 1.000 Felsenkirchen hat man in Kappadozien gezählt, die oft wie Bienenstöcke aus den Felsen gehauen wurden. Ungefähr 100 davon enthalten Darstellungen mit christlichen Motiven. Nahezu alle architektonische Formen christlicher Kirchen wurden aus den kappadozischen Tuffsteinen herausgearbeitet. Vielfach findet man Felsenkirchen mit der Form einfacher Kapellen mit Gewölbe; überwiegend aber sieht man Kreuzkuppelkirchen. Einige Kirchen haben die Form einer Basilika, auch Kirchen als Trikonochenanlagen – mit drei gleichlangen Apsiden – sind zu finden, ihr Grundriss erinnert an die Geburtskirche von Betlehem.

Da der architektonischen Gestaltung aufgrund der natürlichen Gegebenheiten Grenzen gesetzt waren, wurde der Schwerpunkt auf die Ausmalung der Kirchen gelegt. Neutestamentliche und apokryphe Themen stehen im Mittelpunkt der Darstellungen. Dazu gehören die Kindheit Marias, die Ankündigung und Geburt sowie die Taufe Jesu. Szenen aus dem Leben Jesu mit den überlieferten Wundern und die Gemeinschaft mit den Aposteln nehmen einen breiten Raum ein. Bilder mit den Darstellungen Christi, von Jesu Sterben und Auferstehung und als Pantokrator, dem Herrscher der Welt, machen die Christologie anschaulich.

Fresken der Heiligen und der Kirchenväter, vor allem aus der kappadozischen Tradition, machen die frühe Kirchengeschichte lebendig.

Die Förderer des Christentums, Kaiser Konstantin und die Kaiserin Helena, ehren Bilder in der Yılanlıkirche, Schlangenkirche. Alttestamentliche Darstellungen der Könige David und Salomo enthalten die Karanlık Kilisesi, dunkle Kirche, und die Elmalı Kilisesi, Kirche mit dem Apfel.

In zahlreichen Kirchen findet man Fresken mit christlichen Symbolen. Der Hahn ist ein Symbol der Wachsamkeit, die Taube steht für Fruchtbarkeit, Keuschheit und Frieden. Gleichzeitig erscheint die Taube als Symbol des Heiligen Geistes. Der Weinstock erinnert an das Wort Jesu: „Ich bin der Weinstock, ihr seid die Reben." Der Stier ist ein Sinnbild für die Stärke und der Löwe symbolisiert den Sieg und die Rettung. Erstaunlicherweise kommt das bis heute bekannteste Symbol des Christentums, der Fisch, in Kappadozien kaum vor.

Das bekannteste Zentrum der Felsenkirchen ist das Tal von Göreme, in dem man auf engstem Raum zahlreiche byzantinische Kirchen und Klosteranlagen besichtigen kann. Deshalb tritt das Freilichtmuseum Göreme im Ausland teilweise als Namensgeber der ganzen Region auf. Der Name Göreme geht zurück auf den altanatolischen Begriff „Karamana", das Volk der großen Muttergöttin. Nicht weit entfernt von Göreme liegt Zelve, mit den tief eingeschnittenen Tälern. Die kurze Fahrt dorthin führt durch ein Kerngebiet Kappadoziens, vorbei an zahlreichen Tuffsteinkegel in beeindruckenden Landschaften. Wer abseits der für den Tourismus erschlossenen Gebiete weitere Täler und Felsenkirchen entdecken will, sollte die eigenartige Felsformationen in Soğanlı bei Yeşilhisar aufsuchen.

Schon die Fahrt von Ürgüp, dem Zentrum Kappadoziens, nach Soğanlı führt durch abwechslungsreiche und schöne kappadozische Landschaften. Auf der Fahrt von Kappadozien nach Ankara oder nach Konya lohnt sich noch ein Abstecher in die canonartige Schlucht von Ihlara, rund 20 Kilometer westlich von Aksaray.

Neben diesen Zentren der byzantinischen Lebenswelt und Glaubenspraxis sind in Kappadozien, zahlreiche weitere typische

Abb. 52 Fresko in einer Höhlenkirche

Felsformationen mit Eremitenklausen, durchlöcherten Felswänden und Kirchen zu finden.

Die unterirdischen Städte

Die einheimische Bevölkerung Kleinasiens, besonders die Menschen in Kappadozien, dem Kerngebiet Anatoliens, war oft in kriegerische Auseinandersetzungen mit durchziehenden Heeren verwickelt. Der weiche Tuffstein bot die Möglichkeit zur Anlage von Rückzugsmöglichkeiten durch das Ausgraben von unterirdischen Aufenthaltsorten aus dem weichen Tuffstein. Rund 400 unterirdische Siedlungen soll es geben, ungefähr 150 davon wurden teilweise freigelegt und sind – eingeschränkt – begehbar. Die unterirdischen Städte Kaymaklı und Derinkuyu im Kerngebiet von Kappadozien bei Göreme können auch ohne Begleitung besucht werden, weil sie ausreichend beleuchtet und beschildert sind.

Die Städte erscheinen wie ein Labyrinth von Gängen und Räumen. Sie dienten als Zufluchtsort in kriegerischen Zeiten und enthielten Vorratsräume, Wasserdepots und Weinkeller. Ein ausgeklügeltes Belüftungssystem vervollständigte die unterirdischen Anlagen.

In Kaymaklı und Derinkuyu dürften jeweils 10.000 bis 15.000 Menschen eine Zuflucht gefunden haben, in Özkonak bei Avanos könnten sich in Kriegszeiten bis zu 60.000 Kappadozier aufgehalten haben.

Die unterirdischen Städte müssen schon im 5. Jh. v. Chr. bestanden haben, denn Xenophon berichtet, dass die zurückziehenden Griechen in einer unterirdischen Stadt übernachtet hätten.

Vermutlich haben die Völker, die in der Geschichte Kappadozien ihre Heimat nannten, die unterirdischen Städte immer weiter ausgebaut und tiefer gelegene Stockwerke geschaffen. Teilweise sind 20 unterirdische Etagen in den Tuffstein gegraben. Verbindungsgänge zwischen den einzelnen Städten bestehen bis heute, konnten aber noch nicht freigelegt werden.

Für die Christen Kappadoziens bildeten die unterirdischen Städte ein ideales Rückzugsgebiet bei den Einfällen der Araber. Eine Kapelle mit Kreuzgrundriss und Taufstein ist in Derinkuyu freigelegt.

Kayseri – Cäsarea

Die Stadt Kayseri, das byzantinische Cäsarea, war in der frühchristlichen Zeit der Hauptort der Region Kappadozien und ein Zentrum der Theologie. Basilius der Große wirkte dort. Die kappadozische Kirche mit Cäsarea wurde zur Mutterkirche der armenischen Kirche, die sich 374 von der kappadozischen Mutterkirche trennte.

Kayseri hat sich zu einer modernen Industriestadt entwickelt. Die Gregorkirche, in der Nähe des Mausoleums Döner Kümbet, wurde restauriert und ist sehr sehenswert. Die anderen Sehenswürdigkeiten der Stadt stammen nahezu alle aus der selçukischen Periode.

Leider mussten die engen Gassen und alten Häuser, die einen Eindruck der antiken Stadt Cäsarea vermittelten, in den zurückliegenden Jahrzehnten breiten Straßen und modernen Wohnblöcken Platz machen.

Die Mittelmeerküste – Pamphylien und Lyzien

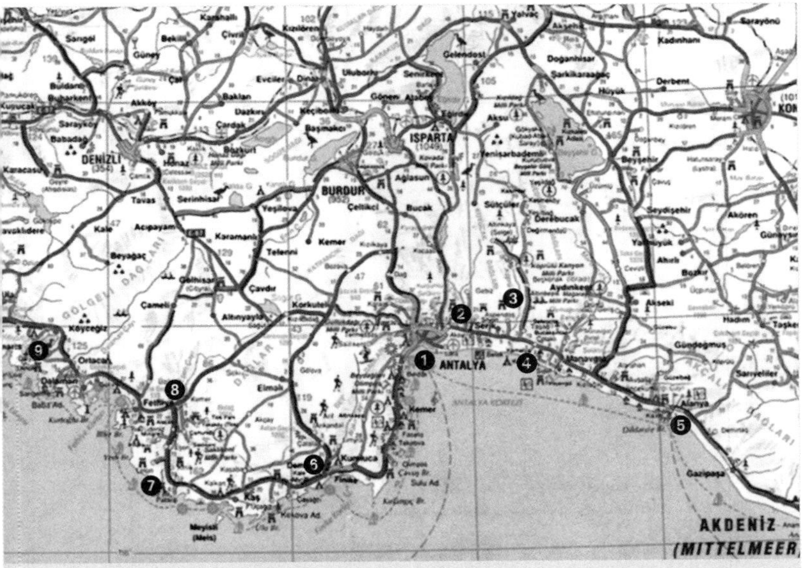

Abb. 53 Die Mittelmeerküste

❶ *Antalya* – Attalia; ❷ *Perge*; ❸ *Aspendos*; ❹ *Selimiye* – Side; ❺ *Alanya* – Korakesion; ❻ *Kale oder Demre* – Myra; ❼ *Xanthos und Patara*; ❽ *Fethiye* – Telmessos; ❾ *Dalyan* – Kaunos

Die Mittelmeerküste, auch als türkische Riviera bezeichnet, hat sich zum Zentrum des Tourismus in der Türkei entwickelt. Zu den Badeorten in der historischen Landschaft Pamphylien gehört das Zentrum der Region, Antalya, sowie die im Küstenabschnitt östlich der Stadt gelegenen Orte bis nach Alanya. Zum Urlaubszentrum von Antalya zählt auch die 40 Kilometer südlich von Antalya gelegene aufstrebende Stadt Kemer, dort hat ein Bauboom eingesetzt. Obwohl sich der Tourismus im Küstenabschnitt von Kemer bis Alanya konzentriert, der sich über 200 Kilometer erstreckt, findet man auch abgeschiedene Stellen und Buchten, die vom Tourismus kaum berührt werden.

Die bekanntesten antiken Stätten an der pamphylischen Küste sind Side, Aspendos und Perge. Antalya steht an der Stelle der neutestamentlichen Stadt Attalia, deshalb sind kaum Erinnerungen erhalten. Aber auch weniger bekannte Ausgrabungen in der Region um Antalya sind lohnenswerte Ziele. Dazu gehört ein Ausflug zu den Ausgrabungen von Termessos im Taurusgebirge, das sich mächtig hinter Antalya erhebt. Vom Theater in 1600 Meter Höhe hat man einen herrlichen Blick auf den Golf von Antalya, der antike Friedhof von Termessos ist der größte und sehenswerteste in Anatolien.

Südlich von Antalya beginnt die lyzische Küste. Lyzien ragt von Antalya bis Köyceğiz wie eine bogenförmige Halbinsel ins Mittelmeer hinein und wird auch das kleinasiatische Tirol genannt, weil das Bergland schwer zugänglich und von Flüssen durchschnitten ist. Einzelne Berge erreichen eine Höhe von 3.000 Meter. Der lyzische Küstenabschnitt mit den bewaldeten Buchten und oft steilen Übergängen zu den Bergen ist eine der schönsten Landschaften der Türkei. Kulturhistorisch interessierte Besucher finden in Lyzien zahlreiche antike Stätten, die den Reiz des Ursprünglichen bewahrt haben, aber auch bekanntere Orte wie Myra, die Stadt des legendären Bischofs Nikolaus, heute Kale oder Demre genannt. Trotzdem liegt die lyzische Küste abseits des Massentourismus, der sich mehr im Bereich zwischen Antalya und Alanya konzentriert.

1. **Antalya** – Attalia

Der pergamenische König Attalos II. gründete die Stadt Attalia 158 v. Chr. und gab ihr seinen Namen. Im Jahr 133 v. Chr. starb Attalos III., das pergamenische Reich fiel testamentarisch an Rom. Die Römer interessierten sich aber zunächst wenig für Pamphylien an der abgelegenen Südküste, die wegen der Piraterie berüchtigt war. Erst Mitte des 1. Jahrhunderts v. Chr. wurde Attalia zum wichtigsten Stützpunkt im Kampf gegen die Seeräuber und ab 25 v. Chr. Hauptstadt der neuen Provinz Pamphylien.

Im Neuen Testament erscheint Attalia mehr am Rande. Auf dem Rückweg von der ersten Missionsreise „kamen sie nach Pamphylien, verkündeten in Perge das Wort und gingen dann nach Attalia hinab. Von dort fuhren sie mit dem Schiff nach Antiochia" (Apg 14,24-26). Dem Bericht von Lukas zufolge war Paulus lediglich in Attalia, um ein Schiff zur Rückkehr nach Antiochia in Zilizien zu finden. Die Städte an der pamphylischen Küste hatten für die Verkündigung durch Paulus kaum Bedeutung. Keine Gemeindegründung ist überliefert, auch kein Brief des Apostels an die Christen in Pamphylien bekannt, Lukas beschränkt sich auf den kurzen Hinweis der Wortverkündigung in Perge. Dabei war Pamphylien die Heimat von Juden, und die Synagoge mit der Möglichkeit zur Schriftlesung und Auslegung nutzte der Apostel sonst zur Verkündigung des Evangeliums. Das römische Edikt (135 v. Chr.) zum Schutz der jüdischen Bevölkerung nennt auch die Juden Pamphyliens. Das Pfingstwunder erlebten in Jerusalem auch Juden aus Pamphylien (Apg 2,10).

Auch in der Kirchengeschichte hat Antalya keine große Rolle gespielt, die Stadt unterstand dem Bischof von Perge und wurde erst 1084 zum Bischofssitz erhoben. Aber schon ein Jahr später begann bereits die Zeit der türkischen Selçuken in Antalya, die 1085 die Stadt einnahmen.

Antalya hat sich zu einer Großstadt mit 1,5 Millionen Einwohnern entwickelt, trotzdem ist sie die schönste türkische Stadt an der Südküste geblieben. Die Altstadt mit den romantischen Gassen um den Yachthafen wurde mustergültig erneuert, der Stadtpark mit den subtropischen Pflanzen und Bäumen sowie den schroffen Bergen des Taurusgebirges im Hintergrund verleihen der Stadt eine Atmosphäre, die sich in der Bezeichnung türkische Riviera widerspiegelt.

Zwischen den Stadtmauern ❶, die man bei einem Rundgang weniger wahrnimmt, erstreckt sich die unter Denkmalschutz stehende Altstadt. Der Uhrturm ❷ und – vielleicht auch – der Hıdırlık-Turm, Hıdırlık Kulesi ❺, gehörten früher zur Stadtmauer. Unterhalb des Atatürk-Denkmals ❻ erhebt sich das Wahrzeichen der Stadt, das Yivli Minare ❼, das Minarett mit den „Rillen". Das 1219 errichtete Minarett besteht aus acht hal-

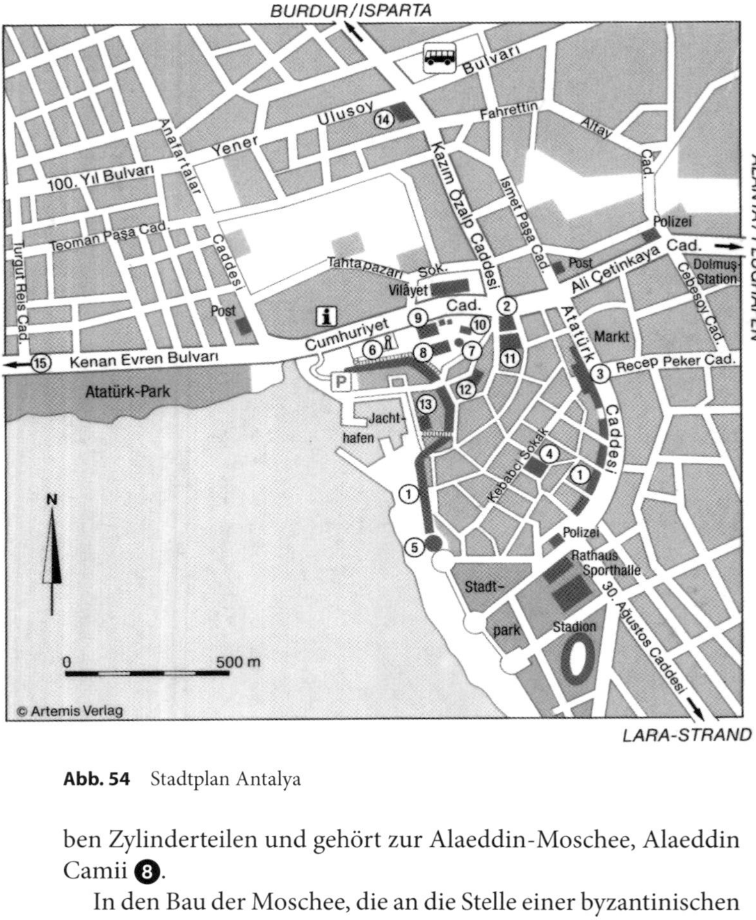

Abb. 54 Stadtplan Antalya

ben Zylinderteilen und gehört zur Alaeddin-Moschee, Alaeddin Camii ❽.

In den Bau der Moschee, die an die Stelle einer byzantinischen Basilika trat, gingen antike Säulen und Kapitelle ein. Das interessante Portal einer Medrese, Koranhochschule ❾, ist in der Nähe des Yivli Minaretts erhalten geblieben. Die Karatay Medresesi ⓬, ebenfalls eine frühere Koranhochschule, wird von der Stadtverwaltung genutzt. Im früheren Kloster der Derwische ❿ ist heute die Kunstgalerie untergebracht. Zu den bekanntesten Besuchspunkten in der Altstadt gehört das Hadrianstor, Üçkapılar ❸, durch das Kaiser Hadrian 130 n. Chr. die Stadt betrat. Bei

Abb. 55 Das Yivli Minarett – das Wahrzeichen der Stadt Antalya

der Anlage mit den drei Torbögen erkennt man, dass Antalya in der Antike tiefer gelegen hat als die heutige Stadt. Die Kesik-Minare-Camii ❹, die Moschee mit dem abgebrochenen Minarett, wurde bei einem Brand 1851 zerstört. Die Moschee, die danach nicht wieder aufgebaut wurde, hat man im 16. Jh. in eine byzantinische Kirche eingebaut, deren Anlage als dreischiffige Basilika gut zu erkennen ist. Die ehemalige Kirche wurde an der Stelle eines Tempels errichtet, wahrscheinlich geht der Rahmen des Portals auf den Tempel zurück. Die Tekkeli-Mehmet-Paşa-Moschee ⓫, die İskele-Moschee ⓭ am Jachthafen und die Murat-Paşa-Moschee ⓮ sind ebenfalls sehenswert.

Auf der anderen Seite der Atatürk Straße und der Cumhuriyet Straße finden die Besucher moderne Geschäfte sowie den interessanten Obst- und Gemüsemarkt.

Im Museum von Antalya ⓯ werden ausgewählte Exponate aus Pamphylien und Lyzien gezeigt, dazu gehören Reliquien des Bischofs Nikolaus aus Myra. Besonderes Interesse wecken die Funde der antiken Stadt Perge mit den Götterstatuen sowie die Präsentation von Mosaiken und byzantinischen Ikonen.

Im Zentrum von Antalya haben die Evangelische und Katholische Kirche Deutschlands 2004 ein Gemeindehaus mit einer Kapelle, die St. Nikolaus-Kirche, Aziz-Nikolas-Alman-Kilisesi, eröffnet. Die Geistlichen kümmern sich um die etwa 15.000 Deutschen, die sich in der Region niedergelassen haben, bieten Urlauberseelsorge an und laden zu Gottesdiensten ein.

2. Perge

Die Ausgrabungen der Stadt Perge findet man rund 15 Kilometer östlich von Antalya an der Straße nach Alanya in der Nähe des Dorfes Aksu. Das Ruinenfeld von Perge ist wegen seiner Ausdehnung beeindruckend, gleichzeitig sind die Anlagen und Bauten gut erhalten, ein Gang durch das Ruinenfeld vermittelt einen Eindruck über das Aussehen der antiken Stadt.

Der Name der Stadt ist altanatolischer Herkunft und heißt „hoher Ort". Wahrscheinlich enthält er eine Anspielung auf erste Siedlungen, die sich an der Stelle der späteren Akropolis der Stadt befanden. Der Aufstieg zur Akropolis lohnt sich wegen der Aussicht, die man von dort über die alte Stadt genießen kann, auch die Reste einer Kirche sind sichergestellt. Dort könnte auch der einst berühmte Tempel der Artemis von Perge gestanden haben, denn die Christen haben ihre Kirchen nicht selten über die heidnischen Tempel gebaut. Der Geschichtsschreiber Strabon (65 v. Chr. bis 26 n. Chr.) berichtet von dem Artemistempel in Perge auf einer Anhöhe außerhalb der Stadt. Artemis war die Muttergottheit von Perge, sie ist, wie auch der Artemistempel, auf zahlreichen Münzen dargestellt.

Zur Geschichte von Perge

Über die frühe Geschichte der Stadt weiß man wenig. Erst aus der Zeit Alexander des Großen gibt es zuverlässige Berichte: Die Bürger der Stadt öffneten den Truppen Alexanders freiwillig die Tore (333 v. Chr.), vielleicht auch in kluger Vorsorge, weil die Stadt nicht genügend befestigt war. Von 312-188 v. Chr. wurde Perge von den Seleukiden beherrscht, die im Osten des Landes die Nachfolge Alexanders angetreten hatten. Die Periode der Seleukiden war eine Blütezeit für Perge. Danach stand die Stadt unter der Herrschaft verschiedener Machthaber, bis sie 133 v. Chr. mit dem pergamenischen Reich zu Rom kam. Eine neue Blütezeit setzte aber erst im 2. und 3. Jahrhundert n. Chr. ein. Perge erlangte den Rang einer Metropolis, einer „ersten Stadt" in Pamphylien. Die Stadt besaß „Asylie", das Recht, das Eigentum und die Unverletzlichkeit der Person von Bürgern anderer Staaten zu schützen, die in Perge Zuflucht suchten. Die Ruinen der Stadt gehören weitgehend in diese Zeit.

Perge im Neuen Testament

Paulus und Barnabas kamen bei der ersten Reise von Zypern nach Perge und gingen von dort ins Innere Kleinasiens nach Antiochia in Pisidien (Apg 13,13-14). Perge war damals noch über den Fluss Kestros, Aksu, der schiffbar war, mit dem Meer verbunden. Deshalb könnten die Apostel von Zypern direkt bis Perge gefahren sein. Vielleicht haben sie aber auch, wie auf der Rückkehr, den Weg über Antalya eingeschlagen (Apg 14,24).

Zwei bis drei Jahre später kam Paulus auf dem Rückweg von der ersten Reise wieder nach Perge und verkündigte das Wort Gottes (Apg 14,25). Die Apostelgeschichte lässt die Frage offen, ob sich in der Stadt während dieser Zeit eine Gemeinde gebildet hatte.

Die Ausgrabungen von Perge

Eine gut ausgebaute Straße führt zu den ausgedehnten Ruinen von Perge. Vor dem Eingang zur alten Stadt liegen links die Ru-

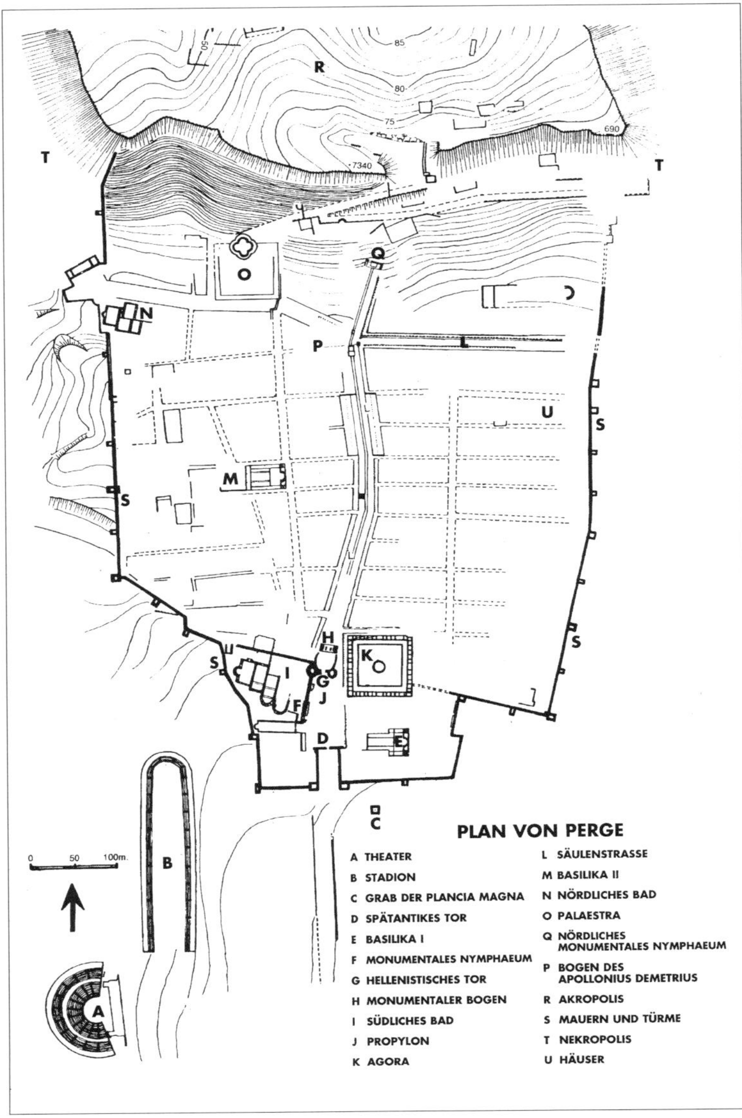

Abb. 56 Plan von Perge

inen des Theaters A aus dem 2. Jahrhundert n. Chr. und rechts die Ausgrabungen des Stadions B, das zu den besterhaltensten in Kleinasien gehört. Durch das römische und hellenistische Stadttor betritt man das Gebiet der antiken Stadt.

Das jüngere, römische oder spätantike, Tor D wurde im 4. Jahrhundert errichtet. Die ältere Anlage, das Haupttor G der hellenistischen Mauer, fällt durch die zwei ovalen Türme auf. Es gehört zu den eindrucksvollsten Bildern der Stadt. Im 2. Jahrhundert n. Chr. wurde die Toranlage von den Römern prachtvoll ausgestattet. Verschiedene Statuen standen in den Nischen der Mauern. Die Statuen der Götter und Stadtgründer von Perge sowie der legendären Wohltäterin, Plancia Magna, muss man sich in den hohen Nischen der Mauern vorstellen. Sie befinden sich, wie die meisten Statuen von Perge, heute im Museum von Antalya. Dem hellenistischen Tor gegenüber stand der monumentale Bogen H, eine von Kaiser Hadrian (117-138 n. Chr.) gestiftete Toranlage mit Statuen von römischen Kaisern.

Im Bereich zwischen den Toren liegt das monumentale Nymphäum F und das PropylonJ, die Eingangshalle zum südlichen

Abb. 57 Perge, römisches und griechisches Stadttor

Bad **I**. Bei der zweistöckigen Fassade des Nymphäums, auch als Brunnen des Kaisers Septimus Severus (193-211 n. Chr.) bezeichnet, ist der obere Teil zerstört, im unteren Teil erkennt man noch fünf Nischen. Hier fand man die Statuen von Septimus Severus, seiner Frau und den beiden Söhnen. Die sorgfältigen Ausgrabungen der ausgedehnten südlichen Thermenanlage lässt den Aufbau des römischen Bades gut erkennen.

Die 20 Meter breite Kolonnadenstraße führt mit einer Länge von gut einem halben Kilometer in das Innere der Stadt und biegt dann rechts ab **L**. Bei der Kreuzung soll der Triumphbogen des Apollonus Demetrius **P** rekonstruiert werden. In der Mitte der alten Hauptstraße verläuft der Wasserkanal, links und rechts der einstigen Prachtstraße kann man sich gedeckte Säulenhallen vorstellen, in denen Geschäfte untergebracht waren. Die Aufmerksamkeit der Besucher gilt den vier Säulen mit den Reliefs des Apollon, der Artemis von Perge, des Sehers Kalchas und der Tyche.

Zwei Kirchenruinen sind innerhalb der Stadtmauern von Perge gesichert. Die größte davon, die Bischofskirche **M**, befindet sich westlich der Kolonnadenstraße im Stadtzentrum, sie soll im 5. Jahrhundert mit schon vorher verwendeten Steinen erbaut worden sein. Beim ersten ökumenischen Konzil in Nicäa war Perge durch einen Bischof vertreten. Die Reste einer Basilika **E** liegen östlich zwischen den beiden Stadttoren.

Schon in byzantinischer Zeit wurde Perge allmählich verlassen, die Bevölkerung ließ sich in Antalya nieder, nach der Machtübernahme durch die türkischen Selçuken verlor Perge endgültig seine Bedeutung.

Bei einem ausgedehnten Rundgang gelangt man bis zum nördlichen Nymphäum **Q** unterhalb der Akropolis und zur Palästra **O**, dem Bereich eines Gymnasiums für sportliche Übungen. Auf dem Rückweg kommt man an der Agora **K**, dem geschäftlichen Mittelpunkt der antiken Stadt, vorbei. In der nordöstlichen Ecke ist der Steinblock mit den Ornamenten, der wohl als Spieltisch für eine Art Backgammon diente, das die Türken heute „Tavla“ nennen und in den Teehäusern spielen, ein seltenes Stück Erinnerung an die Antike.

Außerhalb der alten Stadtmauern liegt das wenig beachtete Grab der Plancia Magna Ⓒ, die während der Regierungszeit von Kaiser Hadrian ihr Leben der Förderung der Stadt Perge gewidmet hat. Ihre Statue steht ebenfalls im Museum in Antalya.

Das Ruinenfeld von Perge gehört zu den größten und sehenswertesten der Türkei. Im Gegensatz zu anderen Ruinenstätten hat Perge einen besonderen Reiz erhalten. Die Bauern der umliegenden Dörfer weiden gelegentlich ihre Tiere im Ruinenfeld, wer gleichzeitig durch die Ruinen unterwegs ist, wird das Bild der Tiere mit ihren Besitzern nicht vergessen. Besonders die Mädchen und Frauen mit ihren bunten Kleidern bilden einen interessanten Kontrast zu den alten Steinen.

3. Aspendos

Auf halbem Weg zwischen Antalya und Manavgat liegen vier Kilometer abseits der Hauptstraße die Ruinen von Aspendos. Dort fasziniert das römische Theater, das zu den am besten erhaltenen der Antike gehört.

Das Theater wurde im 2. Jahrhundert n. Chr. erbaut, es bot rund 20.000 Zuschauern Platz. Weil die Selçuken das Gebäude als Palast benutzten, haben sie es geschützt und gut unterhalten. Die Steine wurden nicht abgetragen und zum Bau der umliegenden Dörfer verwendet.

Der untere Teil des Theaters hat 20, der obere 19 Sitzreihen. Den oberen Abschluss bilden die Pfeilerarkaden. Heute bietet das Theater von Aspendos eine herrliche Kulisse für Konzerte und Theateraufführungen. Auch eine alte Tradition der Türkei wird in Aspendos gepflegt: Die Güreşçi, die Ringer mit der durchs Öl glitschigen Haut, tragen im Theater ihre Wettkämpfe aus.

Wer das Theater gesehen hat, findet die Ruinen der antiken Stadt eher bescheiden, lediglich die mächtigen Reste des Aquädukts beim Dorf Büyükbelkıs wecken nochmals das Interesse der Besucher.

An die christliche Zeit der Stadt erinnern die Grundmauern einer 140 Meter langen Basilika auf der Akropolis.

4. Selimiye – Side

Das Städtchen Side, ungefähr auf halbem Weg von Antalya nach Alanya, hinterlässt zunächst den Eindruck eines großen Basars. Der amtliche Namen, Selimiye, wird selten gebraucht. Es liegt auf einer Halbinsel, die kilometerlangen, flachen Sandstrände bei Side bieten beste Möglichkeiten zum Baden und Wassersport. In den Gassen der kleinen Stadt findet man Geschäfte aller Art, dort bummeln die Touristen und versuchen, für Schmuck und Teppiche gute Preise auszuhandeln.

Side heißt Granatapfel, das Symbol der Fruchtbarkeit zeigen alte Münzen. Im ersten Jahrhundert vor Christus war die Stadt bekannt für den Sklavenmarkt und berüchtigt wegen der Seeräuber, die Zugang zum Hafen hatten. Im 2. und 3. Jh. n. Chr. erlebte die Stadt eine Blütezeit, zahlreiche Bauten, deren Ruinen die Urlauber bei einem Stadtbummel besichtigen, wurden in dieser Zeit erstellt. Im 7. Jh. verließen die Bewohner die Stadt, sie machten Antalya zu ihrer neuen Heimat, schon im 9. Jh. wird Side als ein verlassenes Piratennest bezeichnet. Türkische Auswanderer aus Kreta ließen sich dann Ende des 19. Jh. in Side nieder und sorgten für einen neuen Anfang in der Geschichte der Stadt.

Die Hauptsehenswürdigkeit ist das Theater, es war für 15.000 Zuschauer ausgelegt und gehörte zu den größten in Pamphylien. Von den obersten Reihen des Theaters bietet sich ein schöner Blick über das Ruinenfeld und die mit Leben erfüllte Stadt. Am Ende der Halbinsel ist der ehemals heilige Bezirk, dort befanden sich die Tempel der Athena und des Apollon. In der byzantinischen Zeit wurden die Tempel teilweise in den Bau einer Basilika einbezogen. Die Archäologen haben in den letzten Jahren einige Säulen mit dem Gesims des Apollontempels wieder aufgerichtet, der Platz am Meer hat dadurch seinen eigentümlichen Reiz wiedergewonnen.

Auf dem Ruinengelände findet man noch die Reste einer großen und kleinen Basilika sowie des Bischofspalastes. Die christliche Gemeinde der Stadt scheint nicht unbedeutend gewesen zu sein, denn sie wird in der Kirchengeschichte verschiedentlich erwähnt. Bischof Amphilios von Ikonion, Konya, hatte

Abb. 58 Der Apollontempel in Side

390 den Vorsitz einer Synode, die in Side tagte. Aus Lykaonien und Pamphylien waren 25 Bischöfe angereist, um über Maßnahmen gegen die „Messalianer", einer Gruppe von enthusiastischen Christen, zu beraten. Die Messalianer behaupteten, dass im Menschen von Geburt an ein Dämon wohne, der nur durch ständiges Gebet vertrieben werden könne. Die Bekämpfung der Messalianer war wohl nicht sofort erfolgreich, denn der spätere Bischof Amphilios aus Side trug das Problem beim Konzil in Ephesus 431 erneut vor.

Der besondere Reiz des Aufenthaltes in Side besteht für die Urlauber darin, dass die heutige Kleinstadt mit dem antiken Side zusammenfällt. Es gibt wohl keinen Ort in der Türkei, in dem Antike und modernes Leben so eng beieinander liegen.

5. **Alanya** – Korakesion

Von Antalya, dem Zentrum an der türkischen Mittelmeerküste, dauert die Fahrt durch die Küstenebene nach Alanya knapp zwei Stunden. Alanya liegt ganz im Osten von Pamphylien, östlich von Alanya rücken dann die Berge des Taurus ans Meer vor. Die Fahrt über Gazipaşa und Anamur nach Silifke nimmt viel Zeit in Anspruch, sie führt durch die gebirgige Landschaft Ziliziens entlang des Mittelmeeres und eröffnet prächtige Ausblicke.

In der Antike hieß die Stadt Korakesion. Der heutige Namen der Stadt geht zurück auf den Selçuken Alâeddin Keykûbad, der die Stadt 1221 eroberte und zu seinem Wintersitz machte. Sie wurde zunächst Alâiye, Land des Alâeddin, genannt, daraus hat sich der Name Alanya entwickelt.

Die Stadt kann keine antiken Denkmäler vorweisen. Die Besucher halten sich gerne beim Hafen mit dem Roten Turm, der im 13. Jh. errichtet wurde, auf. Das Wahrzeichen der Stadt ist der mächtige Burgfelsen mit der byzantinischen Burganlage, an der die Selçuken und Osmanen weitergebaut haben. Die Ruinen der Burg liegen auf einer Höhe von 250 Meter direkt über dem Meer und sind die eigentliche Sehenswürdigkeit von Alanya. Auf dem Weg zum Burgfelsen kommt man an der ehemaligen St. Georgskapelle vorbei, die in eine kleine Moschee umgewandelt wurde. Im inneren Teil der Burg fallen die Ruinen einer byzantinischen Kirche auf. Vom Burgfelsen hat man einen herrlichen Blick auf die Bucht von Alanya, weit unten an der Spitze der Landzunge liegen die Reste eines Klosters.

Etwa 5.000 Deutsche haben in Alanya Eigentum erworben und die Stadt zu ihrer zweiten Heimat gemacht. Sie schätzen das angenehme Klima, das sogar die Anlage von Bananenplantagen ermöglicht. Aber auch die Tropfsteinhöhle Damlataş unterhalb des Burgfelsens wird gerne von Asthmakranken und Menschen, die unter Rheuma leiden, zur Linderung der Beschwerden aufgesucht. Die Ärzte und private Krankenhäuser haben sich auf die neuen Bürger von Alanya eingestellt, sie bieten ihre Dienste in deutschsprachigen Lokalzeitungen an. Aber auch sonst entsteht für die Deutschen eine Infrastruktur, die dem Leben in der neuen Heimat gerecht werden will. Einige Lokale tragen nicht nur typisch deutsche Namen, ihre Speisen und Getränke entsprechen auch dem Angebot von Gaststätten in Deutschland. Manche Bäcker, auch deutscher Herkunft, bereiten Brot und Brötchen in der gewohnten Art und Weise zu.

Ein deutsch-türkischer Kulturverein unterstützt die Anliegen und Aktivitäten der deutschen Bevölkerung in Alanya. Die Betreuung durch einen evangelischen Seelsorger ist in Verbindung mit dem katholischen Geistlichen von Antalya im Aufbau, dort besteht bereits ein Gemeindezentrum.

6. **Kale oder Demre** – Myra

Rund zswei Autostunden südwestlich von Antalya liegt die aufstrebende Stadt Kale. Bis vor einiger Zeit hieß die Stadt Demre, die Türken gebrauchen vielfach auch diesen Namen. Das erste Interesse der Besucher gilt der Kirche des legendären Bischofs Nikolaus und dem Sarkophag, in dem er seine letzte Ruhe gefunden haben soll. Die Kirche liegt mitten in der Stadt.

Als die Christen von Myra im 4. Jahrhundert ihren Bischof zu Grabe trugen, konnten sie nicht ahnen, dass das Gedächtnis an ihn Jahrhunderte überdauern würde. Schon die Griechisch-orthodoxe Kirche hat den Bischof hoch verehrt. Im April 1087, rund 700 Jahre nach seinemTod, brachen Kaufleute aus Bari das Grab auf und brachten die Gebeine des Toten nach Italien. Dadurch breitete sich das Brauchtum auch auf das Abendland aus, zahlreiche Nikolaikirchen erinnern mit ihrem Namen an den Bischof aus Myra.

Myra ist der Ausgangspunkt vieler Legenden um den Bischof Nikolaus. Er war kein Glaubensstreiter oder Märtyrer. Doch galt er immer als Helfer der Armen und Retter der Unschuldigen. Einem verarmten Kaufmann soll er nachts drei goldene Beutel ins Fenster gelegt haben. So konnte dieser seine drei schöne Töchter ausstatten, die er in seiner Verzweiflung an ein Freudenhaus verkaufen wollte. Die Goldbeutel gingen später als Äpfel ins Brauchtum ein. Die Lebkuchen bezeugen, dass Nikolaus der Patron der Bäcker ist, seinen Ruhm hat er auch als Schutzheiliger Griechenlands, Russlands, der Seeleute, der Kaufleute und der Gelehrten. Ganz besonders aber wurde Nikolaus zum Beschützer der Kinder.

Die Nikolauskirche in Kale ist kein einheitlicher Komplex, zwei Bauabschnitte gehen auf das 6. Jh. zurück, der größte Teil der Kirche stammt aus dem 8. Jahrhundert, ins 12. Jahrhundert gehört der Hof mit den Umfassungsmauern. Die Besucher können die Baugeschichte nur schwer nachvollziehen, sie erkennen die Kirche als vierschiffige Basilika. Leider sind die Fresken der Kirche nicht gut erhalten, man kann aber annehmen, dass die Kirche weitgehend ausgemalt war. Der Sarkophag, der manchmal als letzte Ruhestätte des Bischofs Nikolaus in Myra angegeben wird, gehörte wahrscheinlich einem anderen Heiligen.

Von der Nikolauskirche in der Stadt ist es nicht weit bis zum römischen Theater. Auf dem Weg sieht man am Straßenrand interessante Teile des Frieses mit Masken, die einst zum Bühnenhaus des Theaters gehörten. Das Theater liegt unterhalb einer Felswand mit zahlreichen Felsgräbern. Sie sind die interessanteste Sehenswürdigkeit von Myra. Die Gräber zählen zu den besten Beispielen der lyzischen Grabarchitektur, vor einigen Gräbern befinden sich eindrucksvolle Reliefs.

Abb. 59 Statue des Bischofs Nikolaus im Garten der Nikolauskirche in Kale (Demre)

Die Hafenstadt von Myra hieß Andriake. Obwohl der Hafen versandet ist, lohnt sich die kurze Fahrt von Myra zu den Ausgrabungen. Der Apostel Paulus hat als Gefangener auf der Fahrt nach Rom dort das Schiff gewechselt (Apg 27,5). Lukas nennt lediglich Myra, ein Beweis dafür, dass Andriake und Myra in der Geschichte nicht voneinander zu trennen sind. Vielleicht war Paulus schon bei der Rückkehr von der dritten Reise von Milet nach Cäsarea in Myra, denn eine Handschrift der Apostelgeschichte überliefert, dass er, von Patara kommend, in Myra das Schiff wechselte (Apg 21,1-2).

In Myra muss wohl schon um das Jahr 200 eine bedeutende christliche Gemeinde gelebt haben, denn der Verfasser der Paulus-Akten berichtet von einer Begegnung von Paulus und Thekla in Myra. Die Jungfrau Thekla sehnte sich nach Paulus. Als sie erfuhr, dass er in Myra sei, verkleidete sie sich als Mann und begab sich nach Myra. Dort soll sie ihn gefunden haben, als er das Wort Gottes verkündigte. Paulus nahm Thekla an der Hand und führte sie in das Haus eines Bekannten. Thekla berichtete, was sich – seit der Verfolgung in Ikonion und Antiochia in Pisidien – alles ereignete, danach kehrte sie nach Ikonion zurück.

Viel Wert legt man in Kale auf die Pflege der alten Tradition der Kamelkämpfe. Wenn die Kampfkamele vor Einbruch des Winters von der Hochalm in die Ebene zurückkehren, bringen ihre Besitzer sie zum Kampf in die „Arena" von Kale. Zugelassen sind nur solche Kamele, die zuvor eine Art Schönheitswettbewerb bestanden haben. Das Kamel, das bei dem Zweikampf zu Boden geht, hat verloren.

7. Xanthos und Patara

Die Ausgrabungen der lyzischen Städte Xanthos und Patara liegen ungefähr auf halbem Weg zwischen Kale und Fethiye ganz im Süden der lyzischen Halbinsel.

Xanthos

Xanthos war die Hauptstadt des lyzischen Bundes, eines Zusammenschlusses von rund 40 lyzischen Städten. Der föderative Bund erreichte in der Mitte des zweiten Jahrhunderts v. Chr. den Höhepunkt seiner Bedeutung, hatte aber bestimmt schon früher Einfluss, weil die Städte Lyziens auch zuvor als Städtebund organisiert waren. Das beschließende Gremium bildete die Bundesversammlung, der Rat war ein weiteres Organ. In der Bundesversammlung waren die lyzischen Städte vertreten, die entsprechend der Einwohnerzahl und Bedeutung über eine, zwei oder drei Stimmen verfügten. Der Aufbau des lyzischen Bundes enthielt typische Elemente eines modernen demokratischen Staates.

Die Lyzier führten in der abgeschlossenen Landschaft an der Südspitze Anatoliens ein weitgehend eigenständiges Leben. Die

Griechen, die Lyder und die Perser konnten ihre Machtansprüche in Lyzien nur wenig durchsetzten. Erst als Lyzien 43 v. Chr. in das Römische Reich eingegliedert wurde, verlor es seine Selbständigkeit.

Xanthos gehörte zu den Städten mit drei Stimmen in der Bundesversammlung. Als Alexander der Große 333 v. Chr. dort auftauchte, war Xanthos eine wohlhabende Stadt.

Die Ausgrabungen von Xanthos zählen zu den eindrucksvollsten in Lyzien. Zahlreiche Funde stehen im Xanthos-Saal des Britischen Museums in London.

Bei den Besuchern der antiken Stadt gilt das erste Interesse dem Theater und den oberhalb der Zuschauerreihen stehenden zwei Pfeilergräbern. Das nördliche, der Harpyienpfeiler, ist ein fünf Meter hoher Pfeiler in der Form eines Monoliths, mit einer Grabkammer im oberen Teil, er wurde um 480 v. Chr. errichtet. Der Name Harpyienpfeiler geht zurück auf Darstellungen an der Grabkammer: Mädchen in Vogelgestalt, in der griechischen Mythologie Harpyien genannt. Das zweite Pfeilergrab ist ein hausförmiger Pfeilersarkophag. In diesem Bereich der Ausgrabungen sind auch die Grundmauern von zwei Kirchen gesichert.

Direkt oberhalb des Theaters liegen die Reste des römischen Marktplatzes, an dessen Nordostecke ein Pfeiler mit den Inschriften steht. Er ist knapp sechs Meter hoch und gehört in die Zeit 430/420 v. Chr. Die Inschrift auf den vier Seiten des Pfeilers ist der längste lyzische Text, er dokumentiert wohl den Sieg von Xanthos über eine Flotte der Athener (429 v. Chr.). Eine griechische Aufschrift fasst den lyzischen Text zusammen, die Entschlüsselung des Dokumentes geht auf den griechischen Text zurück, da der Dialekt der lyzischen Inschrift noch nicht vollständig erforscht ist. Ungefähr 300 Meter östlich des Inschriftenpfeilers findet man die Reste einer dreischiffigen byzantinischen Basilika. Die Ruinen gehören zu einer Kirche, die im 10./11. Jahrhundert erneuert wurde, denn die freigelegten Fresken sind wesentlich älter.

Die Reste eines großes byzantinischen Klosters sind auf der Akropolis gesichert, es wurde an der Stelle eines römischen Tempels errichtet. Von dort bietet sich ein schöner Blick über

Abb. 60 Xanthos, Byzantinische Basilika

das Ruinenfeld Richtung Süden zur Hafenstadt von Xanthos, Patara.

Patara

Patara liegt bei dem kleinen Ort Gelemiş. Die wenigen Touristen, die in Patara abseits des Massentourismus in netten Pensionen und kleineren Hotels mit typisch türkischer Atmosphäre ihren Urlaub verbringen, schätzen vor allem den 18 Kilometer langen und 400 Meter breiten Sandstrand, der in dieser Ausdehnung einmalig ist. Stammgäste befürchten wohl nicht zu unrecht, dass Patara für den internationalen Tourismus ausgebaut wird und die Idylle verloren geht.

Patara gehörte ebenfalls zu den bedeutenden Städten im lyzischen Bund, denn bei der Bundesversammlung hatte die Stadt drei Stimmen. Man betrat sie früher durch das große Eingangstor mit den drei Bögen. Dort ist eine Inschrift erhalten, die besagt, dass der Bau „vom Volk von Patara, Metropolis der lykischen Nation" errichtet wurde. Das Tor liegt heute rechts der Straße, die am Ruinengelände vorbei zum Strand führt.

Der etwas mühsame Weg zum Theater der Stadt lohnt sich. Es ist teilweise versandet, Bäume und Gebüsch nehmen große Teile des Bauwerks aus dem 2. Jahrhundert n. Chr. ein. Vom Hügel der Akropolis hinter dem Theater hat man einen schönen Blick über den kilometerlangen Sandstrand und die alte Stadt. Auf der linken Seite lag der Hafen, er war der wichtigste Hafen Lyziens. Er wurde bis ins 12. Jahrhundert benutzt, danach versandete er. Im Hafen von Patara wechselte Paulus bei der Rückkehr von der dritten Missionsreise von Milet nach Cäsarea das Schiff (Apg 21,1)

Etwa in der Mitte zwischen dem Theater und dem Eingangstor liegen die bescheidenen Reste einer Kirche. Die Gemeinde von Patara war in Lyzien bedeutend, ihr Bischof Eudemus vertrat die Provinz beim Konzil von Nicäa (325). Stolz waren die Christen der Stadt wohl auf den Bischof Nikolaus von Myra, der aus Patara stammte.

8. **Fethiye** – Telmessos

Fethiye gehört zu den Kreisstädten der Türkei, die zunehmend an Attraktivität gewinnen. Seit das Straßennetz der Türkei zwischen den Städten gut ausgebaut und die Versorgung gewährleistet ist, ziehen viele Türken mittelgroße Städte den Großstädten vor. Für Fethiye sprechen auch die herrliche Landschaft und das angenehme Klima.

Historische Sehenswürdigkeiten kann Fethiye kaum vorweisen. Die Stadt wurde 1856 und 1957 durch Erdbeben zerstört und weist heute, abgesehen von der Uferpromenade, eher einen nüchternen Charakter auf.

Das Wahrzeichen von Fethiye sind die lyzischen Felsgräber hoch über der Stadt. Das bekannteste ist das mächtige Grab eines Mannes mit dem Namen Amyntas aus dem 4. Jahrhundert v. Chr. Während die Fassade in der Form eines ionischen Tempels beeindruckt, ist die Grabkammer eher bescheiden. Im Gegensatz

Abb. 61 Fethiye, lyzischer Sarkophag bei der Burgruine

zu vielen lyzischen Felsgräbern ist es aber bequem zu erreichen. Links vom Amytasgrab ist noch eine Gruppe von Gräbern in der Felswand über der Stadt herausgearbeitet.

Etwas beschwerlicher ist der Aufstieg zur Burgruine. Der Johanniterorden aus Rhodos und Genuesen haben die Burg auf dem Akropolishügel im 15. Jahrhundert wieder errichtet. Von der Burg aus hat man eine schöne Aussicht über die Bucht von Fethiye, zwei kleinere Felsgräber und ein lyzischer Sarkophag überlebten die wechselhafte Geschichte der Burg.

Beim Hafen hat man begonnen, das antike Theater wieder freizulegen. Es erinnert an die lyzische Stadt Telmessos, an deren Stelle die moderne Stadt Fethiye entstand.

Von Fethiye kann man in bequemen Tagesausflügen zahlreiche lyzische Städte erreichen, einen besonderen Reiz erhalten die Fahrten, wenn sie kombiniert sind mit einer Bootsfahrt entlang der buchtenreichen lyzischen Küste.

Ein beliebter Badeplatz ist die Lagune Ölü Deniz, 15 Kilometer südlich von Fethiye. Allerdings besuchen doch zahlreiche Badefreunde den Strand, in den Sommermonaten wird der Ort seinem Namen „totenstilles Meer" nicht mehr gerecht.

Von Ölu Deniz sind es nur noch einige Kilometer nach Kaya Köyü, Felsdorf. Bis zum griechisch-türkischen Bevölkerungsaustausch nach dem Ersten Weltkrieg lebten in der Stadt 30.000 Griechen. Die Stadt mit 3.000 erhaltenen Häusern und zwei Kirchen hinterlässt den Eindruck einer Geisterstadt. Von Kaya Köyü führt ein Wanderweg durch schöne lyzische Landschaften zurück nach Fethiye.

9. **Dalyan** – Kaunos

Zwischen Fethiye und Marmaris liegt das kleine Städtchen Dalyan. Im früheren Fischerdorf hat ein Wandel eingesetzt, seit in der Nachbarstadt Dalaman ein internationaler Flughafen eröffnet wurde. Gleichzeitig unternehmen zahlreiche Urlauber, vor allem aus Marmaris, einen Tagesausflug zum berühmten Flussdelta und Strand bei Dalyan, dem Laichplatz der Meeresschildkröten, sowie zu den Felsgräbern und Ausgrabungen der Stadt Kaunos.

Die Aufmerksamkeit der Besucher weckt zunächst die Felswand mit den Gräbern, an denen man mit dem Boot auf dem Dalyan-Fluss vorbeifährt.

Die Gräber aus dem 4. Jahrhundert v. Chr. haben das Aussehen eines Tempels. Beeindruckend ist die Fassade, die Grabkammern selbst sind, wie bei den lyzischen Felsgräbern, klein, einfach und nur sehr schwer zu erreichen.

Vom Anlegeplatz bei den Gräbern aus kann man zur antiken Stadt Kaunos laufen. Der Ort gehörte zur antiken Landschaft Karien, die in der römischen Zeit zur Provinz Asien zählte. Kaunos lag an der Südgrenze der Provinz. Beim Gang durch das Ruinenfeld beeindruckt das gut erhaltene Theater aus dem 5. oder 4. Jh. v. Chr. am Fuß des Akropolishügels. Nicht weit entfernt vom Theater entdeckt man die Grundmauern einer dreischiffigen Basilika. Der Aufstieg auf den Akropolishügel lohnt sich, man sieht die antike Stadt mit dem versumpften Hafenbecken und das schilfbewachsene Flussdelta von Dalyan.

Abb. 62 Kaunos, Felsgräber

Die östliche Mittelmeerküste: Tarsus und Antakya

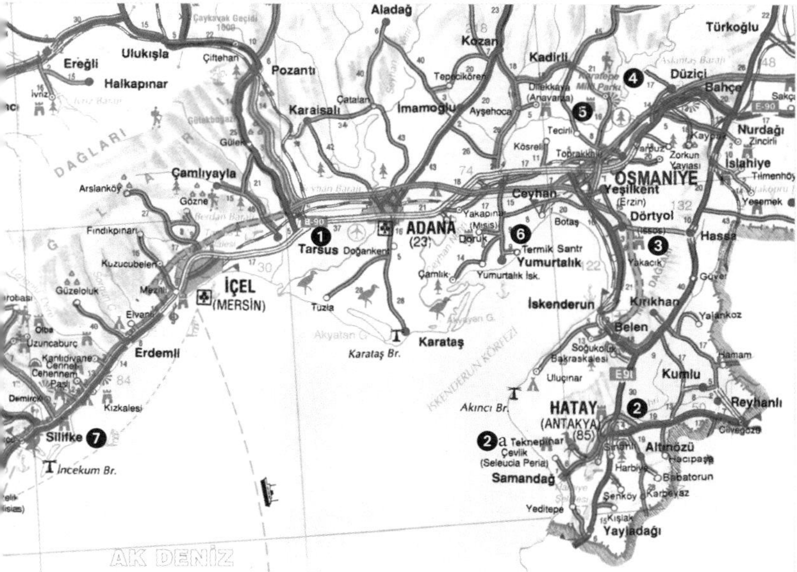

Abb. 63 Östliche Mittelmeerküste

❶ Tarsus; ❷ *Antakya* - Antiochia am Orontes; ❷a *Çevlik* - Seleucia Piera; ❸ *Issos*; ❹ *Karatepe*; ❺ *Anazarbus*; ❻ *Yakapınar* – Mopsuestia; ❼ *Silifke* – Seleucia

Zwei Städte an der östlichen Mittelmeerküste haben in der Geschichte des Urchristentums besondere Bedeutung: Tarsus, die Heimat des Apostels Paulus, und Antiochia am Orontes, dort nannte man die Jünger zum erstenmal „Christen".

Heute bildet die Millionenstadt Adana den Mittelpunkt der östlichen Mittelmeerküste. Sie ist nach İstanbul, Ankara und İzmir die viertgrößte Stadt der Türkei und ein Zentrum der Wirtschaft. Vor allem die Textilindustrie ist in Adana stark vertreten, da die Çukurova, die tiefgelegene Ebene, das Schwemmland der Flüsse Seyhan und Ceyhan sehr fruchtbar ist. In erster Linie wird dort Baumwolle angebaut.

Wie im Altertum ist Adana auch heute Ausgangspunkt wichtiger Straßen. Von Adana aus fährt man auf der Autobahn durch die zilizische Pforte nach Inneranatolien und in den Westen der Türkei. In die südöstliche Türkei und weiter nach Syrien sowie in den Irak führt die Straße über Gaziantep und Şanlıurfa. Im Süden von Adana liegt bei der syrischen Grenze Antakya. Die gut ausgebaute Fernstraße durch die Provinz Hatay führt über die Nur Dağları, die Berge des Lichtes. Westlich von Adana, bei Silifke, rückt das Taurus-Gebirge ans Meer vor, die kurvenreiche Straße mit vielen Höhenunterschieden nach Antalya ist zwar ausgebaut, für den Fernverkehr aber nicht geeignet.

Die Anlage des modernen Verkehrsnetzes entspricht weitgehend den Verbindungen im Altertum. Vom inneren Anatoliens kam man durch die zilizische Pforte nach Tarsus, 30 Kilometer westlich von Adana. Von dort führte der Weg durch die „aminische Pforte“ nach Mesopotamien und über die „syrische Pforte“ nach Antiochia.

Tarsus war Zentrum und Hauptstadt der römischen Provinz Zilizien. Heute liegt die Stadt etwas im Schatten der Großstädte İçel – oder Mersin – und Adana. Antakya, Antiochia am Orontes, war zur Zeit des Apostels Paulus Hauptstadt der römischen Provinz Syrien. Heute ist die Stadt der Sitz des Regierungspräsidenten der Provinz Hatay, nachdem die Nationalversammlung der Provinz sich 1939 für den Anschluss an die türkische Republik ausgesprochen hatte. Neuerdings wird die Stadt amtlich wie die Provinz „Hatay“ genannt.

Geschichtliche Stätten an der östlichen Mittelmeerküste

Neben den für das frühe Christentum bedeutsamen Städten, findet man an der östlichen Mittelmeerküste der Türkei weitere Orte, die in der Geschichte einen festen Platz einnehmen.

An erster Stelle ist das Schlachtfeld von *Issos* zwischen Adana und İskenderun zu nennen. Im Jahr 333 v. Chr. schlug Alexander der Große den Perserkönig Darius III. und schuf mit dem Sieg die Grundlage für die über Jahrhunderte währende griechische Vorherrschaft in Kleinasien. Manchmal wird die direkt an der

Hauptstraße liegende Ebene bei Dörtyol als das Schlachtfeld von Issos ❸ bezeichnet und die Reste eines Äquaduktes sowie einiger Mauern als die Ruinen von Issos gedeutet. Wahrscheinlich gehören die Ruinen aber zu der antiken Stadt Epiphaneia. Das Schlachtfeld von Issos liegt wohl etwas westlich von Dörtyol zwischen der Küste und der Bahnlinie, zwei Kilometer nördlich der Mündung des Baches Deliçay in das Mittelmeer. Den Namen von Alexander des Großen trägt in etwas abgewandelter Form die Stadt İskenderun.

Östlich der Straße von Hassa nach İslahiye beim Dorf *Yesemek* befand sich eine Bildhauerwerkstatt der Hethiter. Zahlreiche unvollendete Skulpturen aus der Zeit von 1200 bis zum frühen ersten Jahrtausend v. Chr. sind in einem schönen Gelände beim Dorf aufgestellt (siehe Abb. 44, Seite 145).

Zwischen Osmaniye und Kadirli liegen in einer anmutigen Landschaft die Ausgrabungen der späthethitischen Stadt *Karatepe* ❹ mit beeindruckenden Reliefs von Göttern und Kampfszenen.

Das ausgedehnte Ruinenfeld der Stadt *Anazarbos* ❺ findet man zwischen Kadirli und Ceyhan. Die Stadt machte zeitweilig Tarsus den Anspruch als erste Stadt in Zilizien streitig. Der Aufstieg auf den Burgberg und ein Rundgang durch das Ruinengelände in der Ebene mit Erinnerungen an die römische und byzantinische Geschichte der Stadt lohnen sich.

Auf dem Rückweg nach Adana kann man im Museum von *Yakapınar,* der antiken Stadt Mopsuestia ❻, die Bodenmosaiken einer Kirche aus dem 5. Jahrhundert sehen. Besonders interessant sind die Darstellungen der Tiere, die Noach mit in die Arche nahm.

Etwa 120 Kilometer westlich von Adana liegt die Kreisstadt *Silifke* ❼ in der Landschaft Isaurien. Zwei Kilometer außerhalb der Stadt findet man den alten christlichen Wallfahrtsort Meriamlık mit den Ruinen der Thekla-Kirche, Ayatekla Kilisesi. Die Jungfrau Thekla, eine Anhängerin des Apostels Paulus, soll die letzten Jahre ihres Lebens in einer Höhle bei Seleucia, Silifke, verbracht haben. Nach ihrem Tod entstanden dort zahlreiche Kirchen und Klöster. Die Höhle selbst wurde in eine Kirche umgewandelt, über dieser entstand im 4. Jh. eine dreischiffige Basilika, deren Ruinen heute zu sehen sind. Am eindrucksvollsten ist die Höhlenkirche, die bei den Besuchern den Eindruck einer Krypta hinterlässt. Der kappadozische Bischof Gregor von Nazianz, der vor seiner Wirksamkeit in Konstantinopel vier Jahre in Seleucia lebte, ehrte mit seiner Anwesenheit bei der Einweihung der Kirche 375 die Gemeinde.

Etwa 10 Kilometer nördlich von Silifke steht an der Straße nach Karaman die Gedenktafel an Kaiser Friedrich I. Barbarossa, der am 10. Juni 1190 im Saleph, Göksu, in der Morgenfrühe ertrank, als er mit seinen Gefolgsleuten den Weg nach Silifke abkürzen wollte, weil das Gros des Heeres des dritten Kreuzzuges in der Kühle der Nacht schon nach Silifke hinab gezogen war, wo sich die Kreuzritter von den Strapazen des Zuges durch Anatolien Erholung versprachen.

Die Pilgerin Egeria berichtet von ihren Eindrücken Ende des 4. Jh. von Seleucia und dem Wallfahrtsort Meriamlık.

Ich brach also von Tarsus auf und kam ... nach Seleucia. Als ich dort angekommen war ... sah ich dort auch eine sehr schöne Kirche in der Stadt. Weil es von dort bis zur heiligen Thekla – einem Ort, der außerhalb der Stadt auf einem Hügel liegt, der oben aber flach ist – von der Stadt aus 1500 Schritt waren, wollte ich also lieber dorthin gehen, um dort, wie geplant, Station zu machen. Dort bei der heiligen Kirche stehen nur unzählige Einsiedeleien von Männern und Frauen. Es gibt dort also sehr viele Einsiedeleien auf dem Hügel selbst und in der Mitte eine große Mauer, die eine Kirche einschließt, in der sich das Martyrium befindet.
Dieses Martyrium ist sehr schön ... ich las die gesamten Akten der heiligen Thekla ...

Röwekamp, Egeria Itinerarium

In Türkisch und Deutsch wird an den Tod des knapp 70-jährigen Kaisers „Rotbart“ erinnert:

Unweit dieser Stelle ertrank am 10. Juni 1190 der römisch-deutsche Kaiser Friedrich I. Barbarossa im Göksu an der Spitze seines Heeres auf dem Weg nach Palästina, nachdem er mit dem selçukischen Sultan Kılıç Arslan II. den friedlichen Durchmarsch durch dessen Land vereinbart hatte.

Abb. 64 Gedenktafel für Kaiser Friedrich I. Barbarossa

1. Tarsus

Die Heimat des Apostels Paulus

Paulus wurde um die Zeitenwende in Tarsus als römischer Bürger und Sohn jüdischer Eltern geboren (Apg 22,28). Dreimal berichtet Lukas in der Apostelgeschichte, dass die Hauptstadt Ziliziens die Heimat des Apostels war (Apg 9,11; 21,39 und 22,3). In Tarsus lebten vermutlich zahlreiche Juden, denn schon aus dem 2. Jh. vor Christus. ist überliefert, dass diese sich beim König wegen eines Mordes an Onias, dem Hohepriester, beschwerten (2 Makk 4,36). Selbst in Jerusalem gab es eine Synagoge der Diasporajuden aus Zilizien (Apg 6,9). Die Stadt war ein Zentrum der griechischen Bildung und besaß eine Universität. Bekannt war die Philosophenschule der Stoiker. Sie lehrten, dass die Welt durch göttliche Vernunft geordnet sei, und forderten, in Übereinstimmung mit sich selbst und Natur zu leben. Glück und Unglück seien durch das Schicksal vorherbestimmt. Der Mensch solle seine Überlegenheit über die äußeren Bedingungen des Daseins zeigen. In Athen setzte sich Paulus mit Epikureern und Stoikern auseinander, sie bezeichneten den Mann aus Tarsus verächtlich als „Schwätzer“ (Apg 17,18).

Aufgewachsen ist Paulus in Jerusalem, dort war er ein Schüler Gamaliels, eines angesehenen Rabbiners (Apg 22,3). Wahrscheinlich wurde er schon in jungen Jahren selbst Schriftgelehrter. Bei der Steinigung des Stephanus, an der er Gefallen fand, hatte er wohl die Durchführung zu beaufsichtigen. Paulus konnte noch nicht ahnen, dass er wenige Jahre später für das Evangelium durch das Römische Reich unterwegs sein würde.

Den Beruf des Zeltmachers hat Paulus vielleicht bei Aufenthalten in seiner Heimat gelernt (Apg 18,3), denn die Zeltmacher waren ein Handwerkszweig der Stadt Tarsus. Sie verwendeten für die Zelte der einfachen Leute das zilizische Tuch aus einem Ziegenhaarstoff. Das Militär besaß Zelte aus Leder. Der Apostel übte also das Handwerk des Sattlers oder Leinewebers aus.

Der Apostel Paulus – Zeittafel

Geboren um die Zeitenwende in Tarsus.
Ausgebildet in Jerusalem.

33-35	Bekehrung und Berufung vor Damaskus, Aufenthalt in Arabien und Rückkehr nach Damaskus
36/37	Reise nach Jerusalem, zwei Wochen Aufenthalt, Begegnung mit Petrus
36/37-47	Aufenthalt in Syrien und Zilizien, vermutlich auch in Tarsus, Paulus in Antiochia
49-49	Erste Missionsreise, Apostelkonzil in Jerusalem
52-52	Zweite Missionsreise
52-55/56	Dritte Missionsreise, Aufenthalt in Ephesus
59-59	Ankunft in Jerusalem, Verhaftung, Gefangenschaft in Cäsarea
59/60	Reise nach Rom
62-62	Aufenthalt in Rom, Märtyrertod

Die Angaben über die Biographie des Apostels sind in der Forschung nicht einheitlich.

Von seiner Bekehrung bei Damaskus etwa in den Jahren 33-35 bis zum Beginn der ersten Missionsreise, etwa im Jahr 47, verbrachte Paulus wohl auch längere Zeit in seiner Heimatstadt.

Die Aufzeichnungen des Lukas in der Apostelgeschichte (9,26-30) und das Selbstzeugnis des Paulus im Galaterbrief (1,17-21 und 2,1-10) ergeben zwar kein einheitliches Bild, lassen aber doch Aussagen über die Aufenthaltsorte des Apostels zu. Demnach war er in Arabien, Damaskus und Jerusalem. Als er in Jerusalem das Evangelium verkündigte, verfolgten ihn griechische Juden, die Brüder schickten Paulus deshalb in seine Heimatstadt Tarsus. Nachdem sich in Antiochia eine Gemeinde gebildet hatte, begab sich Barnabas nach Tarsus, um Paulus zu suchen. Er fand ihn in seiner Heimat und ging zusammen mit Paulus nach Antiochia. Sie blieben ein Jahr bei der Gemeinde (Apg 11,25-26). Von Antiochia brachten Paulus und Barnabas eine Spende nach Jerusalem, danach kehrten sie wieder nach Antiochia zurück (Apg 11,27-30; 12,24). Ohne Überleitung berichtet dann die Apostelgeschichte über die Missionsreisen. Die erste Missionsreise führte den Apostel nicht in seine Heimatstadt, vermutlich besuchte er Tarsus bei der zweiten und dritten Reise, denn sein Weg führte ihn durch Zilizien (Apg 15,41; 18,23).

Tarsus in der Geschichte

Tarsus gehört zu den Städten der Türkei, die von der Antike bis heute ihren Namen beibehalten haben. Unter der Herrschaft von Antiochius IV. (175-164 v. Chr.) wurde die Stadt zwar vorübergehend Antiochia am Kydnos genannt. Weil er die Stadt einer Nebenfrau schenkte, kam es zu einem Aufstand in Tarsus (2 Makk 4,30) und bei den Bürgern von Mallus, die das Schicksal von Tarsus teilten. Die Ruinen von Mallus liegen bei Kızıltahta, 30 Kilometer südlich von Adana. Antiochius begab sich eilends nach Tarsus und Mallus, um das Volk zu beruhigen.

64 v. Chr. wurde Tarsus Hauptstadt der römischen Provinz Zilizien. Die Stadt war durch einen Kanal mit dem Meer verbunden, sie entwickelte sich zu einer wichtigen Stadt im Römischen

Reich und hatte 100 n. Chr. 500.000 Einwohner. In Tarsus traf sich der Römer Marcus Antonius 41 v. Chr. mit der ägyptischen Königin Kleopatra. Der Geschichtsschreiber Strabon (63 v. Chr. bis 26 n. Chr.) nannte sie eine „bedeutende Stadt“. Zahlreiche Tempel schmückten die Stadt, die Festspiele von Tarsus waren berühmt. Die Inschrift einer Münze nennt Tarsus als die „erste, schönste und größte Stadt“. Paulus bezeichnete sich als „ein Jude aus Tarsus in Zilizien, Bürger einer nicht unbedeutenden Stadt“ (Apg 21,39).

Tarsus blieb in der frühchristlichen Zeit die politische und kirchliche Metropole Ziliziens. Im 3. Jh. wirkte Bischof Helenos, er machte sich einen Namen als Vermittler in den Auseinandersetzungen mit den Novatianern (siehe Seite 171).

Etwas in Vergessenheit geraten ist die Legende von Bonifatius von Tarsus, der noch als Heide nach Tarsus gekommen sein soll, um für eine reiche Römerin Reliquien von Märtyrern zu suchen. Als er dann das Leid der Märtyrer sah, soll er sich zum Christentum bekehrt und im Jahr 306 selbst den Märtyrertod erlitten haben. Bonifatius, der „Apostel der Deutschen“, erhielt seinen Namen, weil er am 15. Mai 719, am Tag nach dem Gedenktag des Märtyrers aus Tarsus, vom Papst zur Heidenmission nach Mitteleuropa ausgesandt wurde.

Zilizien gehörte bis 636 zum byzantinischen Reich. Nach ihrem Sieg über die Byzantiner herrschten die Araber über Zilizien, 965 eroberten die Byzantiner die Provinz zurück. Sie regierten rund 100 Jahre bis zur Machtübernahme durch die Armenier 1073. Die armenische Herrschaft dauerte – mit Unterbrechungen – bis ins 14. Jahrhundert. Dann beendeten die Mamelucken erneut deren Regierungszeit. Anfang des 16. Jh. übernahmen die Osmanen die Macht.

Kaiser Friedrich Barbarossa ertrank am 10. Juni 1190 im Göksu bei Silifke. Die Soldaten des dritten Kreuzzuges führten den Leichnam bis nach Tarsus mit. Wahrscheinlich fand am 17. Juni 1190 in der Sophienkirche von Tarsus, einer prächtigen Kathedrale und Krönungskirche der armenischen Herrscher, die feierliche Beisetzung der Eingeweide des Kaisers statt. Den Leichnam führten die Kreuzritter bis Antiochia mit. Herzog Friedrich von

Schwaben, Sohn des Kaisers Barbarossa, traf mit dem Armenier Leon zusammen, dieser versorgte die Kreuzritter und unterstützte sie weiter. Der Mainzer Erzbischof Konrad von Wittelsbach krönte schließlich am 6. Januar 1198 in der Sophienkirche von Tarsus Leon zum armenischen König.

Die moderne Stadt Tarsus

Die heutige Großstadt steht an der Stelle der alten Stadt Tarsus, deshalb sind nur wenige Erinnerungen an die ruhmreiche Vergangenheit der Hauptstadt Ziliziens erhalten geblieben.

Besucher der Stadt beginnen den Rundgang vom Kleopatra-Tor, Kleopatra Kapısı, aus. Das restaurierte Tor bildete einen Teil der römischen Stadtmauer.

Man geht dann weiter zur Ulu Cami, zur Großen Moschee, die vermutlich an der Stelle der Sophien-Kirche, der ehemaligen Kathedrale der Stadt, errichtet wurde. Die Kirche ersetzte einen Tempel, der in der Antike am gleichen Platz stand. Die Anlage der Großen Moschee, von den Mamelucken 1266 erbaut, steht für die Überlieferung, dass diese auf den Grundmauern der Kathedrale errichtet wurde. Deutlich erkennt man, dass der ehemalige Chorraum einige Stufen über dem Bereich für die Laien angeordnet war. Der heutige Komplex der Moschee geht auf eine Erweiterung im Jahr 1479 zurück.

Durch einige Seitengassen kommt man zu einer früheren griechisch-orthodoxen Kirche, die aufwändig restauriert wurde und den Namen St. Paul Kilisesi, Paulus-Kirche, trägt. Unter den Bildern der vier Evangelisten haben die Besucher mitten in der lebendigen Stadt die Möglichkeit zur Ruhe und Andacht. Wer etwas mehr Zeit mitgebracht hat, kann östlich der Kirche die mächtigen Fundamente eines Tempels, Dönüktaş, aufsuchen.

An der Hauptstraße liegt in der Stadtmitte die Eski Cami, die Alte Moschee, die auch als Kilise Cami, Kirchenmoschee, bezeichnet wird. Am Baustil erkennt man deutlich eine Kirche, die wohl ehemals dem Apostel Paulus geweiht war. In unmittelbarer Nähe des interessanten Gebäudes findet man in den Basargassen die Reste eines römischen Bades.

Von der Moschee ist es nicht weit zum Paulusbrunnen, St. Paulus Kuyusu. Der Ziehbrunnen befindet sich in dem Stadtteil, in dem zur Zeit des Apostels die jüdische Bevölkerung der Stadt gewohnt hat. Im Bereich des neu errichteten Brunnens soll schon zur Zeit von Paulus ein Brunnen gewesen sein, aus dem die Juden des Viertels Wasser schöpften.

Abb. 65 Die Alte Moschee oder Kirchenmoschee in Tarsus

Entlang der Ausgrabungen der antiken Säulenarkadenstraße kommt man zurück zum Kleopatra-Tor. Die neueren Ausgrabungen zeigen, dass das Geländeniveau der heutigen Stadt deutlich über dem der Straße in der römischen Zeit liegt.

2. **Antakya** – Antiochia am Orontes

Antigonos, ein Feldherr Alexander des Großen, gründete 307 v. Chr. flussaufwärts von der heutigen Stadt eine Siedlung und gab ihr den Namen Antigoneia. 300 v. Chr. besiegte ihn Seleukos I., er gründete die Stadt am linken Ufer des Orontes neu, weihte sie am 22. Mai 300 feierlich ein und nannte die Stadt Antiochia. Sie entwickelte sich zur Hauptstadt des Reiches der Seleukiden. Mit der Niederlage des Seleukiden Antiochus III. 190 v. Chr. bei Manisa gegen die Römer begann der Niedergang der seleukidischen Herrscher. Die Stadt Antiochia konnte sich aber weiter entwickeln. 500.000 Einwohner sollen im 2. Jh. v. Chr. in Antiochia gelebt haben, davon waren bestimmt 200.000 Sklaven. Der Wohlstand der Stadt war berühmt, sie besaß sogar eine Straßenbeleuchtung. In Antiochia lebte ein buntes Völkergemisch, auch eine große Anzahl von Juden nannten die Stadt ihre Heimat.

64 v. Chr. wurde Syrien römisch, Antiochia die Hauptstadt der Provinz. Die Stadt gehörte nach Rom – neben Alexandria in Ägypten – zu den größten und bedeutendsten Städten des Römischen Reiches.

Durch die Einfälle der Perser im 6. und 7. Jahrhundert, aber auch durch Seuchen, Erdbeben und eine Brandkatastrophe verlor die Stadt ihre frühere Pracht. Im Jahr 637 nahmen die Araber die Stadt ein, 969 eroberten die Byzantiner Antiochia zurück. Ab 1084 herrschten 14 Jahre die Selçuken, bis die Soldaten des 1. Kreuzzuges 1098 die Stadt eroberten. Anfang Juli 1190 erreichte Herzog Friedrich von Schwaben mit seinem Heer Antiochia. In der Kathedrale des Apostels ließ er den einbalsamierten Leichnam von Friedrich Barbarossa beisetzen. Die Eingeweide des Kaisers wurden schon in Tarsus beigesetzt, die Gebeine seines

Vaters wollte Friedrich von Schwaben bis zur Heiligen Stadt mitführen.

1268 übernahmen die Mamelucken die Herrschaft über Antiochia, bis sie 1517 zum Osmanischen Reich kam. Unter den Osmanen erhielt die Stadt den Namen Antakya.

Antiochia im Urchristentum

Mit dem Märtyrertod des Stephanus setzte in Jerusalem eine Verfolgung gegen die Jünger ein, die deshalb bis nach Phönizien, Zypern und Antiochia flohen. Sie verkündigten in Antiochia den Griechen das Evangelium und „die Hand des Herrn war mit ihnen, und viele wurden gläubig und bekehrten sich zum Herrn“ (Apg 11,21). Als die Gemeinde in Jerusalem davon erfuhr, schickten sie Barnabas nach Antiochia. Dort wuchs die Gemeinde weiter, Barnabas begab sich nach Tarsus, um Paulus zu suchen, und kehrte mit ihm zusammen nach Antiochia zurück. Ein ganzes Jahr wirkten sie dann in der Gemeinde. Die Antiochier bezeichneten dann die Jünger zum erstenmal treffend als „Christen“, Christus Zugehörige (Apg 11,22-26).

Die Gemeinde in Antiochia wurde zur Muttergemeinde des Apostels Paulus. Die erste Missionsreise (etwa 47-49) begann für Paulus und Barnabas vom Hafen Antiochias, Seleuzia Pieria, aus. Auf diesem Weg kehrten sie auch nach Antiochia zurück. Danach hielten sie sich längere Zeit in der Stadt auf (Apg 13,4 und 14,26-28). Zwischen der ersten und zweiten Reise begaben sich Paulus und Barnabas nach Jerusalem, weil die Frage über die Notwendigkeit der Beschneidung aufgebrochen war. Das Apostelkonzil beschloss, die Heidenchristen auch ohne die Beschneidung in die Gemeinde aufzunehmen. Paulus und Barnabas brachten einen Brief mit dem Bescheid der Apostelversammlung aus Jerusalem nach Antiochia mit. Die Gemeinde freute sich über die ermutigende Entscheidung, die Apostel blieben noch in der Stadt, lehrten und verkündigten das Wort (Apg 15,1-35).

Auf die zweite Missionsreise (etwa 50-52) begab sich Paulus – ohne Barnabas – wieder von Antiochia aus und kehrte über Cäsarea und Jerusalem zur Heimatgemeinde zurück (Apg 15,36-

41; 18,22). Nachdem er sich einige Zeit dort aufhielt (Apg 18,23), brach er zur dritten Reise auf (etwa 52-55/56). Sein neues Zentrum wurde nun Ephesus.

Auch der Apostel Petrus muss sich in Antiochia aufgehalten haben, denn Paulus berichtet im Galaterbrief (2,11-21) von einer Auseinandersetzung mit ihm über die Tischgemeinschaft von Christen jüdischer und heidnischer Herkunft. Vielleicht ist Petrus nach seiner Verhaftung und Befreiung in Jerusalem nach Antiochia gezogen. Jedenfalls sagt Lukas in der Apostelgeschichte „er verließ sie und ging an einen anderen Ort" (Apg 12,17). Die Weltstadt Antiochia war für die ersten Christen ein Zufluchtsort.

Antiochia in der Zeit des Frühchristentums

Ignatius von Antiochia gehörte zu den ersten Bischöfen der Stadt. Eusebius vom Caesarea nennt ihn in seiner Kirchengeschichte sogar „den zweiten Nachfolger des Petrus". Er wurde in der Zeit zwischen 110-115 als Gefangener nach Rom gebracht und erlitt dort den Tod bei Tierkämpfen. Seine Briefe an die kleinasiatischen Gemeinden und an den Bischof Polycarp von Smyrna geben Einblick in Glauben und Leben der frühen Christen.

Johannes Chrysostomos wurde um 350 in Antiochia geboren. Er war ein begnadeter Prediger und Seelsorger und wurde 397 Bischof von Konstantinopel. In der Hauptstadt war der Bischof aber wegen seiner strengen Lebenshaltung nicht beliebt, er wurde das Opfer von Intrigen und schließlich abgesetzt und verbannt. Im Jahr 407 verstarb er in Kappadozien, 438 hat man seine Gebeine doch noch feierlich nach Konstantinopel überführt.

Von Antiochia ging auch die Mission nach Osten, nach Mesopotamien, aus. Edessa, heute Şanlıurfa, entwickelte sich ab 300 zu einem Zentrum der Christen im nordwestlichen Mesopotamien.

Antiochia war neben Rom, Alexandria und Konstantinopel Sitz eines Patriarchen. Die „antiochenische Schule" prägte das frühe Christentum mit. Zu ihr zählte Nestorius, der Patriarch von Konstantinopel. Er konnte beim Konzil 431 in Ephesus die antiochische Position, die Maria als „Christusgebärerin" bezeichnete, nicht durchsetzen, weil das Konzil eröffnet wurde, ehe Johannes aus Antiochia mit den syrischen Bischöfen eintraf. Vier Jahre soll er danach in einem Kloster seiner Heimatstadt Antiochia gelebt haben, bevor er in Ägypten in der Verbannung starb.

Die moderne Stadt Antakya

Antakya hat sich zu einer modernen türkischen Großstadt entwickelt. Trotzdem kann man bei einem Besuch Eindrücke an die einst bedeutsame Stadt der frühen Christenheit gewinnen, wenn man nur genügend Zeit mitbringt.

Etwas entfernt vom Stadtzentrum liegt in einem Felsen über der Stadt die als Petrusgrotte bezeichnete Kirche. Die Grotte ist ungefähr 13 Meter lang, 10 Meter breit und 7 Meter hoch. Reste alter Mosaiken, vielleicht aus dem 5. Jahrhundert, sind erhalten. Der Altar sowie der Bischofsstuhl und einige Statuen sind Stiftungen aus den zurückliegenden Jahrzehnten. Man hat die Grotte als ersten Versammlungsort der Christen Antiochias gedeutet, weil sie verschiedene Fluchtwege hatte, die noch erkennbar sind. Diese Meinung steht aber nicht in Einklang mit den Berichten des Neuen Testamentes, nach denen die Urgemeinde keinen Behinderungen ausgesetzt war. Die Kreuzritter errichteten im 12./13. Jahrhundert die gotische Fassade. Die Grotte wird als Museum unterhalten, aber auch die Gemeinden Antakyas

Abb. 66 Die gotische Fassade der Petrusgrotte in Antakya

Abb. 67 Antakya: Ende des 18. Jahrhunderts

können in der Grotte Gottesdienste feiern. Zu einem besonders feierlichen Gottesdienst laden die Christen Antakays jährlich am 29. Juni, dem Gedenktag der Apostel Petrus und Paulus, ein.

Unterhalb der Kirche führt ein etwas mühsamer Weg zu einem großen Felsrelief, das ein knapp fünf Meter hohes Gesicht zeigt. Die Bedeutung ist ungewiss, die einheimische Tradition bezeichnet die Darstellung als Charon, den Fährmann, der die Verstorbenen über den Unterweltsfluss zum Reich der Toten fuhr.

Vielleicht beinhaltet die Überlieferung einen Hinweis darauf, dass die zahlreichen Höhlen im Berg einst als Gräber dienten.

Die größte Sehenswürdigkeit der Stadt ist aber das Archäologische Museum mit der einzigartigen Mosaikensammlung, die weltweit zu den bedeutendsten ihrer Art zählt. Die Mosaiken stammen aus dem 2./3. Jahrhundert n. Chr. und schmückten die Paläste in Antiochia und Umgebung.

Über die Brücke des Flusses Asi, dem antiken Orontes, die an gleicher Stelle 284-305 n. Chr. erstmals errichtet wurde, gelangt man in die sehenswerte Altstadt. Beim Gang durch die engen Straßen mit den alten Häusern gewinnt man einen Eindruck über das Aussehen der früheren Stadt. In diesem Viertel sind auch die orthodoxe Kirche arabischer Sprache und die katholische Kirche, die ihre Gottesdienste in türkischer Sprache feiert. In ihrer Nähe kann man die Habib-Neccar-Moschee, ehemals eine byzantinische Kirche, und eine Synagoge besuchen.

In Harbiye, rund 10 Kilometer außerhalb des Zentrums, blieb eine idyllischer Ort erhalten: der Hain von Daphne. Ein ergiebiger Wasserfall läuft über zahlreiche Kaskaden und Wasserbecken sowie unter alten Bäumen ins Tal. In den Sommermonaten ist der Ort ein beliebter Picknickplatz. Schon in der Antike hieß der Ort Daphne, wie die Nymphe, die hierher geflüchtet sein soll und sich, um der Liebe des Apollon zu entgehen, in einen Lorbeerbaum verwandelte. Leider blieben keine Erinnerungen an das Theater und die Tempel erhalten, welche die antiken Herrscher in dem von der reichen Bevölkerung Antiochias als Lustgarten geschätzten Ort errichten ließen.

In Daphne, griechisch für Lorbeerbaum, suchte der rechtmäßige Hohepriester Onias 170 v. Chr. Asyl. Andronikus, einem Statthalter von Antiochius IV. Epiphanes, gelang es, auf Betreiben des Hohepriesters Menelaus, der zuvor seine Priesterwürde gekauft hatte, Onias aus seinem sicheren Ort zu locken. Danach ließ er ihn töten. Über dieses Unrecht entsetzten sich die Juden, Griechen sowie viele aus den anderen Völkern und beklagten sich bei Antiochius, weil Onias gegen alle Ordnung ermordet wurde (2 Makk 4,33ff).

Rund 30 Kilometer südwestlich von Antakya liegen am Fuße des Musa Dağ, Moseberg, in Çevlik ❷a bei Samandağ die Ruinen von Seleucia Pieria, der Hafenstadt von Antiochia. Von der alten Stadt ist wenig zu sehen, doch lohnt sich die Fahrt ans Mittelmeer allein wegen des Titus-Tunnels, der zugänglich ist. Unter dem Kaiser Vespasian (69-79 n. Chr.) wurde der Bau begonnen, unter Titus (79-81) vollendet. Mit einer Länge von 1.300 Meter zählt der Tunnel zu den größten römischen Tiefbauwerken. Er diente als Ableitungskanal für Hochwasser, die die Stadt bedrohten und sollte den Hafen vor der Versandung schützen. Beim Bau haben vermutlich auch Juden mitgearbeitet, die Kaiser Titus im Jahr 70 bei der Zerstörung Jerusalems gefangen nehmen ließ.

Abb. 68 Die Ruine des Simeonklosters

Auf dem Weg nach Samandağ kann man einen Abstecher zu den Ruinen des Simeonklosters machen. Etwa 15 Kilometer nach Antakya führt die Straße links zum Simeonsberg hoch, ein besonderes Fahrzeug ist nicht erforderlich. Simeon Stylites der Jüngere (521-592) – nach dem griechischen Wort „stylos" für Säule – der Säulensteher, folgte in einer Zeit, als Antiochia zum Sammelpunkt asketischer Mönche wurde, dem Vorbild von Simeon Stylites, dem Älteren (350-459), dessen Kloster bei Aleppo in Syrien liegt.

Simeon Stylites entschied sich für ein asketisches Leben auf der Säule. Weil er viele Anhänger um sich scharte, entstand im 6. Jh. auf dem Simeonsberg ein Kloster, dessen Ruinen, mit der Basis der Säule des Heiligen als Mittelpunkt, heute zu sehen sind. Das Kloster hatte einst die Form eines Kreuzes und bestand aus drei dreischiffigen Kirchen. Um die Säule pilgerten die Gläubigen, um Ermahnungen und Zuspruch aus dem Munde von Simeon Stylites zu hören. Auch wegen der herrlichen Aussicht auf den Fluss Asi, Orontes, der von Antiochia zum antiken Hafen Seleucia führt, sollte man den Besuch des Simeonsklosters nicht versäumen.

Anhang

Literaturverzeichnis

Auswahl benutzter und weiterführender Literatur:

Akurgal, E., Anadolu Uyarlıkları (Kulturen in Anatolien), İstanbul 1989

Bean, G. E., Kleinasien 1-4, Stuttgart 1970-1980

Berger, K., Theologiegeschichte des Urchristentums, Tübingen 1994

Berger, K., Nord, Ch., Das Neue Testament und frühchristliche Schriften, © Insel Verlag, Frankfurt a. M. 1999

Bernhard, K. H., Die Umwelt des Alten Testaments, Berlin 1967

Blake, C. E. und Edmonts, G. A., Biblische Stätten in der Türkei, İstanbul 1993

Campenhausen, H. Frhr. von, Griechische Kirchenväter, Stuttgart 1986

Conrad, W., Christliches Leben in der Türkei; in „Zeitschrift für Türkeistudien", Heft 1+2, Münster 2002

Dallmayr, H., Die großen vier Konzilien, München 1961

Dassmann, E., Kirchengeschichte I, Stuttgart 1991

Dorn, W., Zentralanatolien, Köln 1996

Eickhoff, E., Friedrich Barbarossa im Orient, Tübingen 1977

Harnack von, A., Die Mission und Ausbreitung des Christentums in den ersten drei Jahrhunderten, Leipzig 1924

Heusi, K., Kompendium der Kirchengeschichte, Tübingen 1991

Hueber, F., Ephesus – Gebaute Geschichte, Mainz 1997

Jung, D., Piccoli, W., Yol Ayrımında Türkiye (Die Türkei am Scheideweg), İstanbul 2004

Königs, W., Westtürkei, München 1993

Kraft, H., Eusebius von Caesarea – Kirchengeschichte, München 1981

Lampe, P., The Phrygian Archaelogical Surface Survey Project of the University of Heidelberg and the Discovery of Pepouza and Tymion. A preliminary report, in: Zeitschrift für Antikes Christentum, Heft 6, Jg. 2002, Berlin

Mehling, M. (Hrsg.), Knaurs Kulturführer in Farbe Türkei, München 1987

Metzger, B. M., Der Kanon des Neuen Testaments: Entstehung, Entwicklung, Bedeutung, Düsseldorf 1993

Möllers, S., Die Hagia Sophia in Iznik/Nikaia, Alfter 1994

Müller, D., Topographischer Bildkommentar zu den Historien Herodots: Kleinasien, Tübingen 1997

Odenthal, J., Istanbul, Bursa und Edirne, Köln 1992

Radt, B., Anatolien 1, München 1993

Renker-Weissenbacher, E., Kariye: Die Chora-Kirche – Schritt für Schritt, Selbstverlag 1999

Rexer, J., Die Festtheologie Gregors von Nyssa. Ein Beispiel der reichskirchlichen Heortologie, © Peter Lang GmbH, Frankfurt a. M. 2002

Roloff, J., Das Neue Testament Deutsch: Die Apostelgeschichte, Göttingen 1988
Röwekamp, G. (Übers.), Egeria Itinerarium = Reisebericht, Lat./Dt., Fontes Christiani, Band 20, S. 217, © Verlag Herder, Freiburg i. Br., 2. Aufl. 2000
Sankt-Georgs-Blatt, Monatszeitschrift des Österreichischen St. Georgs-Werk Istanbul, Nr. 6/2000, 6/2001 und 12/2002
Schatz, K., Allgemeine Konzilien – Brennpunkte der Kirchengeschichte, Paderborn 1997
Schede, M. und Schultz, H. St., Ankara und Augustus, Berlin 1937
Schindler, A., Apokryphen zum Alten und Neuen Testament, Zürich 1988
Schultze, V., Altchristliche Städte und Landschaften II: Kleinasien, erste und zweite Hälfte, Gütersloh 1922 und 1926
Stählin, G., Das Neue Testament Deutsch: Die Apostelgeschichte, Göttingen 1968
Strabon, Coğrafya Anadolu (Geographie Anatoliens, Bände 12, 13 und 14) Übersetzt von Adnan Pekmann, İstanbul 1991
Tabula Imperii Byzantini (Byzantinische Studien – TIB), Band 2: Kappadozien, Band 4: Galatien und Lykaonien, Band 5: Kilikien und Isaurien, Band 7: Phrygien und Pisidien, Neue Forschungen in Kilikien, Wien 1981-1990
Türkiye Turing ve Otomobil Kurumu, Türkiye Rehberi (Reiseführer der Türkei), İstanbul o. J.
Umar, B., Türkiye' deki Tarihsel Adlar (Die Namen türkischer Orte und ihre Herkunft), İstanbul 1993
Wagner, J., Südtürkei, München 1991
Wagner, J., Klammer, G., Göreme – Felstürme und Höhlenkirchen im türkischen Hochland, Ohlstein bei Garmisch 1979
Yerasimos, S., Konstantinopel – Istanbuls historisches Erbe, Köln 2000

Bildnachweis

Abbildungen: Beate und Walter Conrad, Ilsfeld

Abb. 1: Karte der Region Marmara © Ministerium für Kultur und Tourismus der Türkei
Abb. 2: © Martin Weber
Abb. 3: Karte Istanbul, Straßenkarte Türkei, © Kümmerly + Frey, Bern 1987
Abb. 4: Hagia Sophia, Längsschnitt durch die frühe Kirche, in: Otto Warth, Allgemeine Baukonstruktionslehre – Die Konstruktion in Stein. Leipzig 1896
Abb. 5: © Dr. Otto Rühling
Abb. 8: © Dr. Otto Rühling
Abb. 10: © Hermann Kiedaisch
Abb. 12: in F. K. Dörner (Hrsg.), Kulturgeschichte der antiken Welt, Band 7: Vom Bosporus zum Ararat, Verlag Philipp von Zabern, Mainz, 2. Aufl. 1984
Abb. 16: Karte Westanatolien © Ministerium für Kultur und Tourismus der Türkei

Abb. 17: Ephesus Orientierungsplan, in: Wolf Koenigs, Türkei, Die Westküste von Troja bis Knidos, Zürich u. München, 3. Aufl. 1991, S. 101
Abb. 22: in Ülgür Önen, Ephesus – wie es damals war, Die Stadt in Rekonstruktionen, Izmir 1985, S. 76
Abb. 25: © Dr. Otto Rühling
Abb. 27: © Dr. Otto Rühling
Abb. 28: Übersichtsplan Pergamon, in: Wolf Koenigs, Westtürkei. Von Troja bis Knidos, München u. Zürich, bearb. u. erw. Neuausg. 1991, Innenseite Umschlag
Abb. 30: © Friedemann Staiger
Abb. 36: Orientierungsplan Pamukkale, in: Wolf Koenigs, Westtürkei. Von Troja bis Knidos, München u. Zürich, bearb. u. erw. Neuausg. 1991, Innenseite Umschlag
Abb. 39: Der Eingang zum Heiligtum der Aphrodite in Aphrodisias © Ministerium für Kultur und Tourismus der Türkei
Abb. 40: Grabmal des Mausolos in Halikarnassos, Bodrum © Außenministerium der Türkei
Abb. 41: Karte Inneranatolien © Ministerium für Kultur und Tourismus der Türkei
Abb. 42: Vedat Idil, Ankara, İstanbul 1993, S. 17
Abb. 43: Hattuscha © Ministerium für Kultur und Tourismus der Türkei
Abb. 48: Die Göttin Kybele, Archäologisches Museum İstanbul © Außenministerium der Türkei
Abb. 49: Karte Kappadokien, aus: Ömer Demir, Wiege der Kultur. Kappadokien, 1993
Abb. 51: © Willy Unser
Abb. 53: Karte Mittelmeerküste © Ministerium für Kultur und Tourismus der Türkei
Abb. 54: Orientierungsplan Antalya, in: Jörg Wagner, Südtürkei, Von Kaunos bis Issos, München u. Zürich, bearb. u. erw. Neuausg. 1991, Umschlag
Abb. 55: Das Yivli Minarett – das Wahrzeichen der Stadt Antalya © Ministerium für Kultur und Tourismus der Türkei
Abb. 56: Plan von Perge, in: İ. Akan Attila, M. Edip Özgür, Ausführlicher Führer der wichtigsten antiken Stätten in der Region Antalya – Pamphylien, Perge – Aspendos – Side, Neuauflage Antalya 1997, S. 18
Abb. 63: Karte Östliche Mittelmeerküste © Ministerium für Kultur und Tourismus der Türkei
Abb. 67: Ataman Demir, Çağlar İçinde Antakya, Istanbul 1996, S. 137

Sollte es uns trotz gewissenhafter Bemühungen in einzelnen Fällen nicht gelungen sein, die Rechteinhaber zu finden, bitten wir diese, sich gegebenenfalls mit dem Verlag Katholisches Bibelwerk in Verbindung zu setzen.

Personen- und Sachregister

Heutige Namen **– Historische Namen**

Vom Deutschen stark abweichende Aussprache:
Kocaeli = Ko*dsch*aeli, Selçuk = Sel*tsch*uk,
Yassıhöyük = Yass*i*höyük (mit dumpfem i)
Sudurağı = Sudura*h*ı, Gelemiş = Gelemi*sch*, İzmit = Ismit

Heutige Namen	Historische Namen	
Akhisar	Thyatira	104
Alaşehir	Philadelphia	110
Alanya	Korakesion	198
Ankara	Ancyra	135
Antakya	Antiochia am Orontes	219
Antalya	Attalia	187
Aspendos, Büyükbelkıs	Aspendos	195
Ballıhisar	Pessinus	167
Behramkale	Assos	53
Bergama	Pergamon	96
Boğazköy	Hattuscha	142
Bodrum	Halikarnassos	127
Bursa	Prusa	50
Büyük Nefes Köyü	Tavium	133
Çevlik	Seleucia Piera	224
Dalyan	Kaunos	207
Didim	Didyma	90
Edremit	Adramyttium	53
Eskihisar, Goncalı	Laodizea	120
Eskişehir	Dorylaion	46
Fethiye	Telmessos	206
Gelemiş	Patara	205
Geyre	Aphrodisias	125
Hatunsaray	Lystra	153
Honaz	Kolossä	123
İskenderun, Dörtyol	Issos	211
İstanbul	Konstantinopel, Byzanz	14
İstanbul-Kadiköy	Chalcedon	19
İzmir	Smyrna	91
İznik	Nicäa	38
Kale, Demre	Myra	200
Karkamış, Birecik	Karkamisch	146
Kayseri	Cäsarea	184
Knidos	Knidos	129
Kocaeli, İzmit	Nikomedia	45
Konya	Ikonion	147
Madenşehir, Üçkuyu, Sudurağı	Derbe	156
Milet, Akköy	Milet	86
Niksar	Neocäsarea	177
Pamukkale	Hierapolis	113
Perge, Aksu	Perge	190
Sart	Sardes	106
Selçuk, Efes	Ephesus	64
Selimiye, Side	Side	196
Silifke	Seleucia	212
Tarsus	Tarsus	213
Truva, Tevkiye	Troja	59

Verzeichnis der Bibelstellen